文化昭通

威信

[文化昭通]

总策划 杨亚林 郭大进
主 编 王 忠
本卷主编 陶永朝

红色扎西 胜利起点

云南人民出版社
云南出版集团

"文化昭通"丛书编委会

总 策 划 杨亚林 郭大进
主 编 王 忠
副 主 编 尹朝禹 吴 静
执行主编 朱大庆 郑 萍 吕亚平
总 监 制 李 维
监 制 江庆波

编 委 李 勇 艾自由
编 务 王嫣霏 张荣炯 陈文超 杨恩智 文 鹏

《文化昭通·威信》

本卷编委会

本卷策划 肖顺兴 李沅勇
本卷主编 陶永朝
本卷副主编 李继东
本卷执行主编 周元珠

本卷编委 陶永朝 李继东
　　　　　陶元才 周元珠
本卷撰稿 周元珠 古仕林 李怀斌 陈香才 潘孝正
　　　　　李玉波 黄友军 陈正强 郑鸿文 张 斌
　　　　　雷吉常 曾孝忠 杨 莉 李阳忠 王开珩
　　　　　赵世勇 王定松 顾英武 罗吉芬 肖世慧
　　　　　宗德新 刘明贤（以撰写文稿字数多少为序）
本卷摄影 郑方星 周先春 周元珠 古仕林 宋海龙
　　　　　桂世翠 王德军
本卷编务 李晓璐 廖国琼

图书在版编目（CIP）数据

文化昭通.威信 / 陶永朝主编.——昆明：云南人民出版社，2018.12
ISBN 978-7-222-17225-8

Ⅰ.①文… Ⅱ.①陶… Ⅲ.①地方文化－威信县 Ⅳ.① G127.743

中国版本图书馆 CIP 数据核字 (2018) 第 098514 号

创意策划： 云南出版集团公司产业发展部
出 品 人： 赵石定
责任编辑： 姚实名　徐　霞　雷啟星
设计总监： 袁亚雄
装帧设计： 李乐乐　熊小熊
责任校对： 陈春梅
责任印制： 洪中丽

文化昭通·威信
WENHUA ZHAOTONG WEIXIN

主编： 陶永朝
出版： 云南出版集团　云南人民出版社　　**// 发行：** 云南人民出版社
社址： 昆明市环城西路 609 号　　　　　　**// 邮编：** 650034
网址： www.ynpph.com.cn　　**// E-mail：** ynrms@sina.com

开本： 787mm×1092mm　1/16　　**// 印张：** 17.5　　**// 字数：** 220 千
版次： 2018 年 12 月第 1 版第 1 次印刷
印刷： 云南出版印刷（集团）有限责任公司　云南国方印刷有限公司

书号： ISBN　978-7-222-17225-8　　**// 定价：** 79.00 元

如需购买图书、反馈意见，请与我社联系
总编室：0871-64109126　发行部：0871-64108507　审校部：0871-64164626　印制部：0871-64191534

版权所有　侵权必究　印装差错　负责调换

云南人民出版社微信公众号

总序

600万年前，地球这颗星球还是一片蛮荒。

现今的昭通坝子是野生动物的乐园。

猿、鼷鹿、貘、剑齿象、犀牛、河狸、水獭在这里生生灭灭。

太古蛮荒，日长如年。

星球旋转，时序更迭。

几百万年的岁月就这样过去。

10万年前，昭通过山洞一带，有了"人"。他们从哪里来，不知道；他们怎么生活，不清楚。

昭阳巡龙湾、鲁甸野石、巧家小东门等石器时代遗址的发现，让历史的蒙昧天幕依稀闪现出了一丝文明的曙光。

人类在繁衍，母系、父系，生生不息。

部落在迁徙，登山、涉水，寻求更好的环境。

公元前7世纪的春秋早期，中原已是"郁郁乎文哉"，滇东北高原还是一片黑暗。

一个人，一个部族的出现，改变了这一切。

他，就是杜宇！

昭通有文字记载的历史从此开始。

杜宇"从天堕，止朱提"，拂去神话的色彩，应是一个在西南大地上迁徙的部族。他或他们在朱提——昭通坝子的突然出现，揭开了昭通文明史新的一页。

足音如雷，人声鼎沸；筚路蓝缕，以启山林。

从此，弹丸之地的昭通和中华文明的母体，紧紧连在了一起。

来也匆匆，去也匆匆。

稍事休养生息后，杜宇，又带着他的部族北上了。

如果说，文明是人与自然结合的产物，是人在自然界留下的痕迹，那么，杜宇刻在昭通的痕迹，是既涂且重了。

这条痕迹在滇东北的密林深箐，崇山巨壑中往北延伸，进入川南，直达成都。

这，就是五尺道的前身。

不管后人把这条道路叫作海贝之路、盐铁之路，抑或是茶马之路、丝绸之路，但它实实在在是一条羊肠小道，是一条文明的脐带。

而这条路，是杜宇和他的部族，用脚板走出来的。

昭通，是这条文明脐带上的一个重要节点。

整个春秋战国时代，正是这一条血脉，联系了中原和南滇，尽管有时它似乎微弱得似有若无。

公元前4世纪末，李冰为蜀守，修筑了闻名于世的都江堰。但，不要忘记，他还有一个功劳，就是修筑了从僰道（今宜宾）通往滇东北的道路。

又过了百年，到公元前3世纪末，秦始皇"席卷天下，包举宇内"，海内一统，雄才大略的他又把眼光盯在了这条道路上，他派常頞在李冰修筑的基础上，把路往南延伸，"五尺道"初步定型。并在"诸此道颇置吏焉"，秦王朝的触角伸向了这里。

昭通"锁钥南滇，咽喉西蜀"，成了中原通向云南的桥头堡。汉文化、西南夷文化在这里交融，碰撞出了绚丽的火花。

文化昭通的滥觞从这里开始。

西汉王朝设郡置县，通道置驿，移民屯田，中原的先进文化随着铜铁竹木、僰僮髦牛的贸易，源源不绝输入这里。西汉末，文齐率夷汉人民"凿龙池，溉稻田"，说明农耕文化已然发展。

东汉，随着南中大姓的兴起，汉文化已扎根这片大地。灿烂的

朱提青铜文化，使昭通成为名副其实的"中国汉洗之乡"。被誉为"南中瑰宝"的东汉《孟孝琚碑》是儒风吹拂高原的明证。它那理性而悲愤的文字内容、沉郁而厚重的书法风格，连同朱提青铜器那精美的制作工艺，至善至美的工匠精神，给昭通文化不小的影响。

东晋"霍承嗣壁画墓"中的夷汉部曲壁画形象，是夷汉文化在昭通进一步融合的明证。这时的昭通"其民好学，为南中冠冕"，文化的发展已然走在云南的前列。

当然，文化的发展从来是不平衡的。五尺道沿线及坝区的居民点，受汉文化影响较深，南中大姓基本沿用内地的生活方式，而边远山区的一些部族，到了晋代依然还是"食肉衣皮、言语服饰不与华同"。

南北朝至隋唐，随着中原王朝的衰微，"夷强汉弱"，文化的发展亦进入低谷。

唐宋昭通夹在中原王朝及云南地方政权南诏、大理之间，天高皇帝远，除豆沙关留下一小块唐袁滋摩崖刻石外，未发现更多的史料及文物。

宋、元、明三代，昭通与中原多数时间"荒梗不通"，成为乌蛮土司"争官夺印"、互争雄长之地。生产力停滞、倒退，文化建设上亦乏善可陈。

清雍正年间的"改土归流"，无疑是昭通政治、经济、文化发展史上的一个分水岭。流官、营兵、垦户、矿厂的大量入昭，带来了汉文化的再度复兴。"乌暗蒙蔽"变而"昭明通达"，昭通迎来了历史上第二个文化的高峰，从而开昭通近代文化之先声。

民国昭通作为云南高层领导龙云、卢汉的故里，素有"小昆明"之称。云南作为抗战的后方，大量南渡北归的文化人经过，为昭通带来了文化的新气息，使昭通文化的发展，比肩于内地发达地区。

改革开放后，惊雷声声，万绿齐萌于沃野；春风忽渡，鲜花竞放于高原。"昭通作家群"的异军突起，标志着昭通文化进入了一个希望的春天。

回眸昭通文化，它像一条历史长河，千折百回，跌宕起伏。时而惊涛裂岸，时而幽咽泉流。有辉煌也有暗淡，有厚重也有单薄，有前进也有停滞。

凝视它，有欣喜也有苍凉。

我们没有理由妄自菲薄，我们更不该夜郎自大。

昭通文化，是一个复合多元的文化，是生活在这块土地上的各族人民共同创造的。这条文化的长河，流淌着生活在这块土地上的各族人民的心血和汗水，是各族人民共同创造的结晶。

从杜宇部族脚下的草莽小径，到蜿蜒曲折的五尺道，到今天的高速公路、铁路、航空线，文化的脐带愈来愈宽阔、愈来愈结实。

交通，与昭通文化的关联太紧密了。

昭通、昭通，不昭不通，不通不昭。

昭明，才能通达；通达，将更加昭明。

一个更开放、更包容的社会，将更有助于昭通文化的繁荣兴旺。

在前进的道路上，我们既要回望传统，又要放眼未来。

要守住自己的根，也不要小视别人的果。

要有文化的自信，更要有文化的自省。

这样，我们才能长大。

序

红色扎西　胜利起点

在巍巍乌蒙山的东北端,在滚滚赤水河畔,在滔滔南广河边,在盈盈白水江头,有一块美丽、古老、神奇的土地,她就是威信。威信是一个侧身就可以拥抱青山,抬头便可以与白云耳语的地方。她像一颗镶嵌在川滇黔边界的绿色明珠,在大自然的延续和历史的沉淀中光芒四射、熠熠生辉。

威信素有"鸡鸣三省"之称,是一个美得令人心醉的地方,是一座真心等你邂逅的城市,是一个值得人们休闲度假和旅游的天堂。上天似乎特别倾慕这片土地,撒下无数珍珠,形成了一座座无比壮观的山峰;大地似乎特别钟爱这方热土,孕育众多山谷,形成了一条条万壑争流的江河。这里山水灵秀,别有洞天,风光旖旎。迷人的大雪山原始森林、三亿年岁月沉淀的天台山溶洞、风光如画的天星国家森林公园、一夫当关万夫莫开的两合岩天险、峡谷幽深水光潋滟的果哈奇观等自然景观,无不彰显着这方山水的美丽与壮观,让人叹为观止、流连忘返。

威信特别适合人类生活和居住,这里空气清新,含尘量极低。这里气候温和,夏无酷暑、冬无严寒,多年年均气温13℃左右。最高海拔1902米、最低海拔480米,平均海拔1131米,县城所在地扎西海拔1200米左右。这里雨水充沛,多年平均降雨量1038毫米,土壤湿润,适宜针叶树、阔叶树、杉木林生长。植物生长茂盛,高等植物种类1200余种,全国中草药重点普查的318种药用植物资源中,境内分布148种。

树蕨、珙桐、秃杉、水杉等数十种国家一、二、三级保护植物点缀林间，让人惊叹不已。有野生动物81种（其中国家级保护动物12种），国家级森林公园1个。有竹资源10属22种、竹产业基地1万多公顷。全县有林地面积8万多公顷，是昭通市4个灭荒县之一，森林覆盖率达50%，是全国绿化先进县，享有滇东北"绿宝石"的美誉。

威信在1912年前长期属于芒部军民府、镇雄军民府、镇雄州。明嘉靖五年（1526年）改土归流时，在镇雄军民府置威信长官司（治今三桃乡新街）、安靖长官司（治今旧城），有人赋诗分别对两地衙门地理风景进行了较为详尽的描写："石马下来喊舵山、石龙过河捏颈滩，前有犀牛朝北斗、后有凤凰穿牡丹，石人涛沙金鱼现、金鱼奔上王家埫；龙凤对犀牛、鸡心对奶头，磨盘对喳口、鱼跳龙潭头。"清雍正五年（1727年）再次改土归流时威信由四川改隶云南，六年（1728年）置昭通府镇雄州分防威信分州。民国二年（1913年）设威信行政区，民国二十一年（1932年）设威信设置局，民国二十三年（1934年）9月设威信县，"威信"，即宣威立信于民之意。

威信人类历史发展悠久，文化源远流长。中原文化、巴蜀文化、夜郎文化和滇东北文化在这里交汇共荣，形成了多种文化元素相融相生而又独具特色的厚重历史文化底蕴。扎西、罗布、旧城等乡镇出土的新石器时代的骨针以及石凿、石斧等文物证明，我们的祖先在这块古朴神奇的土地上至少已繁衍生息了5000多年。旧城镇出土的铜釜、铜洗、铜鼓、五铢钱币等文物有力地说明，汉代时期中原文化就传播到了威信境内，与本土文化高度融合繁荣并产生深远的影响。境内遗存的唐代时期的瓦石悬棺、旧城旧洞洞穴悬棺，出土的明代时期的青花福字瓷罐、青釉青花瓷罐、青花盘口带留把壶、青釉带盖水波纹陶罐、酱釉贴龙陶罐，清代的铜香炉，遗存的明代时期安靖长官司城门和观斗山石雕群、清代花园头赵家祖坟石刻和水田湾子陶氏老宅、清代至民国时期的旧城碑林等大量的历史文物和遗迹，无不彰显着威信沧桑的历史岁月和灿烂的厚重文化，那些精湛的雕刻工艺和别具一格的建筑风格，无不折射出威信先人们高超的技艺和非凡的智慧。

威信地灵人杰，才俊辈出。从古至今，这里的高山峡谷、青山绿水、民族风情和宗教文化孕育出威信人纯朴善良的美德和睿智的灵光，也锻造出威信人勇敢顽强、刚直不阿的坚毅风骨。多少文人墨客用情、用爱甚至是生命讴歌着这里的蓝天白云、河山胜景和风花雪月，留下了大量文思优美的诗词曲赋、楹联墓志等佳作诗篇，如：清代贡生周华彦、邱为山、张德昌、徐熙，州举人张璈，民国时期的文人肖盛光、张人文等在文学领域都是可圈可点的代表人物。此外，在威信民间，还留下了许多妙笔丹青的绘画、柳骨颜筋的书法、技艺精湛的石雕木刻以及人民群众创造的大量内容丰富的神话、传说、故事、民歌、谜语、谚语、歇后语等。所有这些历史文化的积淀，使威信山水殊胜、人文增辉，也给后来的威信人以丰厚的文化滋养，孕育出一大批成果颇丰的学者、作家、诗人、评论家、艺术家，他们在威信这块文化底蕴厚重的土地上砥砺奋进、笔耕不辍，创作了大量优秀的古体诗词、现代诗歌、小说、纪实文学、散文、评论、书法、美术、音乐、舞蹈等文学艺术作品，用不同的体裁、从不同的角度悲怜和传唱着人们昔日的艰苦岁月和苦难辉煌，浓墨重彩地书写着威信历史上波澜壮阔的革命斗争风云，低吟和抒发着心中炙热的情感，描写和歌咏着这块土地上秀美的河山以及人们幸福美满的新生活，思考着社会发展进程中人性的善良与丑恶，留下了诸多脍炙人口的诗篇。大批作家、艺术家们已成为"昭通作家群"和省市艺术群团的重要组成部分及中坚力量。在诗词楹联阵地，潘孝正、叶勇、白书香、邱俊德、曾孝忠、陈香才、余腾松、程泉清、陶鸿雁、张斌等一大批老中青作者辛勤耕耘，硕果盈枝，成为威信县古体诗词界的中流砥柱。特别是潘孝正老先生诗心不老、笔耕不辍，其诗作在全省乃至全国多次获奖，出版有个人诗集《清平乐诗词联》。他一直担任威信县诗词楹联学会会长，十余年来殚精竭虑、无私奉献，坚持每年编辑出版一集《扎西诗词》，至今已连续出版14集，为弘扬传统文化、培育文学新人做出了杰出的贡献。在现代文学阵地，艾飞、陈正强、余嘉策、姜登春、郑鸿文、张朝坤、张新林、毕先强等都是名气不小的诗人，艾自由、周元珠、黄友军、查兴娥、肖世慧、李怀斌等作者的评论、纪实文学、小说、散文等文学作品很受读者青睐。在书画阵地，唐绍宽、文成举、曾以平、谭清霖、滕明聪、王其林、崔万能、胡坚、李祖香、彭善秀、黄河、于力、杨军、胡旭、汪泽民、曾孝忠、黄友军等艺术家的书画作品妙笔丹青、铁画银钩，让人赞不绝口。在史志阵地，刘行高、邱俊德、雷吉常、古仕林、李朝洪、罗吉芬等都是成果卓著的史学专家。此外，威信的音乐、舞蹈作品在省内外也享有一定的盛誉。

威信曾经是一个崇文尚武之地，不仅墨客骚人众多，还出过不少英雄豪杰。清代大河滩武举人王在明自幼饱读诗书，学习兵事，武艺高强，能开数百余斤之弓，可提两百余斤之礤，常用两百余斤之大刀，具有三国关云长之猛，有万夫不当之勇。清道光二十六年（1846年），年方25岁的王在明到省城参加武举考试，一举中榜，名列全国第十八名，滇省第一名，一时名扬滇黔，清道光帝赐给"武魁"匾额，委任兵部尚书兼都察院右都御史总督云贵两省等地方官务，兼理粮饷陆。此外，肖大扁刀、曾鲁光、潘朔端、张警、朱德文、李文炎、潘为鹏、余泽华等都是值得威信人民骄傲和自豪的英雄儿女。

威信是云南省土地革命战争时期的老区县，有着光荣的革命传统。1935年2月，中国工农红军红一方面军长征结集扎西，召开具有重大历史意义的"扎西会议"，张闻天取代博古成为党中央的领导人，确立了毛泽东同志的军事领导地位，审议通过了《中共中央关于反对敌人五次"围剿"的总结决议》，做出了缩编红军、成立中共川南特委和组建红军川南游击纵队（后改称红军川滇黔边区特委、红军川滇黔边区游击纵队）和"回师东进，二渡赤水，重占遵义"等重大决策。中央红军回师东进后，很快取得了红军自长征以来的第一次大胜仗——遵义大捷。因此，可以这样说，扎西会议是遵义会议的继续、拓展和完成，扎西是毛泽东同志开始掌权的地方，中国革命从这里一步步走向胜利。当年，威信全县总人口仅有7万余人，就有3927名热血男儿踊跃报名参加红军，但到中华人民共和国成立后大多数在战场上壮烈牺牲，为中国新民主主义革命做出了巨大的牺牲和贡献，刘光荣、肖发文（人称肖团长）、晋绍武（人称晋团长）就是当年在扎西参加红军后幸存下来的革命英雄。更为可贵的是，川滇黔边区游击纵队在离开红军主力部队以后，艰难地鏖战于川滇黔边区20余县，开辟了近1000平方公里的游击区，牵制和打击国民党反动军阀，配合中央红军长征北上，直到1937年春主体斗争失利，大部分将士壮烈牺牲，为中国革命谱写了一曲悲壮的战歌。徐策、戴元怀、余泽鸿、张凤光、陈宏、刘干臣、龙厚生、李青云、曾春鉴等红军将士血洒边区，永远长眠于乌蒙大地，使后人万代敬仰。由红军川滇黔边区游击纵队发展起来的云南游击支队,在支队长殷禄才、政委陈华久的领导下,孤军奋战,将革命斗争的烽火熊熊燃烧到1947年,在国民党79师梳篦式的"围剿"中才宣告失利,其革命斗争波澜壮阔、胜利成果闪耀星空,为边区人民的翻身和中华人民共和国的成立建立了不可磨灭的历史功勋,殷禄才、陈华久、何吉珍、杨世龙、张占标、张慧臣、俞顺民、王国清、孙德龙等革命烈士永远活在我们心中。如今,威信县城扎西是云南省历史文化名城,扎西会议纪念馆(含扎西会议会址)是全省爱国主义教育示范基地、青少年爱国主义教育基地、国防教育基地、党性教育基地、廉政教育基地,全国第二批百个爱国主义教育示范基地,全国100个红色旅游经典景区之一。扎西红军烈士陵园是全国爱国主义教育基地。"扎西会议"被列为红军长征35个重要事件之一。红军烈士纪念碑、长官司战斗烈士纪念碑、红军川滇黔边区游击纵队云南支队烈士纪念碑等巍巍耸立在威信这块红土地上,向我们见证着当年的战火硝烟和镌刻着革命英雄的丰功伟绩。坐落在县城南部新区宽敞明亮的扎西干部学院,是全省党性教育基地,也是全省乃至全国领导干部来此继承和弘扬红军长征精神、不忘初心、继续前进的加油站。所有这些丰富的历史文化元素,为威信文化产业的开发和红色经典旅游景区的建设积累了十分丰富的资源,也为威信文化的大发展、大繁荣夯实了坚实的基础。

威信一直是儒释道并存、多宗教文化共荣的福地。始建于明代的高田观斗山庙、扎西石龙山庙、旧城马鞍观音寺、高田鱼井白水庙,清代扎西龙洞坡文阁庙、扎西观音财神庙、扎西万仙观、罗布同登山庙等寺庙,在向世人展现当年雄伟、独特、精湛建筑风格的同时,也深刻地烙印着威信各族人民对自然和祖先至高无上的神圣崇拜。做庙会、诵经、抽签、问卦、求神拜佛、各民族葬俗等宗教活动则蕴含着神秘高深和丰富多元的儒释道文化内涵。

威信苗族服饰既保留了各地苗族某些共同的特征,又形成了自己独特的风格。特别是苗族妇女服饰,丰富多彩,色彩斑斓,美观大方,展示出苗族妇女心灵手巧的智慧。苗族女装因居住地的不同可划分为"蒙棱""蒙豆""蒙喜""蒙坝"等多种样式,其区别主要表现在头饰式样、服装颜色及花饰和镶花等。苗族女装分便装和盛装两种,便装为平时或劳动时穿用,花饰较少，简洁素净；盛装是走亲访友和重要节日的华丽冠戴，满身花锦，鲜艳夺目，显得富丽华贵。

　　民俗文化是一个民族创造力的积淀和发展历程的真实写照，也是这个民族精神、物质水准的真实记录。威信民俗文化多彩，节日众多，风情浪漫，春节、元宵节、三月三、端午节、中元节（俗称七月半）、中秋节、重阳节以及苗族花山节、彝族火把节等民俗节日从各个不同的角度和侧面构成一幅浓缩的社会历史风貌及社会生活场景，以奇异的靓姿和独特的风貌展现在世人面前，具有鲜明的民族特色和浓郁的地域气息，形成了一座人们追求和向往美好生活的五彩缤纷的文化大花园。

　　威信民间美食让人垂涎欲滴，普世难寻。农家九大碗、腊肉、糍粑、旧城裹腿肉、簸箕坝甜酒、汤圆、小豆酸菜汤、鱼井腌酸鱼等组成的威信特色饮食风景线，极大地丰富着地方饮食文化，成为文化威信不可缺少的饕餮盛宴，吸引着南来北往的人们。

　　总之，威信壮美神奇的自然景观、悠远厚重的人文历史、得天独厚的红色基因、绚丽多姿的民族风情、普世难寻的饮食文化等构成了威信"红色扎西　胜利起点"的文化元素，形成独具特色的形象和灵魂，成为威信人民丰富的文化营养和永不枯竭的源泉，构成地域文化斑斓的色彩，像袅袅炊烟，永远飘荡在威信烟波浩瀚的文化历史长河上空。

目录 Contents

1　　总　序

5　　序　红色扎西　胜利起点

001　第一章　"鸡鸣三省"叹神奇

002　万种风情大雪山

014　百里林海风光秀

022　天险两合岩

026　峡谷幽深果哈情

034　三亿年岁月沉淀的溶洞奇观

040　千仞绝壁话悬棺

047　美妙绝伦的观斗山

055　第二章　红色扎西放光芒

- 056　扎西——地域台阶中生长的人类烟火
- 073　圣地扎西
- 080　吹响集结号的地方
- 089　碧血乌蒙染杜鹃
- 104　铁血丹心铸忠魂
- 118　扎西干部学院——让长征精神的火炬永不熄灭

123　第三章　扎西河畔百花香

- 124　文学的头颅撞开生命之花
- 131　曲水流觞抒雅韵　花晨月夕听诗声
- 142　书画之苑竞芳菲
- 150　飘扬在大山深处的百灵鸟
- 156　火塘温暖唱书悠
- 161　缕缕乡愁是童谣
- 166　鼓乐声声赏傩戏
- 173　清歌妙舞耍莲枪
- 177　太平花灯跳得俏
- 183　牛舞深山处　情满山谷间

189　第四章　民族风情醉四方

190　湾子苗寨醉风情

199　流淌在苗家山寨的绚丽文化

223　彝家山寨品风情

231　舌尖品出扎西来

260　后　记

第一章
"鸡鸣三省"叹神奇

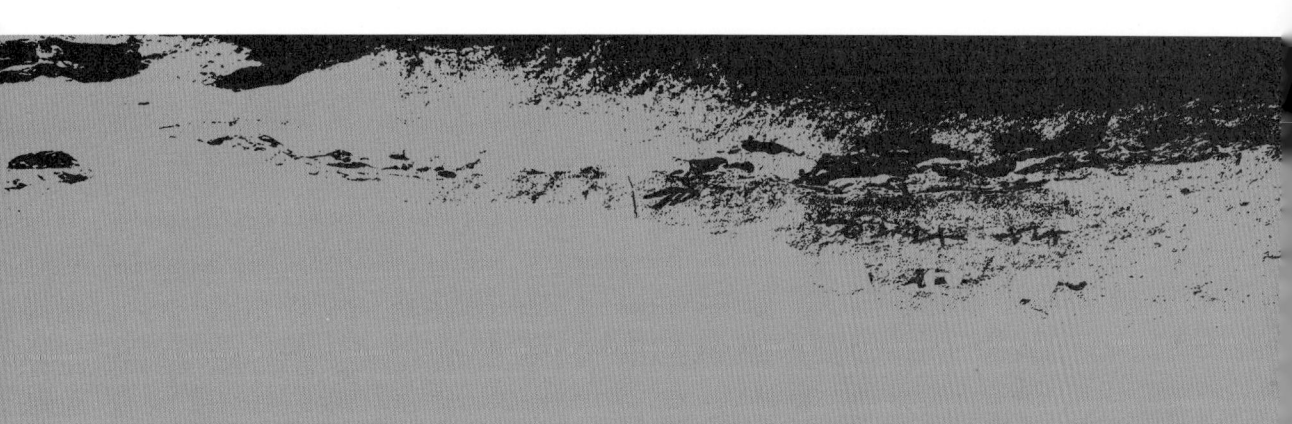

威信县素有"鸡鸣三省"之称,境内溪流纵横、千峰竞秀,别有洞天、风光旖旎。迷人的大雪山原始森林、享有"杉木王国"之称的天星国家级森林公园、一夫当关万夫莫开的两合岩天险、峡谷幽深水光潋滟的果哈奇观、被誉为"西南第一洞"的天台山溶洞、留下千古之谜的瓦石悬棺、融儒佛道于一体且享有"万盏明灯亿炷香火"美誉的观斗山庙宇及石雕群等自然景观和人文景观,无不彰显着这方山水的美丽与神奇,让人叹为观止、流连忘返。

万种风情大雪山

> 大雪山犹如一颗熠熠生辉的"绿色明珠",镶嵌在滇川边界上,属原始生态自然保护区,其生物物种丰富、植物区系复杂、生态系统保存完整。有高等植物种类1200余种、野生动物200余种、野生药材100余种,有大量国家和省级重点保护的珍稀及濒危动植物。大雪山以森林风光为基调,集众多的参天古树、飞瀑流泉、险峰峻岭、幽峡深谷、珍禽野兽、奇花异草等风景元素,构成了一年四季一幅幅美妙绝伦的山水图画。深入其间,令人叹为观止,流连忘返。

雪山总是与常年积雪的大高原风光联系在一起,谈到雪山我们总会想起青藏高原和喜马拉雅山。而在云贵高原的边缘地区,有个叫雪山的地方,这倒不是因为终年积雪而得名,而是因为这个地方具有高原雪山的气候特征。这个雪山就是镶嵌在滇川交界处的大雪山。

大雪山属于四川盆地南缘与云贵高原的过渡地带,是云贵高原大娄山北侧支脉,是云南和四川的界山,它犹如一条巨龙横跨于云南省的彝良县、镇雄县、威信县及四川省的筠连县、珙县的边界上,全长75千米,主峰海拔1820米,原始林区面积5000多公顷,森林覆盖率92%,森林植被覆盖率98%。大雪山属亚热带季风型原始阔叶林区,多雨多雾,阴蔽潮湿,年平均温度13℃,昼夜温差10℃左右,霜雪期约150天。大雪山的原始森林风光主要集中在威信县境内,因积雪早、融雪迟,故名曰"大雪山"。

大雪山原始森林生物物种丰富、植物区系复杂、生态系统保存完整,是树的海洋、花的世界、溪的乐园、瀑的舞台、鸟的天堂、藤的王国、根的展厅、中草药的故乡、野生动物的家园、自然物种

茫茫林海

的基因库。景区内有大量国家和省级重点保护的珍稀及濒危动植物，高等植物种类多达1200余种，其中有国家一级保护植物珙桐，二级保护植物福建柏、银杏、水青树、木瓜红，三级保护植物邛竹、红豆杉。

这里有野生动物200余种，是珍稀动物的繁衍栖身之地，珍稀动物经常出没林间溪畔，引人注目寻觅观赏，增添山野欢乐情趣。有国家一级保护动物金钱豹、云豹、麝，二级保护动物大青猴、红腹锦鸡、黑熊。林中有野生名贵中药材100余种，淫羊藿、野三七、黄连、何首乌、五倍子等俯拾皆是，当地群众有"哪个得到淫羊藿，十个吃了十个活；六含草、兔咡风，十个吃了十个松"的顺口溜。香菌、天麻、木耳、邛竹笋、水竹笋等出产丰富，溪中石蚌（俗称木槐）肥大鲜美，有"肥壮石蚌遍地爬，想吃石蚌顺手抓"之说。当地有一首民谣，

可说是对大雪山的真实写照:"大雪山高又长,五岭四沟四十八口塘,巍巍奇峰鹤立九十九;前有白鹤池,后有凤凰坝,周围九狮十八象;无垠的林海莽苍苍,珍禽猛兽满山跑,奇花异草遍地香;雪山处处都是宝,滇川两省把名扬。"

雪山尽含千古秀,桐花振翅几度飞。大雪山以森林风光为基调,集众多的参天古树、飞瀑流泉、险峰峻岭、幽峡深谷、珍禽野兽等风景为元素,构成了一年四季一幅幅绝妙的山水图画。深入其间,令人叹为观止,流连忘返。

大雪山是自然风光与四季花香的结合体,不同的时节有不同的风光,不同的时期给人的美感各不相同,适合一年四季游览和观光。

春天,大雪山流水潺潺,泉水叮咚,邛竹婀娜,枝芽鹅黄,浅草嫩绿,万物复苏,百花绽放,莺飞燕舞。清塘碧池随处可见,或深或浅,形态各异。漫步其

间，温婉的情感犹如石板桥上散步的女子，缓步轻履，一颦一笑，充盈几多脉脉秋波。山中清池，平静如碧，微波不兴，玲珑剔透，素净空灵中再现几许安详。大雨落后，山泉飞泻，潭水汹涌，层浪叠起千堆雪，璀璨成花，白沫泛波。山泉云集，水潭联动，有的形如圆镜，有的貌如方斗，有的好似磐龙……景随情动，情随景迁，千姿百态，变化无穷，肥壮的石蚌在"仙鹤池""飞鱼塘"中欢乐地蹦跳。小道古木横陈，轻履其上，仿若踏过千年时光，恍惚间，披蓑斩棘，玉露沾衣，已分不清仙境人间。潺潺溪流从木桥下流过，冲刷着堤岸，散发出满天水花。激流处，旋涡似龙眼，层浪似诗书万卷，这就是所谓的"龙眼睛""万卷书"。清流不竭，情若石盘，哪管是石的挽留还是水的眷恋。静品"仙鹅抱蛋""金鸡抱蛋"，闲看"喷泉草海""乌龙吐水"，捻须轻叹"飞鱼塘""打儿窝"，再观"三峰鼎立""钱厂遗迹"。数不尽奇山异水，道不完仙女传说。

❶ 林海云雾
❷ 参天古树——山板栗

流泉飞瀑

　　春暖花开时节，游走在风景如画的大雪山，无法阻拦的思绪任由漫延。人生无倦，看古木参天，嶙峋多画意，藤蔓绕枝间。那千年的古树蕴含着雪山的万种风情，静默矗立，任风云变幻其间。又或横亘于丛林，任风雨雕刻，任苔藓爬满。或立或卧，都是一种姿态。沐浴着暖暖和和的春阳，徜徉在雪山林海之间，那悠悠缓缓的时光，在丛林深处的碧溪里流淌。掬一捧清泉，携一缕草香，便可淡看流年随波荡漾。一袭烟雨，将层林尽染，几卷春风姗姗来迟，古树上悄然间冒出几片鹅黄的嫩叶，墨黑的枝头便挑起了一山的春意，你还来不及分辨，漫山的苍翠已画卷般铺展开来。这时，山林里的兰花、二月花、牵牛花、山茶花、鸭儿花、映山红、荔枝花、水仙花、桃李花、樱桃花、欠腾花、猕猴桃花、脱皮柴花、八角花等数十种野花擎着它独有的色彩，装扮着润软的溪岸、幽深的古道、陡峭的山崖。春阳不过几日，整个大山便包裹在花的海洋里了，漫山遍野、争奇斗艳、生机盎然，似彩云绕峦。置身花海，使人朝气蓬勃、生机盎然、超凡脱俗。

春天的大雪山还是各种鸟兽活动最频繁、谈情说爱最浪漫的季节。茫茫林海成了它们卿卿我我、追逐游戏的伊甸园。野鸡、山鸡、白含鸡、娃娃鸡、茅草鸡、黄秧鸡、锦鸡、竹鸡、庆鸡、猫头鹰、啄木鸟、画眉鸟、乌鸦、喜鹊、斑鸠、红嘴鸟、水鸟、春生大鸟、土画眉、黄雀、麻啄、青菜婆、黑篡鸟、黄豆儿等百鸟在林中婉转鸣啼，呼朋引伴，叽叽喳喳，打情骂俏。金钱豹、豺狗、狼、小豺狼、狗熊、岩羊、獐子、豪猪、拱猪、刺猪、野猪、黄秧狸、九节狸、狐狸、野兔、黄鼠狼、松鼠等野兽在林中穿梭跳跃，寻觅食物和谈情说爱。乌梢蛇、岩斑蛇、碎蛇、青竹飚等爬行动物也钻出洞穴，挂在树上或者躺在路边悠闲地沐浴着春阳。林中最妖娆的风景莫过于锦鸡了，先听见"扑扑扑"的振翅声从耳旁掠过，一个火红的舞

清澈的溪流

姿绽放于眼前。锦鸡是大雪山的精灵，守护着这一片苍茫的林海。

大雪山常见的是红腹锦鸡（又名金鸡），是我国的特有雉类。红腹锦鸡雄鸡体长约1米，上体金黄，头上金黄色丝状羽冠覆盖于颈上，脸、额和喉均锈金色，上背浓绿，羽缘绒黑，其他部位浓金黄色，各羽的羽支散离如发。中央尾羽黑褐，布满橘黄色点斑。下体自喉以下为深红色，故名"红腹"。红腹锦鸡有时在枝头飞来飞去互相嬉戏，有时又在平地闲庭信步。它总是昂着高傲的头，披一身锦衣，拖着惊艳的彩尾，无论动与静，都是一幅绝美的风景。

大雪山这个动植物的家园，远离了人类的惊扰，鸟兽们倒也逍遥自在，只管尽情地畅游林海、放声歌唱、寻欢作乐。溪边黝黑的泥土上，深深浅浅印着走兽的足迹，隐约可见，那走兽遁形的密林深处，神秘之感油然而生。

到了夏天，大雪山山青青、水碧碧，万树蓊蓊郁郁，满目苍翠，使人们沉醉在绿色的林海里。从乌岭沟开始，大雪山逐步增高变阔，磅礴的山势逶迤绵延。那连亘的山峦或陡峭或舒缓，似波澜翻滚，又似万马奔腾，涌动的波峰浪谷，无穷无尽地延伸到云雾迷漫的天际。仰望大雪山垭口，只见那巍峨黛绿的群峰吞吐着浩渺的云雾，那灰蒙辽阔的天空已与群山浑然一体，分不清哪里是天，哪里是山。云雾在山间缭绕，泛起的乳白轻纱将重山拥抱。那轻柔的雾，如丝如缕，在大山的树隙间轻飞曼舞，潺潺溪流若隐若现。驻足凝望，那晨雾飘过的地方好似心灵追逐的方向，淡淡的，如一缕相思，弥漫着无尽的牵挂；浓浓的，如满怀思念，在这重峦叠嶂里慢慢决堤。思绪万千随雾轻漫，那些灵秀的温婉，轻盈的寂寞，都在这虚幻与现实之间定格于一双深情凝望的双眸。早上远望，一轮旭日缓缓升起，穿透晨雾，霞光万丈，整个山林镀上一片金黄。山谷将雾气敛起，倏忽间，天山分明，林渊爽朗。

闲暇之时，漫步其间，大雪山那无边无垠的原始森林莽莽苍苍，犹如广阔浩瀚的海洋。参天大树比比皆是，遮天蔽日，光线暗淡，偶尔有斑驳的阳光从枝叶间透下，似碎碎星光洒落一地。走在

❶ 成熟的八月瓜
❷ 野生八月瓜

里面很难区分东西南北,迷路之感油然而生。在这幽深的山林深处,丝丝凉意沁人心脾。

多情的夏季,多种花木竞相放艳。珙桐花一袭白衣,翩然绽放。你看那洁白的花瓣似仙女的裙摆,在翠绿的枝头随风摇曳,又似万千白鸽簇拥枝头展翅欲飞,真是"珙桐花开一剪裁,欲停将飞引人猜"。每每这个时节,便会引来无数游人,人们惊叹于她的超凡脱俗,惊叹于她的洁白无瑕。珙桐花开,是夏季里大雪山最亮丽的一道风景。

大雪山的奇峰峻岭中,最为出名的要数"九狮十八象"。九狮山是钟南山的一条小山脉,经黄轿沟、扯竹坡、下筧槽沟直插滥泥坝,有九个山头,每个山头葱茏蓊郁,昂首盘踞,活似一头头威武的雄狮。从长安镇安乐村的尖峰山发源的一条山脉经寒婆岭进入麟凤镇龙塘村的大地沟直抵金凤大岩顶,十八座小山互相追逐,又因其形似象体,故称"十八象山"。

邛竹笋

站在山巅，一览众山，不禁让人感叹：金樽酒，酹青山，几度春秋；雪山踏遍越千岭，花拂香肩；山河壮，梦如烟，欲走还停望故园；风萧萧，难遣流年老！欲攀缘，莫等闲，正少年。

夏天的大雪山也是竹的世界，楠竹、水竹、邛竹、墨竹、刺竹、箭竹就像一张厚厚的绿毯袭裹山腰，或挺拔苍翠，或坚韧不拔，或典雅高洁，或婀娜多姿。随风而起，枝叶悉悉，真可谓"青山锁翠""绿竹含烟"。

每年农历的四月间，是采集邛竹笋的美好时节。沉睡在竹海里的邛竹笋，嗅到春天的气息，一夜之间就会撑开腐叶，钻出泥土。大山里的老百姓便背着竹篓，全家老小一齐出动，带上手套尖刀，又开始了一年一度的竹笋采收。晨露未晞，人们早已穿梭其间，身手敏捷地采笋了。于是邛竹林里开始热闹起来，嘹亮优美的山歌在竹海里飘扬。人们不需要费多大的功夫，便采得满满一竹篓，背至一平地倒出，长长地吁了口气，豆大的汗珠从额头滚落，还来不及休息，便又坐下，双手麻利地将竹壳剥掉。每当看见堆放整齐的嫩生生的竹笋时，人们脸上洋溢出幸福和收获的笑容，笑得那么灿烂，那么满足。也就是一根根白嫩的竹笋，换来了一定的钞票，贴补了多少穷人的家用，供出了不少大学生。所以当地老百姓美其名曰"笋里拨款"，简简单单四个字，道出了大雪山老百姓对竹笋的情感以及其所带来的不可低估的经济价值。

山是水的傍依，水是山的解读，山因水而奇，水因山而秀。那奔流不息的清泉、从天而泻的飞瀑更是增添了大雪山夏天的灵气。一路风景一路瑶池，大雪山的水是清澈的，清澈得可以看见河底的碎石；水是纯净的，纯净得犹如一面明镜映照白云蓝天、翠竹山峦。那水面碧蓝澄澈，微风拂过，两岸的翠绿橙黄、花白殷红似揉碎在碧池之中，柔韧摇曳。也许就是这一池碧水，惹来仙女停歇，围泥筑池，捧饮清泉。临走时玉袖一挥，便在海拔1400米驼峰式的山梁上形成一个常年不竭的天然池塘——仙女池。仙女池碧波微

野生猕猴桃

漾,樵夫在这里歇息,小鸟在这里啄饮。

　　清泉缓缓从山涧流下,低洼缓地处,便形成了一口口水潭。在九财坝出口,便是龙塘坎。龙塘坎下排列着三个圆形的潭眼,直径约三米,传说是有三位僰人仙客途经此地,欲穿越湖口,便抛石开路,砸出了这三口清潭。潭水深不见底,夜晚,皓月当空,三潭同时映入明月,水流荡漾,沉碧便揉碎潭面,月影摇曳似条条金带,十分壮观,故名"三潭映月"。就在"三潭映月"十米开外,便是"浴仙塘",三个矩形的石塘罗列于此,长三丈多,宽一丈余。塘深丈许,清澈见底。池塘边上,有宽阔平整的石板台阶。每到酷暑,便有游人来此沐浴嬉戏,消暑脱汗,舒服至极。累了便爬上石板,晒着太阳,欣赏池边美景,别有一番情趣。

　　夏天,大雪山的水最为壮观的莫过于"九叠飞瀑"。沿龙塘坎一直往前走，穿过茂密的林间甬道，便听见远处传来轰鸣的激流声。这里的水流顺着山势急转而下，劈空坠落，轰轰隆隆，肆意喷薄，惊天动地。激流将山岩冲刷成九个缺口，浩荡的水流奔腾而下，飞珠溅玉，吼声如雷。九叠飞瀑接连不断，疑似银河九天悬落，又似白缎风中狂舞，没有牵绊，没有阻拦，一泻千里。那皓白飞泻的瀑布，雄壮激扬，那震撼山谷的咆哮，不绝于耳。

秋天的大雪山，秋高气爽，林海五彩缤纷。红叶铺山，彩林满目，炽热浪漫，神奇迷人，野果盈枝，那缤纷奇幻的色彩，把游人看得眼花缭乱。秋风席卷，落叶铺陈古道，深橙的化槁，浅黄的银杏，枫叶染红丛林，真是丛林深深秋意浓、野果簇簇醉秋风。猕猴桃、野梨子、野荔枝、丝栗子、酸枣子、斑鸠果、八月瓜、猫咡瓜等野果盈满枝头、唾手可摘，因此人们常说大雪山是饿不死人的"天然粮仓"。难怪当年红军川滇黔边区游击纵队要在大雪山建立革命根据地，并在敌人大规模的"围剿"时迅速把队伍带进密林里实行隐蔽修整，不无道理。纵队在密林深处巧设战场，把敌人打得晕头转向、丢盔弃甲。红军传唱的歌谣："大雪山，好地方，莽莽森林是围墙；树当衣，地当床，遍地山珍是干粮。群众报信是电话，蒋介石是我们的运输大队长。任你千军万马来攻打，大雪山是坚不可摧的城防。"就是那段波澜壮阔的红色革命斗争历史最有力的见证。

金色的秋季，大雪山莽莽的原始森林里，耐寒的树木，仿若沉淀了岁月的精华，层层叶片更显浓绿。孑遗植物在迷蒙的雾霭中吮吸着秋的气息，参天古树欲穿破苍穹，青褐厚密的苔藓上，有轻盈的羽毛散落。原始森林的广袤与神秘，浩渺与幽远不免让人有身处世外之感。金风拂过丛林，一朵雏菊静静地绽放，似质朴的山村姑娘，深情凝望。山坡上那些莫名的花儿也跟着五色杂陈，淡化了山林里凄风苦雨和无边萧瑟。落日余晖点染秋林，让人心生愉悦。

大雪山的冬天总是来得更早一些，凛冽的寒风呼啸而过，一夜间漫天的大雪纷纷扬扬，将整个天幕遮挡，巍峨的山脉湮灭在茫茫白雪之中，林海白雪皑皑，银装素裹，冰清玉洁，分外妖娆。此时听不见鸟鸣的声

枯树上的香菌

音、看不见野兽的活动踪影，真是"千山鸟飞绝，万径人踪灭"。那些曾经欢快跳动的清泉已被凝固成永恒的舞姿。泻下的山泉，已成条条冰凌挂于山涧。树枝上厚厚的积雪被凛冽的寒风吹过，形成一把把风刀，有的片状，有的针状。树叶浓密且松软的大树，在大雪和寒风的雕塑下，整棵大树白雪皑皑，被冰雪包裹的枝叶，朝着风的方向飞扬，好不壮观！有的大树不堪重负，咔嚓咔嚓的断裂声在山谷回荡，几尺深的积雪早已将道路湮灭，石梯旁的大树全被压弯了腰，连地上的草尖也包裹着冰凌，晶莹剔透。置身其中，便觉得大雪会瞬间把你掩盖，难以呼吸。那一种震撼，让人战栗，让人畏惧，又让人流连忘返，尽享冬雪的妖娆和绰约风姿。在如此壮观的雪景面前，所有文字都显得苍白无力，此情此景不禁让人感叹："人生不到大雪山，访尽千山也枉然。"

大雪山是"四季皆风景，春夏吸人魂"的旅游胜地，由于交通建设的滞后，使得这片西南的处女地还处在"养在深闺人不知"的境地。随着人们对大自然的亲近和对旅游休闲的追求，我想在不远的将来，这片美丽的风景，定会驻足在人们的心间，让人流连忘返，爱不释怀。

百里林海风光秀

> 旧城天星国家森林公园山水秀丽,气候宜人,林木郁郁葱葱,苍翠欲滴,美不胜收。景区汇集全国64个杉木林品种,为全国杉木林种质资源之最。有80公顷成片分布的国家一级保护植物桫椤树,红豆杉等珍稀植物分布较广。竹园、茶园、杨梅园、古寨遗址、林海人家、天星水库等美景点缀其间,生机盎然,风光如画。

在威信县城东北角的乌蒙山上,有一大片茂密的林海,它像星星散落在乌蒙山的腰际,那么璀璨而耀眼;它像胸花,镶嵌在云贵高原的边沿上,那么美丽,那么绚烂,深深地吸引着人们的目光,她就是天星百里林海。

百里林海位于云南威信、四川珙县、兴文县的交界处,由八字山林区、天星林区和观斗山林区相连而成,面积数十平方公里。亚热带的多种植物活跃其间,林木高耸,杂竹掩映其间;山地起伏,绿浪波涛;山路盘旋,小鸟云集,林荫深处风景秀丽,是川滇黔边区人们避暑休闲的好去处。

百里林海原是广阔无垠的原始森林,豺狼虎豹出没其间,飞禽走兽影现其里。如今,像野猪、野山羊、野兔、野猫、野鸡、红腹锦鸡、白汗鸡、竹鸡等珍稀动物仍时时活跃于林间。邛竹(罗汉竹)、刺竹等竹类以及天然树种保存完好,所以在百里林海中常年都可以采集到邛竹笋、刺竹笋、楠竹笋、苦竹笋等鲜笋,香菌、青冈菌、阳雀菌、苞谷菌、三塔菌等野生菌俯拾皆是,此外还有天麻、淫羊藿等大量的名贵中药材。可以说,这里是个天然的宝库,

百里林海一角

不同季节都有不同的奇珍异宝呈现在人们的眼前。

奇花异果妖娆而丰硕地点缀着百里林海四季美丽的风景。林海地处四川盆地边缘，乌蒙山腰地段，海拔800至1200米，温暖湿润，土质肥沃，适合多种植物的生长，形成植物多样性的特点。无论草本还是木本植物，一年四季花开果熟，当地的人一般将草本植物的果实叫作"蓞儿"，如大米蓞儿、栽秧蓞儿、乌蓞儿、毡帽蓞儿等蓞儿的种类繁多，到处都有，每每进入林海美吃一顿，酸的到位，甜的可口。还有藤本植物和木本植物的果实也很多，像刺梨子、地瓜呷、味味子、梨爪子、野李子、野板栗、米丝栗、毛丝栗、毛桃子（猕猴桃）、八月瓜等，还有些野果的名字保证你没有听说过，像猫呷瓜、光屁股、饭砣粑等应有尽有，小孩子最喜欢整天钻树林找野果吃了。

林海里花的种类就更多了，没有名字的闲花野草就不用说了，能够叫得出名字的像兰花、山茶花、杜鹃花、百合花等等，数不胜数。一年四季只要进入林海，花开花谢，能让人深

感生命的鲜活与美的显现，感受到生活的恬静舒适，感受到大自然的神奇与通灵。

百里林海沟壑纵横，河溪密布，到处是高山，沟壑有流水，自然风光秀丽。这里的河溪来自大自然的鬼斧神工，从大山深处奔涌流出，几经婉转盘旋，汇入到玉江河，可以说这里是玉江河之源，清澈的河水，就像大自然母亲的乳汁，哺育着大山深处的儿女，让威信这方土地变得冰清玉洁，让这方的人们纯洁而高雅。

踏入百里林海，无论你走到哪里，溪清流澈，绝大多数是冷沙土的竹根水，累了渴了随意饮用，泉水甘甜。水是林海之源、是林海的生命，是水养育了大山和山上的一切生命。它由高山峡谷的涓涓细流汇聚成潺潺小溪，穿出森林蹚过草地跃下悬崖峭壁合成玉江河日夜奔腾的旋律，并一路向西途经四川的邓家河、南广河在宜宾汇入长江，流向大海。这条母亲河用她那甘甜的水汁养育了旧城的人民，呵护了旧城的百里林海。进入林海，你可以享受天然的绿，没有污染的泉水。走累了，找一块大石板躺下美美地睡一觉，不是神仙胜似神仙。诗人有诗云："闲入林深不着边，山涛翠影绿连天。雾舒依隐楼居见，鸟语花香碧嶂前，岭下甘泉当酒饮，路旁青石好休眠，逍遥避暑清心欲，沐日披风胜谪仙。"

百里林海是滇川两省人民经济交流和友好往来的必经之地，也不知道从什么时候起，一条条青石古道把两省相邻的古镇村落连在一起。一块块被草鞋马掌磨出许多历史印迹的大青石板，曾经承载过人们生活生存负重的历史，叙说着两省交界的人们生活故事的大青石板还牢牢地镶嵌在这林海的深山峡谷中。从旧城经柏坳林到大坝，从旧城经文兴、天蓬翻过关口或翻过猪圈门到大坝，从旧城经梯子岩到高田、到清水河下叙永，大坝到高田，大坝到清水河等都要经过这百里林海，都是青石板路。这些青石板路都是中华人民共和国成立前官方组织修造的主要交通要道，也曾留下了许多传说和故事，如落马坝、倒马坎、马踏石沟、望哨石等都有不同的说法。虽然，这些青石板路早已经被现代公路交通切割成残存片段，已经

百里林海一角

把这大段大段的青石板路埋入历史的土层,但是,它却永远记载着这周边十里八乡人们生活的心酸,记载着人们千百年来的深深情感交流,记载着过往商贾用汗水浇筑的血雨腥风,也曾记载着1935年中国工农红军进行二万五千里长征时,踏着这一块块光滑的青石板走进了扎西,在百里林海留下许多亲民爱民的感人场景和一些挥之不去的精彩战斗故事,永远激励着旧城人民砥砺奋进。

百里林海是个风景旖旎,花香鸟语掩映其间的地方。每到春暖花开的季节,沿着山清水秀的林区道路而进,给你的感觉绝对是心动和精彩。在林海深处,可以赏百花争艳,听鸟语蛙鸣,观林荫秀色,品原生野果。那种情调实在让人喜心悦目,诗情大发,流连忘返。在大山深处,无论走到哪里,空气馨香,百花盛开,耳边林涛阵阵,眼前绿浪翻滚,人在画中走,绿从身边过,让人心旷神怡,陶醉其间。

百里林海由多个小景区组成,每处风景都有其独特的个性和神奇的色彩。八字山像一个八字一样两边分开,一种象形艺术流溢出天然的神功;柏坳风景独异,奇花异木相辉映,留给人们绝美的风景;天星岩群峰凸起,林木相映其间,如星天下坠散落一片;梯子岩古朴自然,那沉淀已久的人文历史,从那一幅幅带着古盐道历史的画面中,让我们感受到了历史的久远与兴衰。

在风和日丽天清气爽的时候,走进森林,静坐在天星林场的院坝里,举目远望,可见川南第一峰——古佛台,那是由林海中两条山梁合

拢后形成的一座山峰。古佛台最高处由高、矮两个小山峰组成，远看犹如一对情人相约而行，人们把那座山称作"公公背媳妇"，传承着一段美丽的故事，蕴含着人间的亲情与厚爱。每天早晨云雾升起，云山雾海流落其间，太阳从雾中升到峰顶，浓雾慢慢下沉，留下的全是美丽的风景。此时林间群鸟争鸣，雾里鸡犬相闻，等到云开雾散，豁然开朗，远看"公公背媳妇"正爬上山梁，何来何往，云深不知处。

林海的南面有一座高山名叫坤龙山，与八字山北面的大尖山相望，两山的最高处常年不长草。据民间传说，当年僰人头领哈大王被他族追杀，在此被四面围攻，走投无路，为寻求逃生，便双手夹着两块簸箕，借用簸箕形成的空气的浮力，从坤龙山上飞到大尖山上，逃过了人生一劫。因哈大王是僰人之神，所以被他踩踏过的山顶都不长草木。

林海人家是百里林海的一道亮丽的风景。在当地有"林海深处有人家，百里群山听鸡鸣"的说法。

走进林海，站在高处眺望，林海深处新楼碧瓦竹树掩映，梯田环绕，偶有鸡犬相闻，早上薄雾从山下漫起，弥漫了村庄，偶有白鹤翔空伴炊烟，归巢燕雀争晚霞的奇观。这里四季好景，层林尽染。虽说乌蒙磅礴，多神奇险峻，可到了百里林海犹如到了江南水乡，风吹稻田，绿浪滚滚；农家院落，竹树掩映，就是另一种感觉了，或许你会忘记这是在云贵高原，在乌蒙山区。生活在林海的人家是幸运和幸福的。沿着曲折蜿蜒的小路，走进林海深处的村寨，稻田房舍、山林树木相间。林海人家环境优美雅逸、生活恬静舒适，森林边是庄稼，庄稼地外是树林。站在高处极目远眺，层层梯田绕山顺水，村庄楼舍参差错落，要么依山而造，要么傍水而生，不是田园环绕就是丛林掩映，就像撒落翠屏间的花朵，点缀着葱山绿野。生活在这样环境里的人家，早起雾中听鹭语，晚霞淡去鸟声绝；春时蛙鼓伴日落，秋来蝉语逐月升；暑夏河里嬉流水，冬天火边赏飘雪。这是一种美的享受，一种天赐的福分。

　　林海人家保存着传统民俗的风貌，家家干净、整洁、卫生。不管房屋的好与坏，不论家庭的富与贫，哪怕住的是茅草陋室也得讲究整洁、干净。有客人到来感到舒心，自己过起日

百里林海幼林

子也舒坦。早晨，人们起床后的第一件事就是生火烧水洗脸、做饭、扫地，把屋里屋外打扫得干干净净，就是平时做事情也不会乱扔乱摆，地上落下一点渣渣都会立即收拾干净。

林海人家喜欢竹木和水果，每家房前屋后都会点缀几丛竹子，栽几棵桃树、梨树，或李或橘。四季有花开，常年有熟果，给人的感觉就是清爽自如。有的人家要在晒坝上搭个棚架，好让瓜藤豆蔓爬上去争抢夏天的阳光，圆一个秋天的梦。在这样天然的凉棚下，幽雅僻静，乘凉喝茶摆龙门阵，凡心随风去，尘念逐云烟，极其舒心惬意。

林海人家修造的住房功能性明显，实用性强。每家每户的灶房、柴炭房、火塘间都是独立分开的。如果你到林海人家做客，主人家要做什么好的饭菜招待你，只有等到坐上饭桌以后才知道。"燕咡窝"（房屋大门口）、堂屋里、火塘边，或者是凉爽的院坝里，是陪客人摆龙门阵喝茶的地方。冬天天气寒冷，火塘里烧起暖烘烘的火堆，主人和客人围坐在火塘边，一边聊天一边喝着土罐里煨的手工茶，打发闲暇的时光。随着经济社会的不断发展，农村生活也在不断变化，影像电器不断进入林海人家，晚饭后还可以就着茶壶酒杯，喝酒品茶，看看电视，听听音乐，以丰富精神文化生活的内容。

林海人家是十分好客的。客人来了一盆洗脸水、一支烟、一杯热茶总是少不了的。客人到来，首先是一盆温热的洗脸水，叫你抹抹汗，特别是大热天一路走来汗流浃背，主人家端上一盆热水，洗个热水脸，凉快（很热的时候洗热水比洗冷水舒服）。接着就是一杯凉茶，舒心。这就是靠山吃山靠水吃水，这是林海人家与林、与水生活的缘分。

如果你走到林海人家，不管你是特意去做客还是路过他们的家院，他们都会热情地和你打招呼。要是正遇上吃饭，不管你是生人还是熟客都会很客气地邀请你，这时候你就不要客气了，该吃饭就吃饭，该喝茶就喝茶，有烟有酒都一起跟上，一盆水一杯茶一支烟让你宾至如归。平常时间做客林海人家，烟茶酒是缺少不了的。林

海深处野生茶比较多，人与茶结缘已久远，与水交情共天长。有时候，晚上坐在火炉边上摆龙门阵，喝点小酒，隔一段时间，主人又会给你倒上热茶，困了累了再洗一把脸，烫个脚，喝一杯茶才去睡觉。

林海人家接待来客讲套路。冷天，火炉上的茶壶总是热的，热天呢，桌上的一壶凉茶总是满的。饭后一杯茶，摆龙门阵一杯茶，睡觉前一杯茶，起床后还有一杯茶，这是待客的基本礼仪。就是没有客人，自己干活累了回到家喝杯茶解渴也很方便，尤其是冷沙土的泉水泡出来的茶，喝起来甘甜可口，清凉解渴。由于山区林木水碱性重，具有美容养颜，洁齿明目的功效。

林海人肤色嫩润，牙齿洁白，养眼悦目。尤其是深山中的女孩，水灵细嫩的脸蛋，清亮透明的眼睛，洁白无瑕的美牙，看一眼就会让人喜欢。

百里林海是上天赐给旧城人民的天然瑰宝，带给人们的是自然之美和大山的情怀。正是这片林海孕育了勤劳、简朴、多情的旧城人民，让自然的美与人性的美在历史的传承中释放出艳丽的光彩。

酸奶子（一种果实）

天险两合岩

> 鬼斧神工的天险两合岩以险著称,有"一夫当关,万夫莫开"之势,两岸岩壁对峙,高耸云天,其势陡峻、雄奇。它不仅镌刻着威信久远而神奇的历史,而且镌刻着当年红军一往无前的革命精神。1935年2月,中央红军长征集结扎西时,从此处越过险滩进入县城扎西,并胜利召开了著名的"扎西会议"。

"玉斧劈开一线天,激流险道实艰难。伟人率部经兹地,烈士忘生炸敌顽。聚首扎西商大计,回师赤水下娄关。而今再走当年路,接力长征勇向前。"这首诗描写的就是当年中央红军长征路经旧址——天险两合岩。

两合岩位于云南省威信县扎西镇庙坝村两合岩村民小组,距威信县城约5公里。由于地层断裂和水融作用形成一条宽30米、高300米、长500米的峡谷,扎西河从中咆哮而过,两岸岩壁对峙,仿佛要合拢一样,故名"两合岩"。两合岩以险著称,两岸岩壁对峙,高耸云天,其势陡峻、雄奇。

中华人民共和国成立前的两合岩地势险峻,山峰高耸入云,仅岩壁上有一羊肠小道可走,确有"一夫当关,万夫莫开"之势。1935年2月,中央红军长征集结扎西,9日,军委纵队从院子出发返回大河滩,经两合岩进驻扎西,陈云的《随军西行见闻录》这样写道:"以后经川黔边沿赤水河上游走,经过许多小路,为红军西行以来湘黔两省从未经过之小路,尤以两河隘(两合岩)为最险要。由两河隘(两合岩)进威信县为三十里,两边峭壁中有水沟,

一边山崖上凿一人行道而通过，只要道路破坏五尺，军队即无法通过。历尽无数困难，而达到云南之威信县（旧名扎西，在滇黔边）。"可见其道路之险。在红军长征中，红九军团进驻两合岩，在两合岩地区召开过团政治部排以上干部会议，制定行动方针，传达了中央关于创建云贵川苏区革命根据地的决定和任务。同时期，军委纵队回师时，由扎西出发，至大河滩石坎子宿营，再次历经此地，使这个地方成了红色胜地，留下了太多红色的遗迹。

1973年，修建扎西至石坎的公路，沿河炸岩凿路，在两合岩架起一道两大拱、六小拱的月亮型拱桥，凿通90米山岩隧道，公路从两合岩夹缝中横穿而过，从此天堑变通途。而今隧道的出入口刻有两副对联，上道口为：云锁一线惊天险，桥飞两壁变通途；下道口为：万里风云涌两合，千秋伟业耀扎西。

古往今来的文人墨客在参观时留下的一些诗句，从中也能验证两合岩的险峻。有一首已经无法考证作者及写作年代的诗这样写道："刀削斧劈鬼见愁，英雄到此也低头。仰头只见天三尺，举足不知何处求。"1986年，老红军、云南省原省长刘明辉来到两合岩重走长征路，回忆起当年红军长征经过天险两合岩的一幕幕，感慨万千，欣然提笔："两山夹一洞，抬头一线天。"曾担任

❶ 天堑两合岩
❷ 两合岩峡谷中的滔天浊浪

过周恩来总理警卫员的红军老战士吴吉清同志来参观后说:"两合岩比腊子口还险。" 威信县诗词楹联学会会长潘孝正撰联:"九曲羊肠连绝壁,两头虎口踞雄关。"

两合岩除了险以外,大自然还造就了众多的奇观异景,令人遐想。由南往扎西方向行走,抬眼一望,首先吸引眼球的是扎岭山的悬岩半壁上镶嵌的一道石门,门高3米,宽2米,门框凸出1米。在峡谷右侧峭壁间,有一羊肠古道,为岩间凿出,长五六百米,宽仅一两尺,为石坎至扎西南北交通要道。这就是当年红军长征走过的古栈道,至今基本完好。我们小心翼翼地行走在古栈道间,停下脚步,向上仰望,但见青岩幽谷,似刀切的悬岩绝壁高耸入云,谷内两壁草木葱郁,飞鸟啁啾。脚下河水滔滔,河里怪石嶙峋,滚滚狂涛向南奔流,声如雷鸣,在峡谷中久久回荡,波浪冲击发出的浪涛声在狭缝中发出怒吼的回响,令人两腿颤抖。

两合岩峡谷东南面山腰有一大溶洞,洞深200米,宽50米。洞顶层100米处有一钟乳石如天生的巨型莲花,石莲花高8米,外形雄伟

两合岩岩壁上的标语

壮观，惟妙惟肖。石莲花后有一个小水窝，窝中经常积满一凼水，常年不干，人们称之为"神水"，凡从此经过的人们，都会敬而饮之，以求吉祥。从古以来，当地百姓把这朵石莲花当神来叩拜，祷告磕头，以求保佑平安顺利。在此烧香的人们常年络绎不绝，每到传统节气，香火缭绕，人气兴旺。

20世纪80年代，洞内曾出土骨针及熊猫、马鹿、犀牛等动物化石，为新石器时代人类遗址。溶洞口石壁上勒石铭刻有毛泽东的长征诗《红军不怕远征难》和红军歌谣《二月里来到扎西》，树立石碑刻有陈云的《随军西行见闻录》。两合岩以当年中央红军长征路经此地名载史册，是威信县独有的自然景观，被列为威信红色旅游精品景点。现在已经把红色文化和自然风光融合在一起，形成了独特的自然与人文风光。

两合岩天堑如今已变通途，古栈道已变成宽敞的大道。但那历史上的天险却没有被人忘记，因为那是红军走过的地方，那里留着红军的足迹，传扬着不畏艰难险阻、不怕流血牺牲的红军精神。万里长征已经成为历史，而长征精神却永远铭刻在我们的心中。

两合岩岩壁上的长征诗

峡谷幽深果哈情

> 在"鸡鸣三省"处的涛涛赤水河上,有一个神秘的峡谷,她的名字叫果哈峡。果哈峡气势雄伟、峡幽水秀、风光如画。峡谷两岸石壁陡峭、山势岈合、险峻万分,令人咋舌、叫人称奇;峡谷中碧波如茵、水似墨玉,让人心醉神迷、恋恋不舍。峡谷尾部是神奇的"一线天",激流澎湃、虎吼雷鸣,如千军万马般袭来,使人胆战心惊、魂飞魄散。

在威信县水田镇香树村境内,有一座山岭,叫"鸡冠岭",在赤水河的上游,鸡冠岭的下面,有一段河谷幽深、滩险流急的峡谷地带,被当地彝族同胞称为"果哈峡"。

关于果哈峡名称的由来,有两种说法。一是叫"奕娄沟","奕娄"是彝语"红色"的意思,"奕娄沟"就是红色的水流。相传,很久以前,果哈峡两侧的悬崖峭壁上生长着很多青杠树,每当深秋的时候,青杠树的红叶子飘落河面上,密密麻麻的,整个河面望去一片红色,因此当地彝族人把这段峡谷称之为"奕娄沟";另一种说法是这一条峡谷的南岸居住着一位彝族地主,当地人称为果哈家。因为这一条峡谷就在果哈家的地盘上,所以当地老百姓把这条峡谷叫作果哈峡,河流叫作果哈河。

果哈河自西向东一路奔腾,最终与位于镇雄和贵州毕节之间的渭河交汇,进入贵州地界,扬波而去,注入长江。

对于果哈峡的神奇险峻,可谓风头大盛,"鸡鸣三省",中央电视台《地理中国》栏目组曾专程到此采访,以期揭开果哈峡神秘面纱;云贵川三省很多文人墨客更是慕名而来,并留下很多诗作。

❶ 果哈峡峡谷
❷ 重叠的岩层

有诗云:"静水流深没绿苔,神奇造化任参猜;石崖或历千千劫,多少春秋入骨来。"又有诗曰:"俯首颤龙渊,抬头一线天;猿猱愁绝壁,十胆九心悬!"这便是果哈峡的神秘所在。

从县城扎西到果哈峡大概有58公里,果哈峡海拔777米,很多时候,游人到达此地时,都可能会大汗淋漓。幸好,河风一阵紧接一阵不断拂来,和着水流弹奏的乐章,大自然的洗尘可以让你浑身3600个毛孔孔通泰,好不自在!甚至,你可以疯狂一把,接一下地气,挽起裤管,光着脚丫,在潮湿的沙滩玩一回"奔跑吧,兄弟",体验一下那种一股清凉闪电般袭来全身痒酥酥的爽快之感。

果哈峡地势雄伟，以峡显幽、以水见秀、以峭称奇。站在峡谷口，放眼面前，两岸青山拔地而起，相对而立，就像是从南天门飞降而下的翠屏，那气势，惊魂摄魄，险峻万分。屏上枯藤绕树，奇枝怪丫，风仪万千；极顶，谁家晾晒的白色轻纱冉冉飘逸，恣意云游，欲上不上，欲下不下；屏脚，碧波如茵，水似墨玉，绿得让人心醉神迷。河面宽广处，河水似凝绝不动的飘带，依山蜿蜒而来，那神态像是初恋的少女缠绵依偎情人，宁静中透着甜蜜；偶尔，一艘小船顺流而下，船上渔夫山歌悠悠，怡然自得，让人恍然走进一幅水墨画卷。威信诗人陈香才诗曰："彝乡何处最清幽，峭壁摩天碧水流。最是撩人情动处，彩虹桥下唱渔舟。"

三岔河云贵川三省交界处风光

走进果哈峡，荡舟溯流而上，画卷徐徐展开。穿过果哈桥，首先扑入眼帘的是花鱼洞和鲢鱼洞，花鱼洞居南，鲢鱼洞居北。据当地一顾姓老人介绍，两个洞底下有长5公里左右的阴河，从洞里出来的水任何时候都是清亮的，并且水流的冲击力很大，不管峡谷里的河水是余了还是涨了，从洞里出来的水都能把河谷里的水冲出去很远。传说，居住于北岸的彝族顾氏先人，有一年夏天牵牛下河洗澡，洗着洗着，河水就涨了起来。河水越涨越高，当涨到一丈多高时，看见鲢鱼洞门口的水面上有一块像门板一样的东西竖立着浮动。顾氏老祖人仔细一看，天啊，那是鱼的背鳍，顾氏老祖人惊呼道："那是鱼王起身了！"从那以后，河谷两岸的居民对鲢鱼洞是顶礼膜拜，每逢干旱，两岸老百姓便会找来掌坛师（端公）做法事求雨。说起来也神奇，每次当人们把鸡、狗等祭品投放进鲢鱼洞的阴河里还没转身，天空就乌云密布，瞬时就下起大雨。

或许是为了印证鲢鱼得道成仙的传说吧，由此上行100米左右，位于南边的岩石上有一"鱼龙化石"图案，图案呈太极形状，龙头扬起，龙身和龙尾盘着，像是在修炼，吸天地灵气，纳日月精华。

沿着狭窄悠长的水路继续前行，只见两侧岩石层层相叠，鳞次栉比；紧密排列的岩层仿佛一本巨大的古书，散落在河流的两岸。两岸石壁陡峭，山势岈合，垂直高度超过百米。在两侧高山的半山腰，竟然有人恃险修筑营盘。让人真的佩服，这么高的绝壁，当时的先民们是如何修筑起来的？他们又怎样生活在里面的？历史的遗迹总会吸引着人们的考古与探索。根据当地民间的传说，位于南面的营盘是镇雄陇家修的，位于北面的营盘是水田寨郑家修的。中华人民共和国成立前，陇家是驻守镇雄的国军，而水田郑家是土匪。当时，郑陇两家也不知有啥子恩怨，反正是死对头，见面就开火，不死不休。如今，一切是非成败早已随流水东去，只有残垣断壁在阳光下诉说着昔日峥嵘的岁月。

根据实地勘察，昭通学院有关专家推测，果哈河谷两侧属于西南地区典型的喀斯特地貌，正因为如此，河谷两侧的绝壁上不但有溶洞，而且怪石丛生，大自然的鬼斧神工在这里得到很好的诠释。你看，小船刚转了个小弯，画风又变。只见河谷北面的阶梯状石壁上石笋丛生，高低起伏，迎面而来，好像古代军队出征，刀戈林立，气势森然。这就是当地人称之为"小石林"的地方了，虽然冠之"小"，但公鸡不啄人，雄势是在的。在南面石壁上，看到的则是栩栩如生的石灵芝和群象出洞图。如果说石灵芝是工笔画，那群象出洞就是国画大师的手笔了。整个画面只见大小各异的象鼻蜂拥而至，而看不见一头象身，寥寥数笔，就把那群象争先恐后奔涌出

❶ "青龙吐水"和"乌龟出洞"
❷ "群象出洞"
❸ "小石林"

洞的意境自然显现。

  随着小船的纵深推进，河面开始越来越窄，平静的水面之下暗流涌激。一般情况下，船行到这里，划船的师傅都会吆喝客人："坐好了！"以保安全。在跑马观花般穿过小坛子口、马跳岩和"钓鱼岛"之后，在一处水流稍缓的回水湾处，终于可以松口气。在这里，奇观再现：只见南面光滑如绸缎的绝壁上，突兀地从石壁里伸出一形如龙头的石头，更神的是石头有嘴，嘴中有泉，叮咚滴落，积水成潭。通过划船师傅指点，我们在潭中看见一乌龟形状的怪石，身在水潭里隐隐约约，头伸出潭面，好像正在仰头接水喝。据划船师傅介绍，这叫"青龙戏水""乌龟出洞"。从龙嘴里出来的水一年四季甘甜清冽，当地彝家人称之为"神水"。试着靠近，

峡谷中的"一线天"

感觉凉悠悠冷森森的,让人内心炯然一紧,急忙催船远离。天地孕万物,万物皆有灵,对神奇的大自然,我们还是怀着崇敬之心吧。

河谷越来越窄,两侧绝壁越来越高,船行到大坛子口附近时,峡谷两壁夹峙,感觉好像要合拢了,压抑感特重。不用说,这里就是果哈峡著名的"一线天"了。身在此间,头顶只见一线天光,脚下河水汹涌,惊涛拍石,尤其是大坛子口激流澎湃,虎吼雷鸣,如千军万马般袭来。果哈峡暴烈不羁的一面终于在山回水转之后显现得淋漓尽致。从恬静迷人到狂暴惊人,犹如人生的大起大落一般,大自然的神奇莫测,让人唯有惊叹。

果哈峡全长1000余米,峡谷蜿蜒曲折,时宽时窄,绝壁千仞,风光奇异独特,奇观迭出,充满神秘色彩。峭壁悬崖上碗口粗的树木在绝无泥土的巨石缝中挺拔伟岸,峥嵘的石岩与葱郁的林木有机地糅合在一起,各具形态的石幔一簇簇镶嵌在岩壁上,喀斯特地质特征造成的原始风貌使峡谷的一切具有极高的保护价值、科研价值和观赏价值。果哈峡既不是"U"形峡谷,也不是"V"形峡谷。按照昭通学院教授付奠基先生实地踏勘后的推测,这里在很久以前是一个完整封闭的巨大溶洞。后来,随着洞穴不断被流水侵蚀扩大,洞顶完全崩塌,最终演变成现在一个宛如迷宫巷道般的峡谷——箱形峡谷。

"曾经磨洗万千秋,入骨三分气势遒;鸟兽人神凭阅读,天书无字问来由。"这不知是谁留下的诗句,对果哈峡的评价可算入木三分。

大自然的鬼斧神工给我们留下了许多天然的画卷,就看我们怎样去欣赏和解读。人生也如此,我们其实时时都在风景中,就看我们是否能在发现中欣赏,在欣赏中发现。

三亿年岁月沉淀的溶洞奇观

> 三亿年的滴水沉淀,三亿年的自然雕琢,沉淀出一个奇美的洞中宫殿,是时光的浸泡、岁月的琢磨造就了这亘古独特的绝世奇观——天台山溶洞。溶洞面积达6万多平方米,以白色透明、冰清玉洁的石笋、石柱、石芽、石花、石幔等构筑了一个奇景迭出、万象环生、千姿百态、气势恢宏、曲径通幽的地下迷宫,成为全省乃至全国少有的溶洞奇观。

三亿年岁月的沉淀,滴滴水珠析出了一个宏伟而华丽的地下宫殿,她是西南溶洞中的一绝,奇景迭出,万象环生;她是大自然鬼斧神工的杰作,雄浑壮观,千姿百态。水与石的交融,柔与刚的演绎,造就了一个旷世奇葩——天台山溶洞。

天台山溶洞位于威信县麟凤镇毕坝公路边的老鹰岩上,距县城扎西36公里,是我国西南边陲独具一格的大型岩溶洞穴景观。由于地质结构变化,水对可溶性岩石进行化学溶蚀,从而形成独特的喀斯特地貌。又因受到造山运动的影响,地表褶皱成山,洞穴四面延伸,便形成了蜿蜒3000多米、落差约89米、上下四层交错重叠的岩溶洞穴景观,被誉为"中国西南第一洞"。

洞里每一处精致的奇景,都是神来之笔挥毫描绘的杰作,钟乳上的每一个造型都是时光雕琢的精品,无不彰显大自然的独具匠心。

游走在天台山溶洞,清新的空气扑面而来,丝丝凉意沁入心脾。听,潺潺的暗流,交织出柔美的旋律;清脆悦耳的滴水声,是大自然神奇的鼓点,在空灵的洞穴中演绎出绵延而悠长的交响。

❶ 虎牙洞
❷ 琉璃宫
❸ 天地之吻

三亿年的滴水沉淀，三亿年的自然雕琢，沉淀出一个奇美的洞中宫殿，是时光的浸泡、岁月的琢磨造就了这亘古独特的绝世奇观。

置身天台山溶洞内，举目四望，造型别致，五彩斑斓，林立丛生，宛如一个琼楼玉宇的仙宫境界。洞内曲径幽深，层层相连，各种景观栩栩如生。流水形成了石幔、石瀑、石幕、石坝、石梯、石琴；滴水形成了石笋、石柱、石钟、石塔；渗透水、飞溅水、毛细水形成了石花、石芽、石菊、石葡萄；沉积水形成了石珊瑚、石莲花。一个个景观或恢宏浩大或精致玲珑，或浑然天成或晶莹剔透，把整个天台山溶洞装扮得金碧辉煌。

❶ 南天门
❷ 导弹发射厅

❶ 伟人像
❷ 石笋石塔

"九龙抱柱"活灵活现，缠绕的纹络犹如条条巨龙，紧紧抱住拔地而起的石柱；"万佛山"仙人林立，或坐，或站，或蹲，或卧，各具神态，惟妙惟肖；"卫星发射中心"发射台上一根根笔直的石柱直插苍穹，场面蔚然壮观；"一家三口"紧紧相偎，尽显家庭和睦、社会和谐之美；"伟人厅"上伟人像，静坐沉稳，凝视远方，浑然霸气，尽显领袖风范；"情侣柱"一对情侣携手相依，海誓山盟，一生相随，寄托了多少痴情男女的夙愿；"天上人间"一根巨柱天地分裂，演绎着天仙凡郎的古老神话，向人间诉说着诀别的撕心裂肺。在这个包罗万象的天台山溶洞里，你可以做一回齐天大圣，游玩于石柱林立的"花果山"；你可以调皮地骑上"哈巴狗"，享受二郎神驾驭哮天犬于股掌之间的征服感；你可以触摸那花团锦簇的石菊，用触觉神经感受大自然鬼斧神工之美，尽享"此景只有天台有，人间难得几回尝"之福。

从天而泻的石瀑，飘逸飞扬的石幔，晶莹剔透的石花，好一幅如梦似幻、流光溢彩、琼楼玉宇的景象。这些造型玄妙的奇异景观将触动你的想象，你认为是什么，便可以是什么。

这些大自然赐予的美丽绝妙景观，赐予我们的不仅仅是美丽，也是对大自然变迁的解密。大自然是神秘而深奥的，许多奇特现象对我们来说都是个谜，需要我们一如既往地去探索和研究。天台山溶洞正是我们对大自然研究的实体，对于地质的形成，地貌的变化都有可研究的价值。保加利亚专家实地考察时说："该洞成洞年代久远，堆积物之多，实属罕见，具有较高的旅游开发价值。"

天然溶洞大多形成在大山深处，美丽的风景总是

亿年神龟

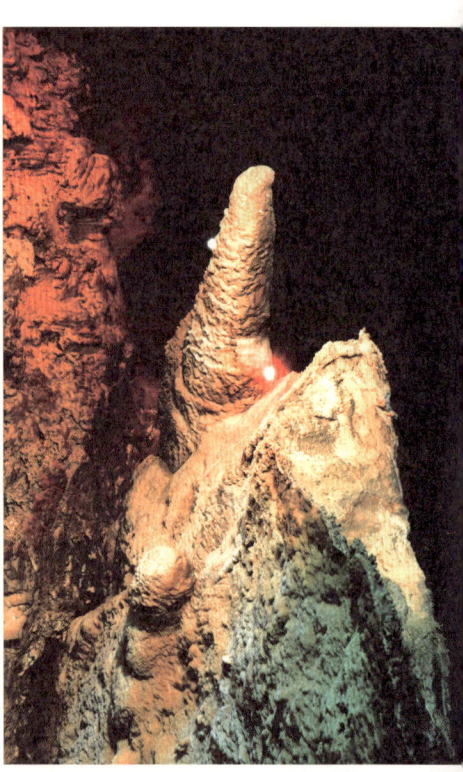

将溶洞包裹。美丽的天台山溶洞之外，是一幅生机盎然的山水画。麟凤河在山脚下缓缓流过，青苔古道旁，各种野花竞相开放，夹道的树木青翠欲滴，微风吹拂，枝叶款款。老鹰岩上古树掩映，天台山顶山花烂漫。循着盘旋山路拾级而上，便是宝灵寺，这里香火不断，青烟缭绕，多少香客在这里焚香许愿祈福，蔚然盛焉。

天台山溶洞，她把美丽深藏在岩地深处，她打扮了亿万年，等候了亿万年。当我们掀开了尘封的面纱，期待的是人们的到来和欣赏。在人世沧桑、竞争激烈、人心浮躁的今天，走进天台山溶洞，让大自然的美景洗涤心灵的尘埃，让满带污垢的灵魂得以清洗，让心的劳累得以释放，让溶洞的灵性，与你相生相随，定能感到心灵的旷达和释放重负的开心。

情侣柱

千仞绝壁话悬棺

> 瓦石僰人悬棺系唐代中期悬棺葬，主要分布在白虎岩和棺木岩两处山崖上。根据其残存的桩眼可以得知曾经悬挂的悬棺共有138具，如今仅存7具。我们可以从瓦石僰人悬棺中详尽解读和追溯僰人生存、抗争、消亡的悲壮历史，追思这个古老民族曾经灿烂辉煌的文化和超人的智慧结晶。僰人悬棺是一株株根植于巍峨巉岩中永不凋零的山花，永远散发着历史文化的沉香！

"僰人在何处？瓦石见悬棺。"这是考古工作者在威信境内发出的感慨。大凡研究白水江流域和赤水河流域的考古工作者，都提出了一个同样的问题，僰人是中国历史上居住在川、滇、黔接合部地区的一个少数民族，但现在已经无法找到更多的僰人，这个民族到哪里去了？考古工作者都没有找到有效的答案。但从云南威信瓦石的悬棺中，我们可以寻找到僰人曾经生活的历史。

在威信县长安镇的瓦石村一带，曾流传着一些关于僰人历史的民间传说故事或者民谣，让我们从中可以解读僰人生存、抗争、消亡的悲壮人生。在历史的取景框里，放眼望去，随处皆是形胜山川，穿越了刀光剑影或风雨飘摇的苍茫山河，而高崖上沧桑的僰人悬棺，却以思想的姿势注入生命之旅的由来。

瓦石僰人悬棺地处威信西部长安镇瓦石村美女山崖畔，距县城40公里，悬棺主要分布于白虎岩和棺木岩两处。2017年3月27日，经用航拍"飞机"对白虎岩、棺木岩僰人悬棺近距离拍摄，根据其残存的桩眼计算出两处山崖上，曾经悬挂的僰人悬棺共有138具。

白虎岩悬棺高出河面约100米，山崖上曾有90具悬棺，分布

棺木崖上的悬棺

面积约 150 平方米。放置方式是在崖壁上凿孔，插入木桩，棺木凌空横置于木桩上。在 1942 年前坠毁 21 具，棺材被当地人粗暴用来烧火。据当地老人说，此地在中华人民共和国成立前曾坠毁悬棺数十具，现仅残存 160 个凿孔以及近 26 根支撑木桩。古往今来，因遭受风霜雨雪的侵蚀，多数朽烂坠毁。20 世纪 70 年代初仍存 40 多具，当地人亲见地质队从悬棺里取走一把宝剑，刃口锋利闪亮还未生锈；后因当地民兵训练时作为靶子被击落，白虎岩上的悬棺除仅残存 3 具外，几乎荡然无存，如今只剩下一些木桩……据说，在那些垮下来的棺材里，

有金、银、珠宝、玉器等贵重陪葬品。

有一年夏天,当地人在山崖脚下薅草,看见坠毁的棺材里滚落一些眼儿钱和麻纺制品随葬物,有些贪财的人就去争捡。但是,无论是谁,只要一捡到手,这些宝物就会把他的眼睛刺得疼痛难忍,眼前变得漆黑一片,就如盲人一样。奇怪的是,只要抛弃手中的宝物,眼睛的疼痛就会消失,眼前依然光明一片。结果,那些宝物谁都不敢要,都被人们丢到深山峡谷去了。

棺木岩悬棺,距河面高约 200 米。山崖上曾有悬棺 48 具,分布面积约 80 平方米,放置方式与白虎岩上的悬棺一样。20 世纪 60 年代末,垮岩随岩石滚落 12 具,仍存 36 具,因年代久远,日晒雨淋的缘故,20 世纪 80 年代初,腐烂坠落严重。此后,或被好奇者、居心叵测者毁坏。现存 20 个凿孔以及近 14 根木桩,棺木 7 具。经抢救性清理,棺内发现有完整头骨及人骨碎片,还有木枕、木梳、木铲、木棍、锡环、竹制品、残竹索及少量丝、麻织物等随葬品。

白虎崖悬棺桩眼

有关僰人的历史记载,在《康熙字典》里可以查到,在解释僰字时是这样注释的:"僰:逼也,使之逼,寄于远也,意为偏僻落后地方的人。"相传,公元前3世纪的春秋时代,在川南、滇东北乌蒙山腹地,曾聚居着这样一个神秘的民族。千百年来,他们在这里栖息生长繁衍后代,以自己的方式和智慧生活在这片曾经富饶的土地上,传承着自己民族丰富多彩的文化。由于僰民族没有文字,也就没有给我们留下只言片语的记载。这个民族留存于世的物证,就是那些高耸于悬崖峭壁上的悬棺、漫漶而残缺不全的《平蛮碑》,以及散见于一些历史典籍简略的记载。据说商朝末年僰人的先祖因随周武王伐纣有功,部落首领被封为僰侯,建立了"僰侯国",其管辖范围包括川南宜宾及云南威信和贵州遵义的部分区域。一个民族在这里繁衍生息,形成了怎样的古僰文化?留下什么样的民俗风情?他们的族群后裔是否安在?这一切都吸引着世人去叩问,去民间或故纸堆里探古访幽。至今在川滇黔边陲一带,无数民间掌故里,流传着他们勇敢、智慧、刚强、骁勇善战的逸事,已成人类历史长河中一朵闪亮的浪花、一座巍峨的丰碑。

史载,汉唐以来中原政权势力渐次南移,落后弱小的僰人经过保疆守土的战乱之后,势力日渐衰微,领地逐渐萎缩。相传到北宋末年,僰王卜漏为反抗官府的横征暴敛,率僰民在川南、易溪部与官军发生过数百场战争。如果坐在时光的飞碟上俯瞰那段历史,这不知是事物发展的必然,还是一种宿命。440年前的万历年间,僰人因反抗明王朝的"改土归流"政策,再次揭竿而起。朝廷为了巩固自己的统治,清除异己,四川巡抚曾省吾调集芒部土司知府土、汉官兵与总兵刘显率14万大军在九丝城,对偏居一隅的僰人发动了一场血腥的剿杀。在金戈铁马、遍地腥云的残酷杀戮中,一个民族就此消失在西南的大地上。生命的消失并不代表历史的毁灭,僰人

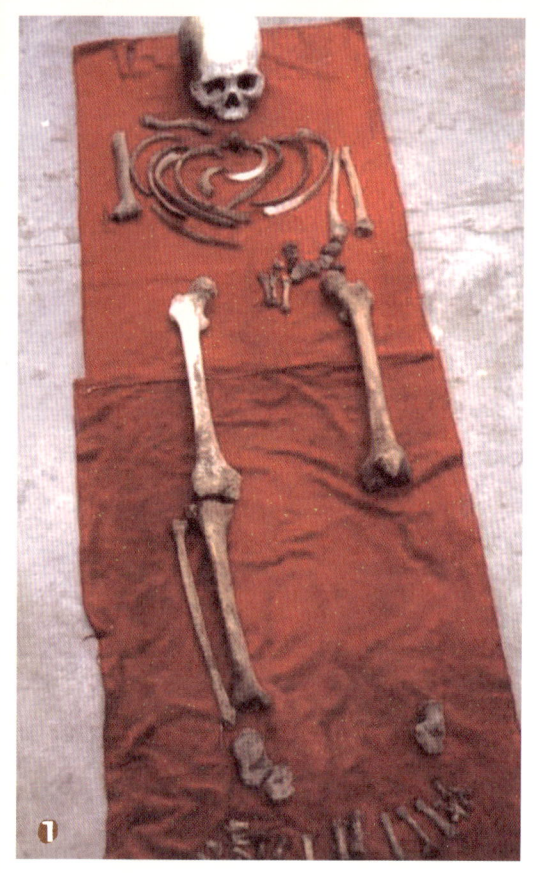
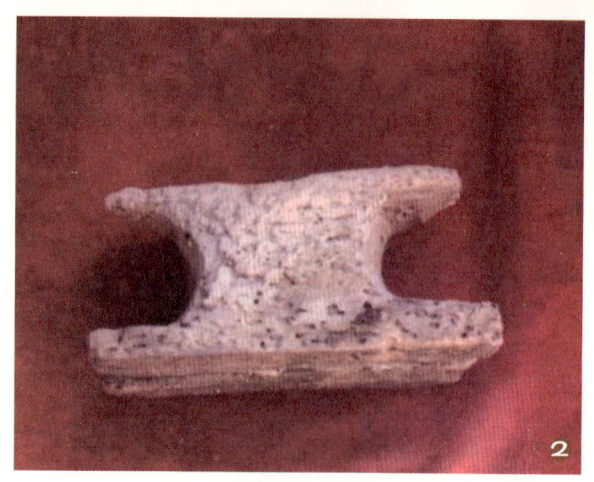
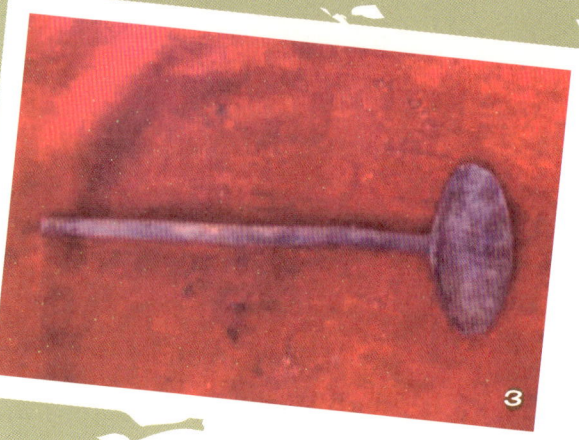

❶ 棺内出土的人骨
❷❸ 棺内出土的器物

生存的历史却留给人们无限的思考：那一具具高崖悬棺，一幅幅奇异的岩画，一座座崔巍的古堡，一件件神秘的葬品，一个个动人的传说，无不印证着远古僰人文明的沧桑与厚重。他们的生存历史成了一个个期待后人去重新认识的谜团。

僰人是一个将历史沉淀在峭壁之上的民族，是一个神秘而智慧又令世人惊叹、竞相解读的民族。僰人在江河沿岸，壁立千仞的山崖上凿孔，插入圆木桩，用我们至今仍不知晓的方法，将仙逝者连同装殓的尸棺高高地悬挂于悬崖半山腰，棺木就凌空横放在崖桩拓展出来的空间，挂在数百米高的悬崖绝壁上，任凭风吹雨打。血雨腥风仿佛仍然弥漫在这块曾经苍凉的大地。

据史料记载：悬棺葬是我国古代一种奇特的葬俗，曾流行于长江流域的部分地区。僰人利用天然的崖穴或凿孔插桩悬棺等方法，将棺木置于高耸的危崖峭壁之上。每年农历九月初九，是僰人祭天、地、神灵、祖宗亲人的日子，素有"槌牛祭祖"的习俗，每年这一天男女老少，不分尊卑，举行盛大的祭祀活动，场面神秘粗犷，精彩热闹。相传三国时，诸葛亮南征路过僰地受阻，他看到天旱地干，就让人放风说：旱灾是由于僰人祖坟风水不好，如将棺木移到悬崖上，来年一定好收成。僰人信以为真，就放下战事，忙着迁坟，诸葛亮趁此离去。不料次年果然五谷丰登、六畜兴旺，于是悬棺葬便代代相传……

威信，在明朝嘉靖五年（1526年）之前，曾属僰人领地。然而，在其境内流传着万历年间为剿灭"僰人"而牺牲在威信的郭将军以及阿大王"驾簸箕云"的神奇传说，无疑证明了威信曾是僰人繁衍生息的地方。在威信瓦石的僰人悬棺与四川珙县麻塘坝僰人悬棺一样，往往被当地人称作"都掌蛮的挂岩子"或者"何家挂岩子"。为什么不称"阿"家而称"何"家？传说僰民族在被官军斩尽杀绝的时候，无处藏身，无奈混迹于其他民族中，不敢承认自己姓"阿"，只有把"阿"姓的"阝"改为"亻"，称自己姓"何"。若你驻足山崖下凝神沉思，屏息遥想：一口口沉甸甸的尸棺，一具具冷冰冰的尸骨，怎么会"飞"到那高高的悬崖上？尸棺的主人是谁？我们有限的智慧却难以解读瓦石这山崖上千年沉默写下的寓言。

威信瓦石，陡峭的白虎岩和棺木岩，这是个天然的悬棺博物馆。1932年，四川华西大学博物馆馆长、美国人葛维汉博士到云南威信考察瓦石僰人悬棺，留下著述，打开了僰文化的研究局面。这里群山挺拔耸峙，千峰竞秀，白水江源头之水从坝中穿流而过。这里有山清水秀的名山大川，有五谷丰登的田园美景，在五岳奇峰上登高望远，不正是得陇望蜀这样的心灵境界吗？亲历其间，我们似乎可以想象神秘的僰人为何要将自己的亲人置身于那样的高崖上了。由此看来，学术界至孝说、保护说或显贵说等众说纷纭的说法都将是苍白的。而这些，都成为学者们向僰人悬棺迈进的无限遐想。

瓦石悬棺是威信境内的重要文物，也是人们慕名而来的旅游胜地。凡是到威信的文史人员，无不到实地感受僰人文化、探索僰人历史的。

我们今天走进瓦石僰人悬棺区域，心里总会生发出对历史的询问和对战争的感叹——在历史的民族争斗中，生命是多么的渺小和微不足道！

站立在瓦石悬棺下的山道上，一阵凉风吹过，顿感凉意阵阵，透彻心寒，刹那间，那些漂浮在悬崖峭壁上的无数魂灵，仿佛发出阵阵低吟与悲悯。滔滔江水流淌着岁月的迷蒙与幽远，危崖百丈峭壁千仞，数百具悬棺，万千桩孔，遥遥乎其上，垒垒乎其间，怎能不让人浮想联翩……

而今，在瓦石民间还流传着"谁家棺木挂悬崖？善良姐妹痛人怀。雪霏芜草山呈孝，风吹松柏哭哀哀。白日花开阵祭礼，夜间星斗照灵台"的诗句。这是一百多年前与新中国元帅朱德同在云南陆军讲武堂共事的骑兵科助理教官周光文先生对瓦石僰人悬棺发出的气壮山河的深深悲叹。

一个古老民族曾经以灿烂辉煌的文明存于世，可而今已难觅踪迹，悬棺俨然成为僰人留给现代的历史文明。但愿，僰人悬棺成为巍峨巉岩中永不凋零的山花，永远散发历史与文化的沉香！

美妙绝伦的观斗山

> 观斗山庙宇始建于明代，共有 9 殿，是云南省唯一融儒佛道为一体的大寺庙，占地面积 6200 平方米，建筑面积 2325 平方米，上下长约 500 米，其规模较大，气势恢宏。有"观斗天下绝"和"万盏明灯亿炷香火"之美誉。现存的 64 尊雕像、300 多组浮雕无一不呈现出瑰丽的文化、艺术、宗教价值，是云南仅有、全国罕见的石雕艺术宝库遗址。

观斗天下绝

在云贵高原的东北端，茫茫乌蒙山绵延于高原与盆地之间，成为连接高山与平原的重要纽带。乌蒙山的独特气候孕育了亚热带美丽的自然风光和人文地理，同时也孕育了地域性的民俗文化。这种文化让威信人民在历史的延续中感受到了自然的美和人性的美，并发展成了地域性的民族风情。

观斗山是这片地域中的人文历史代表，既有高原风光的极力展示，又有民族文化的聚集和发展。凡是到过观斗山的游客，没有不被其自然风光和石雕艺术所吸引的，因为那里是美的天堂，也是文化的高地。观斗山坐落在这片地域之间，1700多米的海拔，辽阔的林地和莽莽的山脉镶嵌在高原之边，凝聚成一幅装帧精美、山川壮丽的画面。

据碑文记载："由昆仑而起鼎发脉，源流陕西，缠扶艮龙之元气，飘转于中国，二龙旋绕所结，化为大地之中元也。正干左转右旋而出镇雄摆罗（泼机），高耸金星结鼎，凝就观斗山。""滇之观斗山脉，自昆仑经大理、滇池，转曲靖，从昭通绕镇雄到扎西蜿蜒而来，乃结峦，耸翠巍峨十余里。"足

见其渊源久远，充盈着亘古未变的中华文化传统基因。1992年，云南省委原副书记高治国到观斗山调研旅游文化工作时，为这个美丽的景区所感动，便欣然题词"观斗天下绝"。

中原文化和茶马文化沿着宜宾、昭通通往云贵高原的古道向贵州的夜郎古国延伸，在威信境内形成了独特的地域文化特色。"高山披绿、翠岭藏寺"成为观斗山的特征，其中，儒、佛、道相融合是其最大的特点。根据对历史的考证和对自然的考察，人们对观斗山总结出了"四绝"，即"名绝""教绝""雕绝""景绝"。

山名气势磅礴，可谓之一绝。观斗山名称的由来历来说法不一。有说因明末将领吴三桂带兵到此，见大山气势雄伟，风光旖旎，便步行观之，故而得名；据民国《威信地志资料》载：曾经有一位怪异的僧人，见此山钟灵毓秀，风水依然，便在此修行，夜间盘腿坐于方石上观星斗，岁岁年年，后人便以观斗山命名；另传明朝刘綎、郭成率部进军川南征讨僰人大族，夜宿山顶，于此山观星

① 瑶池殿石雕群
② 女娲造像
③ 八仙造像

相，以求进军良辰吉日，故后人命名之；也有人认为，我国道教占卜以算八卦和观星象为主，观斗山由此得名；又据另一种推测，观斗山很可能因曾盛传道教而得名。多年来，多少文人雅士"众里寻他千百度"依然无果。但因此山包罗了山高、景深、意远而被游客铭记于心。

儒佛道合一，可谓之二绝。唐宋时期，随着佛教的传入，道教与佛教渐渐融合，形成了中华民族独特的信仰特色。在西南地区，佛教庙宇、道教道观基本上都是独成一体，而唯观斗山的寺庙相融，形成了佛道相融的代表。相传观斗山在明代时期是道观，属于道教的传承地。到了民国时期，佛教进入此观，修建了九殿庙宇，道教和佛教融为一体，形成了佛道不分的特色文化。在川南滇北地区，随着佛教的进入，许多道教场所被佛教占领，和尚入住，成了佛教的圣地。而像此地的佛教和道教同时存在的地方实在是少有。从现存的寺庙特征来看，道教雕像占绝大多数，显然还是以道教为主的寺观。

在观斗山的九殿庙中，还有一大特色是融入了儒家的元素。儒家思想是中国传统的思想，虽不是世界三大教义之一，但一直是中华传统教育的核心内容。而在观斗山的九殿庙中，

玉皇殿石壁

三教神祇以及中国民间信仰的神魔仙家，不分门派，同居一地，和睦共处，共享人间烟火，足以象征着中华民族的多种文化的大融合，象征着包容、大度、互补的和谐理念。在此山中，三教殿尤为引人注目，儒、佛、道三家祖师，不分显微，平起平坐于"万星朝拱"之神台上，共同接受万众朝拜。中国传统宗教文化之博大精深、源远流长、兼容并蓄，由此可见一斑。观斗山网罗了儒教、佛教、道教神祇，分门别类供奉于九殿中，组成了它与众不同的众神体系，堪为威信、云南乃至全国范围内，诸教共融共生的典范。

观斗山九殿庙宇坐东向西，自上而下顺次排列于一条低平的山埂上，两面又有两条小山岭左右包抄。庙宇四周，青杉环绕，茂林修竹，绿叶婆娑，显得古雅清幽，大有超脱红尘的意境。殿宇内富丽堂皇，终日香烟缭绕、万众朝拜。登临九座大殿，如同遨游九重天，令人感慨万千。

石雕栩栩如生，可谓之三绝。道教崇尚自然，主张返璞归真，寻求仙山修道。观斗山之雄险秀拔和幽深清静，在道教徒眼中，确属非常理想的神异境界，不愧为道教的"洞天福地"。早在明代，山上就建有道家宫观，只是规模较小。数百年后，自民国十九年（1930年）至1949年的20年间，滇川毗邻各地士绅庶民踊跃出资出力，能工巧匠汇集，前后耗去资财劳力无数，历尽千辛万苦，重修了9座大殿。自下而上依次是：佛祖殿、关圣殿、王母殿、三教殿、雷祖殿、瑶池殿、黑煞殿、弥勒殿、玉皇殿，号称"九殿仙境"。

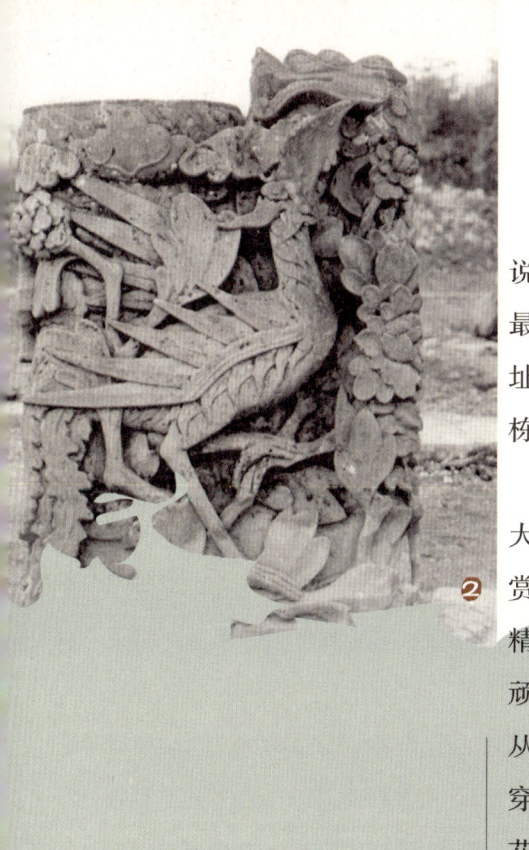

据传，原计划修建十二殿，按古代"阴阳"的说法，奇数为阳，偶数为阴。而"九"是阳数中的最大者，称为"极阳数"。最后定为九殿。从现存遗址可推知，当年这里庙宇连云，梵宫成片，雕梁画栋，翘角重檐，高大巍峨，气势不凡。

观斗山石雕造像，原本是一种宗教宣传品，广大信徒信仰、顶礼膜拜的对象，而并非单纯供人观赏的对象。但由于雕塑者的精雕细琢，刀法娴熟，精美别致，巧夺天工，造型逼真，各具特色，赋予顽石以生命和活力，兼而成了人们观赏的艺术精品。从内容看：有千姿百态、栩栩如生的双狮解带、凤穿牡丹、双凤朝阳、金鹿含花、虎穿如莲、鼠摘金花、犀牛望月、蝴蝶戏花、鹭鸶闹莲、鹿戏鹦哥、海马弄珠、白鹤戏蝉、二龙抢宝、金鸡报晓、二鹿望云等动物雕像；有历历在目、美不胜收的佛吐兵书、西天取经、八仙过海、水漫金山等神话；有风起云涌、硝烟弥漫的水淹七军、三英战吕布、明清大战等历史画卷；有目不暇接、爽心悦目的平湖荡舟、轻歌曼舞等生活写照。从神态看：有的面貌端庄，神色安详；有的慈祥安宁，温馨静谧；有的凛然威风，气宇轩昂；有的飘逸潇洒，道骨仙风；有的狰狞恐怖，凶相毕露；有的蹙眉怒目，坚毅威武；有的开怀大笑，喜形于色；有的表情凝重，静默沉思；有的温文尔雅，道貌岸然；有的严谨持重，温顺虔诚。从体态看：有的身强体壮，刚健强横；有的身躯瘦削，骨秀清相；有的体态婀娜，秀丽妩媚；有的身宽体阔，雍容富态。从动态看：有的昂然说法，有的侧耳恭听；有的正襟危坐，有的手舞足蹈。后来庙宇和木雕造像多次遭焚烧和拆毁，"文化大革

① 浮雕
②③ 石柱础

命"中毁废殆尽，仅存数十尊石像、石兽及若干石刻浮雕、神台、柱础等，没于荒野，成为"遗址"。"庙宇已乘烟云去，此地空留石雕群。"面对残存的九殿遗址和石雕群，不禁令人感慨不已。

据威信县文管所1988年的资料统计，经过抢救性清理，共存九殿残留的石雕造像64尊，碑刻8块，井口石柱8根，柱础40个，香炉5个，石兽24个，浮雕300余组。这是威信县优秀的文化遗产，也是威信人民的宝贵财富。

山雄景佳，可谓之四绝。观斗山四周山峦延绵起伏，群山簇拥，与之相邻的有小西天、昆仑山、罗汉山、后山岭、古佛台等山峦，观斗山即突兀崛起于群山环绕之中，凌空出世，形象雄伟，气势磅礴，巍峨秀拔。其东、南、北三面陡峭削壁，藤萝灌木凌空倒挂，险要非常。唯西面山势平缓，豁达开阔，遍布筇竹，景色蔚然优美。从东南方看来，山势嶙峋，陡峭壁立，雄奇险峻；自西北方望去，则又透出几分灵秀与纤丽。主峰名曰"香山顶"（又称"香山包"），昂然天外，形似鸟首，故又名"鸡啄嘴"。山峦伸展如翼，筇林覆盖如羽。从西北方眺望，观斗山宛若一只翩然起舞的绿孔雀，留给人们和谐之美。

观斗山景区，历史上有山道自西南山脚蜿蜒而上，经九殿庙宇，直抵山顶。因山道发掘于浓密的树林中，路面柔软湿润，途中筇竹森森，清流汨汨，鸟语花香，绿意盎然。现在有公路自黄连坝绕至昆仑山脚，沿观斗山西北部盘山而上，经低山区、中山区，直达九殿庙宇。公路蜿蜒曲折，曲径通幽，峰回路转；两旁筇竹葱郁，林荫夹道，沟壑流溪；步步有景，处处如画。可谓："涧水有情，曲曲弯弯多远顾；峰峦相依，重重叠叠百周回。"壮阔之中又见幽远之致。公路如巨龙在半山腰盘行，渐入佳境，尽头是一片平缓开阔地带，九殿庙宇遗址便坐落于此。这里坪地宽展，豁达空旷，茂林修竹，景色蔚然而深秀。

九殿之上即是香山顶，香山顶是滇川两省的分界线，更是赏风景、观日出、察星象之绝处。站在峰巅，自有"会当凌绝顶，一览众山小"的感觉。凉风习习、空气清香、沁人心脾，林间百鸟争鸣、婉转歌唱，脚下绿草芳菲、千卉葳蕤、百花芳香，庙内木鱼咚咚、梵音袅袅，使人心舒神爽。环顾四野，山峦延绵起伏，山色浮苍点黛，莽莽苍苍，若遗世独立，一条条透迤绵延、

前呼后拥的大小山脉向观斗山飞奔而来，犹如纷纷涌来虔诚朝拜的善男信女。极目远眺，东北面四川叙永县高峰乡和兴文县大坝镇数百公里莽莽苍苍、绵延起伏的山岭和许多村寨一览无余；深谷中，一条发源于观斗山东山脚的清亮河溪，慢慢向东流去，如同中国传统宗教文化一样源远流长，也似观斗山的历史那样神秘幽邃。每当旭日东升，祥云缭绕，霞光万道，一泻千里，东南面威信县高田乡新华村的层层梯田叠浪万顷、奔来眼底、银光闪闪、如诗如画。如遇阴晦，则四周雾迷云漫，山色朦胧。若逢雨后霁阳，山谷间白雾如纱，飘忽沟壑，或者云涛翻涌，流云如飞瀑，从天直泻而下，一座座连绵的山峦似浮沉于云海的舟舸，令人有云游天堂、飘然欲仙之奇妙。在晴朗的夜晚，仰望夜空，星汉灿烂，银河缥缈，茫茫宇宙，神秘莫测。真是：好个观斗山，一脚踩云南，一脚踏四川，山山岭岭排两面，九龙金狮把门关；峡谷寻古道，问座座青山，山间白云，可记当年三桂观星斗？峰巅观胜景，眺天外烟波，波中飞虹，且看乌蒙翠岭赛江南！

观斗山是威信境内的一大名山，这里的文化传承着中华的历史，同时也传扬着威信人民团结、和谐、包容的精神。这种精神随着时代的发展，变得更加清晰，更加纯净，更加具有吸引力了。

❶ 观斗山庙宇第九殿玉皇殿
❷ 俯瞰观斗山庙宇

第二章

红色扎西放光芒

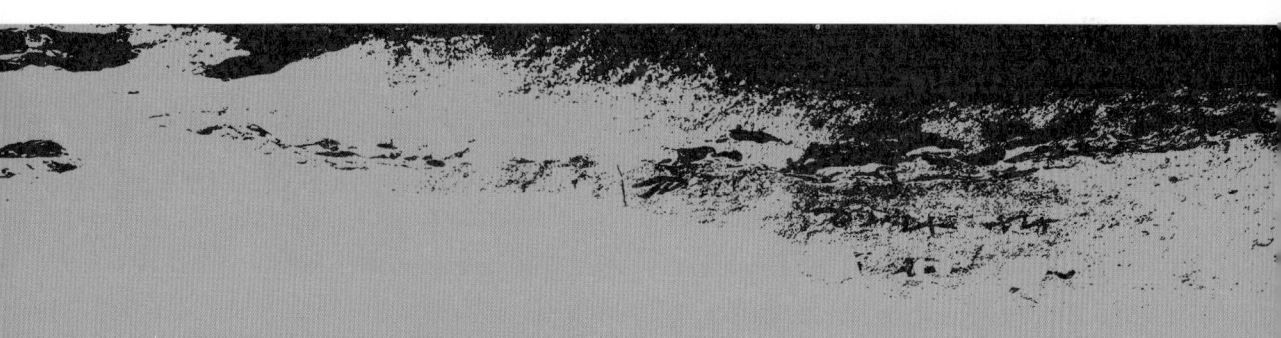

扎西是威信县城所在地,是全县政治经济文化中心,是省级历史文化名城。威信县是土地革命战争时期的革命老区。长征将扎西和中国革命紧密联系在一起,1982年前中央红军长征结集扎西,中共中央在境内召开了著名的"扎西会议"。扎西会议是遵义会议的继续、拓展和完成,遵义会议的精神在此得以实现,确立了毛泽东同志在全党全军的军事领导地位。中央红军在扎西扩红时,威信全县约7万人,就有3000多名子弟参加革命。红军主力北上后,由中共中央在扎西组建的中共川南特委和红军川南游击纵队,及其发展领导的红军云南游击支队,坚持敌后武装斗争12年,2000余名干部战士几乎壮烈牺牲,为中国革命做出了不可磨灭的贡献,为老区人民留下了宝贵的"信念坚定、不怕艰苦、意志顽强、团结奋斗"的红军长征扎西精神。扎西会议被列为红军长征35个重要事件之一。境内分布有革命遗址217处,其中,重要机构旧址就有76处,重要历史事件及人物活动纪念地106处。

扎西——地域台阶中生长的人类烟火

> 扎西,在远古时候四周是莽莽群山,坝中是一片汪洋大海,后来湖水消失,形成一个九沟十八寨的自然村落。她虽名不见经传,但不可否认其人类历史的源远流长。在两合岩溶洞发现的新石器时代的骨针及熊猫、马鹿、犀牛等动物化石,有力证明我们的祖先在这块古朴神奇的土地上至少已繁衍生息了5000多年。境内独具特色的川南民居建筑风格、斗拱飞檐的庙宇、柳骨颜筋的书法、技艺精湛的石雕木刻等,无不彰显着扎西历史岁月的凝重与沧桑、文化繁荣的积淀与厚重。

相传在盘古王开天地的时期,美丽的扎西是大海与高山连接点的一个小湖泊。这里背靠着莽莽群山,面对的是一片汪洋大海。长期以来,连年水灾,浊浪滔天,搅得民众食不饱、睡不安,民众不得不频繁地向上苍祈祷,祈求上天给子民以安宁。久而久之,上天为之感动,遂派神仙下凡调查民情。在广泛走访后得知,混乱原来是因群龙争抢着上万仙观峰顶看日出,互不相让所致。于是,大帝便将肇事之龙撤职法办,只派几条小龙在这里维持秩序,调节风雨。后来,大帝担心其他地方的龙来犯,又令众仙在西南边上填上棱角分明的大石头,让它们永远不能进犯此地。天长日久,无数的大石头连成了连绵起伏的山峦,将这块地方与外界隔绝开来,从此,这里风调雨顺,百姓得以安生。

这个神奇而古老的传说,让人始终徘徊在似信非信之间。但正是这个传说,把扎西的人类文明发展史向前推进到了遥远的洪荒时代。现实中的扎西坝子群山环绕,仅有南方两合岩那个狭窄的口子可以泄洪。从上空俯视,整个扎西貌似一个天造地设的海洋。你尽管不相信扎西与海子、与龙有关,但是有一些文字的记

新石器时代石斧

述,有一些历史文化的遗存,可以让我们对扎西的人类发展史有更深层次的了解。

九龙坝——开满马缨花的月亮湖

威信,镶嵌在莽莽乌蒙中的绿色明珠,因其地域特殊,其名来源尚少有人知晓。据威信县政协编著的《威信文史》记载:威信的名字源于明朝嘉靖年间,改土归流,朝廷议改芒部府为镇雄军民府,置威信长官司于落角利之地而得名。在落角利之地设置的威信(毋响寨)、安静(角落寨)二长官司,以陇氏疏属何祖保为威信长官司世袭长官,大概是取其宣威立信于民之意,为威信县名。但是,由于镇雄幅员辽阔,管理上始终鞭长莫及,无法顾及威信了。于是,报昭通府在安静长官司地面添设分防抚彝州判(亦称镇雄州威信分州),沿用威信之名建立威信州判署(治所取名转官司,就在现在的旧城镇)。原威信长官司治所仍称威信司,后称卫靖司。一直到民国九年(1920年),由于长官司这个地方的气候炎热,加之土匪猖獗等原因,威信行政委员公署的治所便由旧城长官司迁移到了扎西。

扎西,作为威信县城所在地,历有"皇城脚下"的美称。"扎西"的来历向来也众说纷纭。威信本土知名人士在相关著作中对此论述较多。诸如艾飞先生在《"扎西"名字的由来和演变》中认为,"扎西"的来历有三:一曰方位说,因扎西位于境内扎岭山脉之西。二曰谐音说,因县内苗族群众称扎西坝子为"昂西"或"昂喜",其谐音逐渐演化便成汉语扎西。三曰地貌说,因彝语扎西(亦叫扎息)意为"群山环绕茂密森林中的一片水函子(湖泊)"。纵观扎西坝子,东南面是乌龙山,西北面是巍巍的峨通山,四面群山环抱,面积约5平方公里。

明末时期青釉青花瓷罐

早年是四周原始森林环抱的一个高山湖泊，后湖水通过两合岩引向赤水河。现今桂花村还保留海子社的地名，便是明证。

而邹德培先生在《威信文史·史林撷珍》中这样描述：扎西原名九龙坝，九龙坝历史悠久，但过程也较为复杂。明朝中期朝廷实行移民垦荒，鼓励勤劳耕耘并善于捕猎的苗民来此成片开辟荒山，同时赐予领照入册，确定土地所有权，敕令免赋三秋，期待移垦民众富有。移民将皇上恩赐的营业执照自称为山照罩，表示受皇上恩赐，拥有一统山河漫无边际的疆土。后来芒部陇氏土司来到这里购买了成批的土地产业，并在现在的龙洞坡修建了官家（衙门），以便巩固权势地位。至今龙洞坡尚存少量古墓遗址，人称土佬坟。到了明朝晚期，成批汉族迁移进来，当时扎西坝子地广人稀，森林密布，古树参天，野兽成群，有时伤害人们饲养的牲畜。迁移进来的汉民看见坝子中间绝大部分土地面积荒芜，海子积水甚多，他们吸取水患的历史教训，即选择坝子周围依山傍水的丘陵地带居住，修建房屋，以便开垦肥沃的土地，先后建立一十八个根据地，后来逐步形成密集的寨子，称为一十八寨。他们以地理位置或姓氏名来称呼其所居住的地方，例如文家沟就是以姓氏来命名的。文姓历代均以教学为职业家传文化，在众姓的推举下，由文姓老前辈牵头联络各寨为新的居住区域命名。经众民研讨，最后统一意见，以九沟

明末时期青釉带盖水波纹陶罐

（文家沟、狮子沟、曾家沟、玉锡沟、蛐呷沟、塞咔沟、张家沟、木沟、马榴光沟）十八寨（老母寨、万家寨、大寨、一坝寨、神统寨、小寨、白岩寨、楂窝寨、官家寨、木弄寨、麒麟寨等）之住户为主体，结合山川河流来龙去脉，将此地命名为九龙坝。"九龙"寓意深刻，古人传言"九龙治水"，乾隆皇帝"九龙宝剑"的"九"，都是吉利的字。龙是吉祥物，能降服水患。九沟泉源流向坝子内，故以九沟一十八寨组成九龙坝，象征风调雨顺，物阜民康。

　　由于时间久远，扎西的来历无法肯定。但是，不管是起源于方位还是谐音或地貌，其曾用名无论是九龙坝，还是扎息或者昂西，总之扎西都与"海"和"龙"有关，都是富足与吉美的象征。从航拍的图像看，巍峨的峨通山，上至烂坝口，下至凉风坳绵延40多里，像一头巨大的卧龙横躺在九龙坝的边沿。从峨通山伸展出九股小山脉俯首九龙坝，形似九条龙。貌似久经奔波、饥渴难耐之龙，酣饮甚及而不抬头。每条"龙"（山脉）都有一股清泉水来源于峨通山内的地下"龙宫"，清泉流之不尽、淌之不竭地常年注入九龙坝，滋润着这块肥沃而富美的土地。九龙坝靠西北边沿的坝子中，从麒麟坳环形至白甲田，生长着九个小山包，小山腰围200~300米，高30~50米，形似珠子，在晨雾或暮霭中忽隐忽现，古人称为九龙戏珠，十分壮观。山与水，峰与壑，天造地设的自然佳偶，实属天成。只要你爬上龙洞坡，或登上万仙观，回目远眺九龙坝，九龙戏珠历历在目，内心或许会产生"江山如此多娇，九龙坝分外妖娆"的情怀，清风徐来，令人心旷神怡。正如古人诗歌所云：

斯地原来号九龙，聚成九水济离宫。
开源不借他山力，发派全凭自力功。
汇就汪洋思入海，养成浩瀚亦朝宗。
江汉莫拟流多细，敢与长天一色同。

树木是山的衣裳，是山的精神。在巍巍峨通山的脊梁上，天然生长着两座高耸入云的山峰，一座取名叫"将军山"，一座叫"贵人仙"。山上常青树长年郁郁葱葱，像身着战服的将军，又像身披铠甲的战将屹立于峨通山之巅，双眼平视前方，给人一种镇定自若、目空一切之感。这里的居民将它视为峨通山的标志。古人曾有诗词云：

  双笏面南方，端拱垂裳，如圭如璧列朝堂。
  群峰鹄立难相峙，若伴君王。
  来脉发源长，起自昆岗，或隐或现或飞扬。
  结就两山排闼出，秀丽非常。

扎西——大地上升腾起一缕烟火

扎西，原为一个自然村落，因名不见经传，故其历史无法考证。但不可否认她的历史源远流长。

历史文化的长河缓缓向前流淌。1974年6月，夏日炎炎，万物一派生机。在当时的新城公社大河大队一个叫邱家沟的小山村，来自贵州省地质局的工作人员在这里驻扎下来。经过前后10多天紧张而忙碌的工作，他们在这里发掘了一具1.8亿年前的恐龙化石，长9米，被命名为扎西龙。古生物化石的发掘，有力地证明了扎西这块神奇土地上生命的悠久。无独有偶，继发掘恐龙化石之后，1982年，省博物馆、扎西纪念馆在两合岩溶洞发现了5000年前新石器时代的骨针及熊猫、马鹿、犀牛等动物化石。

5000年前，那是一段可称得上一百多代人的历史。我们根本无法描绘出新石器时代甚至更远一些时期，生活在这里的原始人类是怎样用粗糙的骨针将一片片树叶穿起来遮羞的，但是我们可

以在历史教科书粗略的文字陈述中，管窥历史学家们的种种猜测，把远古与现实的联想距离拉得更近一些，进而组装出那幅古老的制衣图。

面对这几根尘封在历史记忆中的骨针，我们任由思绪驰骋、天马行空。在茫茫的森林里，人类的祖先心里开始萌生出羞涩，他们尝试用木条将树叶成块地串联起来围住胸部和下身。后来，一个偶然的机会，某位男性公民为了讨好心中的佳偶，尝试着用细小的兽骨制作一根穿衣针作为信物送给她。内心激情澎湃的相思情愫激发出他最大的耐心。在粗糙的大石头上，他不断地磨着针尖、不断地钻着针孔，磨断了再来，钻破了再来，反反复复，磨磨钻钻，精心地磨制着那根心针。终于，他成功了，精细的穿衣针制成了，爱人也投入了他的怀抱。她从山上摘来一大堆树叶，挑选出几张光滑硕大的叶片，将撕细的藤丝穿进针孔里，轻轻地、轻轻地在树叶的搭接间穿过，再试着将藤线拽紧。低头密密缝，情郎身上衣。他穿着树叶衣裳在山地上手舞足蹈，欣喜若狂。从此，骨针流行开来，那些母性的先祖们在山洞烤火或在山坡上捡拾果子的间隙，她们紧握着骨针，用不太娴熟的手法，将树叶一片一片地串联

❶ 清代木雕
❷ 魏晋时期铜鼓

起来，披在身上遮住他人不该看见的地方。一块块粗糙的"遮羞布"，在茹毛饮血的年代里，于满山血腥中点缀了丝丝绿色，于粗鲁放荡中萌生了一粒文明的幼芽。

这些骨针早已布满了历史的灰尘，与当代制作精细、形式多样的各类缝衣针、制衣针相比，相形见绌。但这些历史遗留下来的文化碎片，依然传递着远古时代人类母亲在家庭生活中散发的体温。

时光老人的身影渐行渐远，历史发展的脚步跨进现代文明的门槛。1982至1986年，省内外文史、馆藏专家陆续在扎西、旧城、罗布等地发现了新石器时代的石斧、石凿。这些用石头制作的简陋的生产生活用品，至少说明了早在新石器时代，就有人类在威信这片土地上繁衍生息，进一步佐证了扎西及威信人类发展历史的悠久与深远。

说到扎西（原称新城），不能不提起旧城。旧城曾经是威信的政治、经济、文化中心，明世宗嘉靖五年（1526年），明王朝为加强地方统治，在旧城设转官司，负责一方社会治理。因此地为威信州判署的治所所在地，其地理、人文、经济相对于其他地方要富庶得多，自然聚集财富者众，为铜鼓、铜洗等精致器物的流入，提供了生根、发芽的丰厚土壤。

1980年，在旧城公社文兴大队发现的魏晋时期铜鼓，略残，重14.7千克，经省文物专家鉴定，认定为国家三级文物，中心光体十二芒太阳纹，芒外十晕，晕内饰游旗纹、翔鹭纹、羽纹、复线交叉纹。1981年春夏之交，旧城镇几位正在耕作的农民，在大茶树古墓群中挖出了一批西汉时期的铜釜、铜洗和五铢钱币。1997年在旧城镇天蓬办事处出土的铜鼓，属国家三级文物。该鼓保存完整，中心光体十二芒太阳纹，芒外十三晕，晕内饰卷云纹、圆点纹、羽纹、栉纹、游旗纹、竖线纹，据考证其铸造年代应为西汉时期。

威信铜鼓的出现，展示了古代少数民族的民族风俗、经济发展等方面的情况，威信古代少数民族或以铜鼓作乐器，鼓声悠扬，伴

新石器时代鹿角化石

扎西文阁庙

以歌舞；或以铜鼓为重器，召集部众，指挥战斗，表示权威；或以铜鼓为赏赐，表示等级森严；或以铜鼓贮存物品，表示富有；或以铜鼓作为葬具，以慰藉祖先等等，用途不一。但至少可以说明，在自然经济较为落后的西汉时期，中原文化已开始传播到威信境内，为封闭落后的蛮荒之地注入了先进的文化艺术基因。五铢钱币的发现进一步佐证了威信县转官司至少在西汉时期就开始用钱币进行货币交易了。

随着越来越多的新旧石器时代遗迹的发现，随着越来越多的铜器、陶器的重见天日，扎西的远古文明也渐渐浮出了尘埃。由上述只言碎语可以推断，早在西汉时期，云南青铜制品就开始传入扎西小镇和威信县境内，铜鼓文化传播的自然知识、农耕文化及人们思想意识中的权力和地位，在对扎西、威信乃至少数民族发展历史的研究中具有不可估量的作用。

房屋建筑——木与石撞击的智慧火花

房屋的出现，最初的目的是满足人民居住的需要。建造房屋直接受到自然条件、物质条件的制约，由于地域和技术条件的限制，以至于形成了不同风格的结构和外观，使传统建筑表现出鲜明的地方特色。

扎西最突出的街貌风光莫过于老街。

老街，扎西建筑文化发展史上的一个特定历史符号。扎西老街有"二老"，一是房屋老，二是街道老。走进老街，街道上铺着平整的青石板，随着岁月的流逝，石板路被磨得锃亮光滑。路两边是低矮的房屋，房子大多还保留着古老的样式，木雕的门窗，门前的屋檐一直延伸到街上，老街处处都显现出古典风韵。居住在老街上的一位年过古稀的李姓老人告诉我们，很早的时候，这条老街喧嚣繁华，店铺林立，是镇雄通往四川

的一条必经之道。以扎西老街为代表的威信川南民居建筑风格，记载着大量的历史信息和文化。古木建筑的布局、结构、形制、色彩和工匠技术，都能折射出扎西乃至威信在一段时期内的政治、经济、文化发展状况与水平。

每一条历史悠久的老街，都承载了很多历史记忆。走进老街的上下街，我们抚摸着那些被日月雨水侵蚀的木板墙壁，仔细端详那一扇扇用门斗固定下来的窗门，思绪又回到了两三百年前，我们仿佛看见了那些光着臂膀干活的工匠，仿佛听见了工具同木料撕扯而发出的"哗哗、唰唰"声响。我们走在旁边布满了青苔，中间被木鞋、草鞋、布鞋、皮鞋磨得光滑发亮的青石板上，似乎看见了工匠们艰难地搬山运石、扛运木料时流下的串串汗珠，如雨，如泪。

扎西老街，目前保存较为完整的川南民居古建筑风格代表，当属扎西会议会址旧址所在地——江西会馆和湖广会馆。游客走进江西会馆，映入眼帘的是由万寿宫、东隍殿、戏楼以及禹王宫组成的一个规模宏大的木质结构建筑群。远观整个建筑群，柱、梁、枋粉刷了褐红色的油漆，显得异常庄严

❶ 扎西老街一角
❷ 昔日狭窄的扎西老街

肃穆。万寿宫始建于清代咸丰六年（1856年），东隍殿始建于清光绪二十年（1894年）。万寿宫、东隍殿、戏楼以及禹王宫均为单檐悬山顶，屋面以清灰土板瓦覆盖，正脊用板瓦叠筑。两山面和后檐墙采用竹板夹壁，中间的隔断则以薄木板装成。万寿宫面阔三间，两山面用穿斗式木构架，十柱十二檩。正殿运用了抬梁式的做法，在前后两金竹上穿插五架梁，梁上起两根瓜柱，柱头直接，承受三架梁及檩，三架梁上做脊瓜柱支撑脊梁。外檐以"挑"挑出支撑屋檐。东隍殿面阔三间，九柱十一檩，全部采用穿斗式木构架。戏楼为两层木结构，两山面为穿斗式木结构，九柱十一檩，正殿做法与万寿宫相同。禹王宫由门楼、正殿及左右两个厢房组成的四合院落，更彰显了威信古木建筑的精巧布局与神韵。其两厢房用穿斗式构架，五柱七檩；正殿和门楼山面是穿斗式构架，明间辅以抬梁式。门楼明间仍然为抬梁式，仅二柱五檩，直接在前后檐柱上做五架梁木，梁木上再立瓜柱支撑三架梁木，三架梁木上用脊瓜柱承受脊檩。檐口不用"挑"，而是用一木枋倾斜插入檐柱支撑，上端承载檐檩。整个建筑柱、檩、梁、挑、枋在众位民间能工巧匠的方、削、凿、挖等工艺编制中结合得如此精妙细巧，加之房顶上覆盖的清灰土板瓦，显示着凝重与沧桑。几经岁月洗礼，老街早已破败不堪，却也正因为这样，站在老街街头，我们才更加真切地感受到她曾经的繁华，也才感受到80多年前红军长征来到这里所经历的风云事迹。

除了江西会馆、湖广会馆等由外地商会出资建筑的木建筑群外，在扎西老街、上街、下街，旧城镇集镇老街，麟凤镇老街等处，依然存留着上百年甚至更长时间的木结构建筑群落,他们的存在,见证了扎西乃至威信县源远流长的建筑文化,见证了中原的各种文化开始流入扎西这块古老的土地。

随着生活水平的不断提高和佛教的传入,以川南民居为特色的木建筑开始从民居建筑扩大到寺庙和寺院。建筑多为抬梁式木结构与南方流行的穿斗式木结构相结合的"官式"做法。这种建筑风格,承载了独具特色的建筑文化。

作为寺院建筑,它与一般的民居建筑要求不一样,空间大、气势壮观。它突出的特点是配置宝顶,一方面可以增加穹隆的高度和空度,便于放置较大的神像,一方面在外观上可以使建筑更为宏伟、壮观,以作为与民居建筑区别的一种突出表征。同时宝顶还可以理解为神殿直达天堂,神像无限地向上升腾,与天庭相连接。设计理念与道教有着极为密切的联系,从中可探究建筑设计饱含的文化信息和道教理念的融会贯通。

由于木建筑群设计精心、经济适用,加之钢混楼房的大批涌现,原有木建筑年久失修,保存下来的古建筑已所剩无几,显得弥足珍贵。从2000年开始,威信县委、县政府就着手研究扎西老街的古木建筑群落的保护和利用工作。

2015年,威信县委、县政府借力"抓好城市规划修编建设管理工作,把扎西县城建设成为川滇黔边有影响力吸引力的红色文化旅游城市"和"着力抓好城市形象设计,体现地域特色、文化内涵、精神风貌,综合整治城乡人居环境,统筹推进乡镇集镇和新农村建设,把威信建设成为宜居、宜业、宜商、宜游的魅力城市"的东风,提出将扎西老街打造成 AAAA 级景区,坚持高起点规划、高标准设计,突出老街片区改造的继承性、科学性和前瞻性,多渠道注入资金近 2 亿元,按照"完善功能、修旧如旧、留住历史、传承红军长征精神、还原地方特色"的基本要求和"恢复老街昔日风貌,留住历史记忆"建设思路,对老街上下街的街道、管网、房屋等进行全方位的改造提升,同时新建了街区小广场、红军支部遗迹、红军体验场、红军书屋等主题文化娱乐设施。

如今，只要你走进老街的小巷，总会给你留下一个好印象：青青的石板路清洁卫生，两旁清一色仿木房屋建筑古色古香。或者，你还会看到，临街的吊脚走廊里，正在晒太阳的老大娘，精心地梳理着斑白的长发，对着一串串红灯笼，回味着甜蜜的青春时光。

保护古建筑文化，责无旁贷。当地从政府的层面对扎西红军主题历史文化街区进行综合保护、维修改造和拆除重建，既全面恢复扎西老街古建筑风貌，保护历史和地方文化，又把红军扎西精神融入"滇蜀古道文化走廊"，促进了历史街区保护与发展商业、开发文化旅游的大融合。功在当代，利在千秋。我们坚信，只要所有的扎西人都行动起来，积极保护古建筑文化艺术，扎西老街独具特色的居住活力和地方文化、历史文化、艺术文化，必将绽放出多元的耀眼光芒。

| 改造建设中的扎西老街

万仙观——雾海晨钟迎朝霞

  万仙观,海拔 1550 米,垂直爬高 310 米,是县城扎西自然休闲的一处绝妙胜地。万仙观山上目前建有 5 个寺庙,每逢天气晴好,早晚爬山者甚多,游人熙熙攘攘,络绎不绝。

  万仙观最壮丽的一道风景是登高看日出、赏雾海。在明媚的夏秋之交,选择一个星斗满天的黎明,沿着陡峭的石阶汗流浃背地一口气爬上万仙观。当你站在瑶池殿前极目远眺时,看到的是漫无边际的茫茫雾海,如临于大海之滨,波起峰涌,波澜壮阔。扎西城外的大小山峰、千沟万壑都淹没在雾涛云海里,让人留恋陶醉,使人舒心惬意。一般在六点半左右,鲜红的太阳会从东方冉冉升起,把万道霞光倾洒在茫茫雾海之上,出现一片云海奇观。此时雾更白、山更绿、峰更奇,真是"雾到尽头天是岸,山登绝顶我为峰","此景只应天上有,人间哪得几回临"。

万仙观的云雾是变幻莫测的。有时候，白雾弥漫在诸峰之间，美妙绝伦，胜似仙境。有时候，雾海一铺万顷，波平如镜，山影如画。后山峰岭似一叶扁舟，漂浮在云海之上，迎着万道霞光向东方划去，而身旁的白雾浓浓地缠在腰身，让你亲身感受到它的温柔和浪漫。有时候，微风轻拂，白雾似一位楚楚动人的妙龄少女，披着轻纱在群峰之间缓缓移动着轻盈的脚步，跳起翩翩的舞蹈。有时候，雾海风起云涌，波涛滚滚，奔涌如潮，浩浩荡荡，似千军万马席卷群峰。

就在晨雾弥漫之际，半山腰大雄宝殿里的禅音佛语和沉闷的钟声，似天籁之音，悠悠传来，让人思悟人生真谛，顿悟那包容一切的禅心、普利一切的禅心。人不可以迷信，但内心一定要有信仰、要仁爱向善。你可以在祥瑞的观音殿里拜一拜，在悠远的梵音中燃一炷心香，为自己为亲友祈愿：人世温暖，岁月静好，平安幸福！在参禅处悟一悟，清洗灵魂的杂念，启迪生命的智慧，感悟"菩提本无树，明镜亦非台，本来无一物，何处惹尘埃"的境界，在醍醐灌顶中顿悟，穿透心灵的迷雾，

1 2 万仙观晨雾
3 万仙观冬韵

重新走进阳光的生活。让我们在超凡脱俗的意境里放松心灵，忘却世间的浮躁、烦恼、纷争、痛苦，寻得一份平静、快乐、容忍、幸福的心境，使自己进入"静心凝神思大道，详察万物品无常"的境界。潘孝正先生的《晨登万仙观》就是一首描写万仙观晨雾、美景、参禅的绝好佳诗。

> 一岭横空欲拄天，万仙危坐彩云巅。
> 九龙涌出千堆雪，两合飘来万缕烟。
> 霞透金身舒玉袂，帛缠古寺荡珠帘。
> 凡夫动问长生诀，饮露餐风半若仙。

体育活动——扎西市民燃烧的休闲时光

只要天上不下雨，早晨和傍晚，都是县城扎西居民最欢乐的时光。红军广场、红军烈士陵园、万仙观等便于体育锻炼的活动场所，都有许多中老年人甚至是学生快速步行或者跑步。体育馆广场、红军广场、扎西会议纪念馆广场等活动场所美妙动听的音乐此起彼伏，男男女女踏着优美的旋律翩翩起舞。太极拳爱好者轻舒广袖，双眼凝视，目随手至，推掌踢腿，及至大汗淋漓，毛孔打开，方才收拳休息。柔力球、舞剑、健身操、打羽毛球、溜画眉等体育活动生机勃勃、方兴未艾。

傍晚时分，在原党校的球场坝子里，住在城区里的苗家小伙和姑娘们拧响了音乐的开关、擂响了威风的锣鼓。"咚、咚、咚咚咚，咚不隆咚……""多罗达拉罗，地达罗，达拉罗，达拉多……"鼓声、芦笙响起来，舞步跳起来，舞姿飘起来，大家手拉着手、心连着心，围绕一个圆心舞动起来。在《苗岭欢歌》《最动听的情歌》《我们的名字叫苗族》等美妙的旋律中，年轻小伙子们踩着激越的鼓点，尽情燃烧着美丽的青春，美妙少女们和着悠扬的曲调绽放灿烂的芳心，中年人踏着节奏徜徉和憧憬着苗家人美好幸福的新生活。

威信本土词曲作者李玉波先生的《扎西印记》，为我们描绘了扎西过去的美好印记和现在优美的时光。

再次回到这个城市，洗去漂泊的尘埃。清洁的街，明亮的天，再次把我带回从前扎西的老电影院，曾把古老故事上演。如今已是广场，繁花点点。想去郊外的那片原野，找回纯真的童年，面对三十二米大街，我的心，一片茫然。一中对面的老胡同，卖画老人慈善的面孔，轻声低语传说，模糊片段。唔……看着那匆忙的人们，疾走如风，耕耘着希望。唔……爱着那跳舞的姑娘，银簪晃动，闪耀着梦想。

如今，威信县斥巨资加大以铁路、公路为主的道路交通运输建设、红色景区景点建设和绿色生态文明建设，扎西逐步彰显出宜居、宜业、宜商、宜游县城的魅力。扎西会议纪念馆建成免费开放，全县建成文体活动场所150个，广播电视覆盖率98.8%，文化惠民工程和全民健身活动深入开展……扩大城镇规模，县城建成区面积达到4.85平方公里，县城总人口达10.02万人，城镇化率达到29.89%。配套基础设施，城区道路硬化率达95%，县城街道面积达40.35万平方米，绿化面积达6.7万平方米，成功创建了省级卫生县城和省级文明县城，力争2017年创建省级平安县城、2018年创建省级园林县城、2019年创建国家级卫生县城、2020年创建国家级文明县城，到2021年，县城建成区面积拓展到8平方公里。

扎西的未来不是梦，在自上而下的发展东风吹拂下，威信县做出了"探索推进'智慧城市'建设，稳定提高城区公共服务能力"的承诺，这是扎西文化繁育生长、开花结果的福音。随着"两铁路"（成贵高速铁路、隆黄客货两用铁路）、"两高速"（宜宾至毕节、泸州至昭通）的建成通车，扎西文

广场舞

万仙观庙宇

化的传承和发展将迎来千载难逢的大好机遇以及快速发展的春天。

走进新时期的扎西，43万各族人民正齐聚红色文化、绿色旅游文化、民族民间文化之力，万众一心，向既定的宏伟目标快速挺进。

潘孝正先生的9首《忆江南·扎西好》词为我们描绘出了一幅大美的扎西历史画卷：

扎西好，地域处三边。赤水奔腾归大海，乌蒙磅礴壮滇山。别是一重天。
扎西好，烽火七旬前。万里风云来两合，十年星火播三边。热血洒山川。
扎西好，史册著鸿篇。大计三谋成绝唱，赤河四渡过难关。巨臂引航船。
扎西好，圣地悼先贤。朗朗丰碑垂史册，巍巍青冢壮人寰。饮水总思源。
扎西好，两合扼雄关。四壁青山藏古韵，万仙瑞霭绕层峦。九水泛微澜。
扎西好，胜迹满山川。观斗石雕天下绝，天台溶洞壮奇观。谁解僰悬棺？
扎西好，妙处胜桃园。林海涛涛连百里，雪山茫茫越千年。幽境任流连。
扎西好，日月换新天。借得英雄千古血，拼将新绿播河山。壮举史无前。
扎西好，人地两方圆。无尽缠绵今日去，天涯海角梦魂牵。难忘此生缘。

圣地扎西

> 长征,在扎西留下了不可磨灭的历史足迹,1935年2月,扎西,这个名不见经传的滇东北小城成为一座魅力独存的红色名城,在历史的天空,在中共党史上留下不朽的篇章。扎西的山山水水都浸润着先烈和英雄们的豪气和华光,这里的一草一木都铭记着先烈和英雄们的足迹和身影。

花房子中央政治局常委会议会址

"红红的赤水河,红红的风吹过,红红的路上走来红哥哥……"夜幕降临,我们一行40多名中共党员,经过几个小时的颠簸踏上了闪耀着历史华光的土地——威信,开始了我们的红色之旅。

威信2月的傍晚,映入眼帘的是那片张扬的红色。火红的救军粮一簇簇倒映在赤水河里,远处是红的山、红的土、红的树、红的云,还有披着红色"纱笼"的村庄,都诠注着温柔的写意,时间也仿佛就这样凝成了天边最后一缕晚霞。

在扎西镇街上,"红色扎西,胜利起点""实现转折,走向胜利""长征精神永放光芒,红色扎西魅力无限"的宣传路牌、横幅随处可见。来到扎西红色文化广场,中间是红色五角星形的一个音乐喷水池,广场上矗立着纪念"扎西会议"召开80周年的花坛,彩灯闪烁,人头攒动。由作曲家吴渝林、业原共同创作的《红哥哥》的歌声飘荡在夜空,充满了浓郁的民族风格,真实地传达了老区人民赤诚而火热的感情。

威信,川滇黔渝接合部的魅力明珠,风光瑰丽,山河雄

红军留在扎西的部分遗物

奇,素有"鸡鸣三省"之称。威信之名源于明朝嘉靖年间,意即威望、信誉,含"宣威立信"之义。

这里是中国革命的红色圣地,这里是一片有光荣革命传统的土地,这里是一片神奇美丽的土地!

鲜亮的记忆

走进扎西,但见层峦叠翠、奇山异水、山泉飞瀑,这里是一片红色的土地,这里有着太多革命史上鲜亮的记忆。在这川军南压、滇军北推的弹丸之地,1935年2月5日至10日,中共中央政治局在水田寨花房子、石坎庄子上、扎西镇江西会馆湖广会馆连续召开了政治局常委会、政治局会议、政治局扩大会议(统称"扎西会议"),毛泽东在中国历史上写下了浓墨重彩的一笔,最终结束了"王明'左'倾机会主义"的领导,创建了川滇黔革命根据地,为红军渡江北上奠定了胜利的基础,使扎西成为举世瞩目的革命圣地。此后,中央红军便以生龙活虎般的姿态出现在川滇黔边境的战场上,取得了一个接一个的胜利。万里长征,不仅给威信留下了"扎西会议""扎西整编""中共川南特委""红军川南游击纵队云南游击支队"等一幅幅鲜活的历史画卷,更为威信人民留下了不朽

❶ 庄子上中央政治局会议会址
❷ 扎西中央政治局扩大会议会址

的长征精神。

扎西整编是扎西会议做出的重要决策之一。党中央批判了原来那种"搬家式"的做法，除了丢掉重型物资外，还丢掉了扫把、擦布机、烂手套等，干部战士无不拍手称快。扎西整编，不仅是部队编制的"轻装"和物质上的"轻装"，更重要的是官兵思想上的"轻装"，从观念上适应了大转移中的运动战。此后的遵义大捷、巧渡金沙江等，都离不开扎西整编的轻装上阵。

官兵自编歌谣唱道："扎西整编好整齐，部队轻装向前进……"迄今，在威信县的每一个村村寨寨还广为流传着陆定一同志写的《红军歌》："二月里来到扎西，部队整编好整齐。发展川南游击队，扩大红军三千几。"歌声里包蕴着扎西广大百姓对红军的由衷赞颂。这首歌曲既反映了中央红军实施新的战略决策取得的新成果，也显示了扎西会议在实现历史性转折中的重要作用。

历史的足迹

长征，在扎西留下了不可磨灭的历史足迹，1935年2月，扎西，这个名不见经传的滇东北小城成为一座魅力独存的红色名城，在历史的天空，在中共党史上留下不朽的篇章。红军走过的那些绝美山水，也给在艰难征战中的军人们带来过一丝慰藉与平静。追寻先烈足迹，这座美丽、秀气的小城，曾经与中国革命的命运连在了一起。如果把贵州遵义称为中国革命"转折之城"的话，那威信扎西便是当之无愧的"胜利起点"。

在扎西，湍急奔流的白水江，突转盘旋的赤水河，万夫莫开的天堑两合岩，逶迤磅礴的千里乌蒙……这里的山山水水几乎都留下了当年红军的足迹。11天时间里，扎西的各族群众

❶ 毛泽东在扎西的住室
❷ 红军留在扎西的水壶和布袋

扎西红军烈士陵园墓碑

帮助红军挑水做饭，打草鞋当向导，青壮年纷纷报名参军，短短几天，壮小伙们争先恐后来到扩红报名的地点参加中国工农红军，先后扩大红军队伍3000多人。中国工农红军川南游击队，坚持斗争12年，这些未婚的青壮年，后来回到威信的只有几十人，大多数都没有音讯。参与红军北上一去无返的扎西人，只能在纪念馆里看到一个个方正小标宋篆刻的名字，他们用生命和鲜血抒写了壮丽的革命史诗，为中国革命谱写了一曲慷慨激扬、荡气回肠的壮歌，"孤军奋斗牵制强敌，壮烈牺牲万代敬仰！"

在扎西，公审处决了恶贯满盈、残害百姓的团首萧尊武，大快人心，贫苦百姓扬眉吐气。打土豪没收粮食、布匹、油盐，让衣不蔽体无粮下锅的扎西贫苦大众着实幸福了一把。红军指战员一到扎西就帮助百姓搞卫生，清除街道的污泥浊水，铲除积雪垃圾，干干净净欢度春节。红军野战部队一律露宿街头或是百姓的房檐下、墙角里，严格纪律，决不扰民。红军尊老爱幼，买卖公平，还主动帮助百姓打扫屋子、挑满水缸，千方百计救济一些贫困群众。中央留下的红军游击队在云、贵、川地区开展了轰轰烈烈的游击战争，有力地牵制了敌人，打击和消灭敌人。他们的鲜血洒在川滇黔边这片土地上，洒在扎西的土地上，点缀着祖国的壮丽江山。热闹沸腾的扎西，到处飘扬着在白雪辉映下更加鲜艳夺目的红旗，墙壁上、树干上，甚至石头上，随处可见红军张贴和刷写的标语，"打土豪、分田地、打大富、杀贪官，为千人服务！""红军到，千人笑，斗恶霸，打土豪，军与民，心连心！""英勇奋斗的红军万岁！"欢欣鼓舞的歌声飘扬在扎西上空，红军歌谣曾经伴随着战士们闯过多少次枪林弹雨，度过多少个峥嵘岁月。

80多年过去了，扎西，红色的火种，红色的旗帜，红色的文化，红色的光芒，依旧照亮旧城的山山水水。在滇东北的版图上，融合了悠久的夜郎文化、古战场文化、红色文化

和少数民族风情，身后的半壁江山，风化不了远古的记忆。《扎西1935》《扎西大转折》《苦难辉煌》《昭通党史》《红哥哥》等红色影视文献，真实而鲜活地演绎和再现红军在气势磅礴的乌蒙群山发生的一段波澜壮阔、可歌可泣的战争史，展现了"五岭逶迤腾细浪，乌蒙磅礴走泥丸"的恢宏景象。

80多年弹指一挥间，感触历史的沧桑，追溯人文的发展，历史的天空一片湛蓝，扎西的春天依旧明媚，没有了战火纷飞、硝烟弥漫、炮声隆隆、刀光剑影，没有了红军战士与敌人拼搏血战的场面。然而，鸡鸣三省、扎西、赤水河、水田寨花房子、石坎庄子上、两合岩、观斗山……每一个地名后面，都蕴藏着一段传奇的故事；毛泽东、周恩来、朱德、陈云、刘少奇、王稼祥、聂荣臻、彭德怀、杨尚昆、刘伯承、邓小平、罗炳辉……每一个名字后面，都激荡着一种大无畏的革命英雄主义、乐观主义气概。

回溯历史，重拣记忆，从古栈道、峡谷中、峭壁间、森林里似乎仍然可以听到那无尽的厮杀声，因为，这里的山山水水都浸润着先烈和英雄们的豪气和华光，这里的一草一木都铭记着先烈和英雄们的足迹和身影。诗人肖武的诗歌《记住一个叫扎西的地方》就是对威信红色革命圣地最精彩的诠释和写照。

没有井冈山巍峨，没有瑞金城辉煌

一支衣衫破烂的队伍，镰刀和斧头

一群民族的精英，短暂的停留

从此，一个叫扎西的地方载入了史册

大地呜咽，数万红军血染湘江

死搬硬套，中国革命濒临绝境

一位瘦削高大的伟人，遵义城扭转乾坤

不再教条盲动，红军转危为安

实事求是，理论与实践完美结合

在扎西，一部总结真正结束了"左"倾统治

从此，党和红军有了自己名正言顺的领袖
一张电文，解救了死打硬拼的留守红军
整编，红军更加精干，灵活机动
没有扎西会议，就没有四渡赤水，抢渡乌江
没有扎西会议，就没有铁的新四军，八省健儿
没有扎西会议，中国革命依然在黑暗中摸索
没有扎西会议，新中国成立将推迟数十年
请记住扎西，记住一位叫毛泽东的诗人和他的战友
记住三万伟大的红军和扎西的父老乡亲
没有他们，历史将会重写，胜利遥遥无期
他们是民族的脊梁，是炎黄最优秀的儿女
扎西，一个美丽的地方
是中国革命永远抹不掉的胎记

❶"薪火相传 再创辉煌——长征精神红色旅游火炬传递活动"，威信被确定为全国20个火炬传递点之一的第八站
❷隆重纪念扎西会议召开80周年

如今的威信扎西，成了红色革命圣地。"鸡鸣三省"的特殊地理环境，把威信打造出"行政区划属云南，经济流向朝巴蜀，与长江中下游发达地区经济带紧密相连"的区位优势和特点，威信成了滇东北对外开放的重要窗口和商贸枢纽。

吹响集结号的地方

> 1935年2月4日至14日,中央红军长征途经威信并在扎西集结,召开了具有重大历史意义的"扎西会议"。"扎西会议"是遵义会议的继续、拓展和完成,做出了"回师东进,二渡赤水,重占遵义"和成立中共川南特委和红军川南游击纵队等一系列重大决策。扎西是我党我军在长征中走向胜利的新起点。

在中国的版图上,扎西是中国西部的一个偏远地区;在中国革命的历史上,扎西却是负有盛名、让人们难以忘记的地方。

20世纪30年代,中国工农红军完成了举世瞩目的二万五千里长征,谱写了世界军事历史上的光辉篇章。为了躲避国民党军的围追堵截,我工农红军几经周转,踏进了扎西这片山川壮丽的土地,从此扎西被人们认识,被历史记起,不再是个偏远的地方,而是中国版图上的千秋名镇。

1935年2月5日,对于扎西来说是一个刻骨铭心的日子,在此之前,扎西是一个沉默的小镇。它和所有深山里的小镇一样,无比寂寞地活着,活在日复一日的散淡中,它的偏远决定了它的沉默。因为这里太偏远,偏远得几乎被岁月忘却。那个时候,身处云贵川三省交界处的扎西,怎么也想不到有一天自己会成为中国革命史里一个重要章节。

当我们的脚步走在1934年10月10日的日历上,发现这是一个极其黯淡的日子,八十多年前的那个夜晚,也许秋风冷雨,也只有这样的天气才适合这迷茫的行进。那一个夜,中共中央及中革军

"鸡鸣三省"标志碑

委悄然率领红军主力一、三、五、八、九军团和中央机关、直属部队（称中央红军，亦称红一方面军）共8.6万余人，从江西瑞金、于都地区出发，实行战略大转移，中国革命史上著名的二万五千里长征就从这个黑夜启程了。这是一次悲壮的征程，也是中国革命史上最黯然、最艰难的时刻，因为这支浩浩队伍行走是茫然的，只能走一步看一步。从江西出发的那个黑夜，谁也不知道这次征程有多远、有多险？这是一次别无选择的铤而走险，这是一次前途未卜的生死征程。与其说这是一次长征，倒不如说这是中国革命一次悲壮的突围。这是怎样的规模啊，直到今天人们依然难以想象，当时的中央红军在敌人围追堵截的险境中，如何能转战突围？并且连苏区所有的文件、

辎重、兵工厂机器、印钞票机器、X光机以及各种文化课本都携带上路，几乎是将整个庞大臃肿的机构搬上漫漫征途。

长征初期，红军突破了敌人四道封锁线，转移到湘江地区。这个时候，中央发生分歧，一个把中国革命带入沼泽的人物王明高调出现，这个历史人物的登台让本来就深陷险境的中国革命几乎遭遇了灭顶之灾。三个月后当部队到达遵义时，只剩下三万多人。中央红军从中央苏区瑞金出发时，那可是浩浩荡荡的八万多人马呐，再这样走下去，连星星之火的燎原机会都将丧失。他推行的所谓"主义"付出了几万人生命的代价，这个时期，中国革命几乎陷入一片黑暗。1921年上海嘉兴南湖上的那艘红船，为中国革命带来希望之光，红船上那些革命先驱

❶ 水田鸡鸣三省会议会址
❷ 庄子上中共中央政治局会议会址

经过艰苦卓绝缔造的政府和军队却差点毁于王明之手。由此，他成了名人，也成了罪人，他的一意孤行让这次跨越历史的悲壮转移更为悲壮。

这时一个伟人出场了，在这之前，他是被冷落的，他的建议王明不会采纳，当时的王明是不可一世的，他显然还没有意识到自己"左"倾主义铸成的大错，他依然是固执己见，对别人的意见不屑一顾。到了这个时刻，悲剧不只属于王明一个人，十多年来共产党苦心经营的政权眼看就要覆没，而且是因为王明的执迷不悟。面对这样一个局势，王明也惊恐万分，但这时他已无回天之力。所幸历史在贵州的遵义停留片刻，于是，一个举世瞩目的会议在遵义召开了，这不仅是一个会议，而是一次历史的转机。遵义会议，让极其危急的中国革命绝处逢生。也就是这个时候，一代伟人毛泽东出场了，他以中国工农红军领导人的身份迈着稳沉步子走进中国革命史，成了遵义会议的主角。王明的历史结束了，但是王明错误路线带来的岌岌可危局面，还等着以毛泽东为核心的新的党中央集体来收场。毛泽东从遵义会议里从容出来，手里依然拿着点燃的香烟，这是一个经典的出场仪式，这个场景将成为中国革命的另一个开端。遵义，成了中国革命生死攸关的转折地。至此，一场挽救党、挽救红军、挽救中国革命的斗争也开始了。

有了这个开始，才有了后来各路军团集结扎西的情景。

遵义会议后，新的中央领导集体根据形势撤销了原来渡长江北上的计划，命令红一方面军一、三、五、九军团及军委纵队，向以扎西为中

扎西镇江西会馆，中共中央政治局扩大会议会址

心的滇、川、黔边区集结。随着1935年2月4日的到来，扎西将以红色胜迹出现在日后的历史中。这时新的党中央集体领导人的脚步已经跨进了扎西，而扎西也就在那一刻跨进了红色的历史。

就在那个时刻，张闻天、毛泽东、周恩来、朱德等率军委纵队进抵水田寨的花房子。随着这一行伟人走入扎西的步履，从此，扎西不再是沉默的扎西，它将以深藏不露的沉着来收尽日后的锋芒。

花房子，这是扎西东南37公里处的一幢一进三间、四列八柱的普通瓦房，建于清代，穿架式木结构建筑，门窗上雕刻有精致的图案。这本来是一座寻常的房子，但是，因为1935年2月5日这个不平凡的日子，花房子见证了一个伟大时刻，它将和历史一起走进新中国，成为一个不老的传奇。

2月5日傍晚时分，新的中央领导人来到了水田寨，张闻天、毛泽东、周恩来、博古、陈云等中央政治局的5位常委走进这所平常的房子，由于他们的进入，这所房子不再平凡。当晚，中央在水田寨花房子召开了政治局常委会议。正是在那个夜晚，中央政治局常委进行了分工，由洛甫代替博古在党内负总责，毛泽东为周恩来在军事指挥上的帮助者。从而在组织上进一步确立和保证了毛泽东同志的军事领导地位。关于这个夜晚，历史上有着言简意赅的记录：2月5日晚，中共中央在"鸡鸣三省"的水田寨召开政治局常委会，根据遵义会议精神进行分工，秦邦宪（博古）交权，张闻天（洛甫）在中央负总的责任，最终结束王明"左"倾机会主义领导。同时，会议对留守江西中央分局的组织领导、战略方针进行讨论后以中央书记处名义发出指示电文。这个时候，花房子不再是以前的花房子，它成了博古交权的地方，历史让它登上了一个制高点，它成了这段历史的不朽记忆，从此载入了中国革命的光辉史册。

在八十多年后的今天，人们还频频来这里寻找当年的"鸡鸣三省"，准确说是来寻找那段撼人心魄的历史岁月，"鸡鸣三省"仿佛成了一个历史通道，似乎从这里走进去，便能看见一代伟人指点江山的模样。山顶上那高耸入云的"鸡鸣三省"标志碑像一把熊熊

红军烈士纪念碑

燃烧的革命火炬,把新的长征精神永远传承。

大河滩,又是一个记忆历史的地方。大河滩位于扎西河下游的峡谷深处,是石坎子到扎西的必经之地,两边崇山峻岭莽莽苍苍,突然有了一个开阔地。这个时光洗刷出来的大河滩,它一直寂寞着,似乎在期待一次惊心动魄的出场。它终于等来了这个时刻,它也必将记住这个时刻:1935年2月6日从花房子里走出来的历史伟人们,在经过短暂休息后移驻大河滩,花房子里的会议还没有完,所以在大河滩接着来,大河滩继续着花房子遗下的会议内容,或者续接着花房子的历史章节。

毛泽东手上依然是一支永远燃不尽的烟卷,简陋的屋子里烟雾缭绕,外面皑皑雪线,伟人们坐在火星噼啪的火塘边,他们坐在2月7日和8日的历史里,分析了土城战役失利后的形势,决定"以川滇黔边区为发展地区,以战斗的胜利来开展局面"。会议最重要的成果,是讨论和通过了在遵义会议上未来得及通过的由张闻天负责起草的《中共中央关于反对敌人五次"围剿"的总结决议》(史称《遵义会议决议》),并以中央书记处名义发布了《中央政治局扩大会议总结粉碎五次"围剿"战斗中经验教训决议大纲》。这时你只要侧耳一听,那浓浓的湖南乡音和南腔北调的嘈杂声还回响在八十多年后的今天。

扎西会议纪念馆

2月8日的历史依然是大兵压境,在数十万敌军围追堵截下,中央纵队由庄子上进至院子地域,由于滇军第二旅已抵达镇雄大湾子,为避敌锋芒,部队又从院子迁回大河滩,再从两合岩进入扎西。

两合岩,最生动演绎一夫当关、万夫莫开的场景。它以10米宽、200米高和500米长的峡谷挟持着咆哮的扎西河滚滚而去。高耸云端的岩壁似乎狭路相逢地对峙着,峡谷到了这里故意收了一下,留下了一个悬念惊立于此。也只有这样的地方才能上演惊心动魄的历史大戏。而两合岩便应时应景地出现在这里,成为风云历史的不可缺少的背景。它也在等待一个时刻,2月9日在红军急促的脚步里到来,就从这里进入扎西。两合岩是古城扎西的一扇门,他们就从只能侧身而行的岩壁古栈道上,踏着万年青苔,踩着湿漉漉的岩壁向扎西一步一步靠近,一首磅礴史诗就在他们脚下成句成行。

当伟人们的脚步进入了扎西镇,历史上著名的扎西会议也就接近尾声,这是扎西会议"三部曲"中最后的一个会议,它在扎西镇东北角的江西会馆召开。江西会馆和禹王宫成为这段历史的重要旁白。这些会馆都是清朝建筑,完整地记录了那个会议,所以,这些清朝建筑的会馆走出了摇摇欲坠的清朝,带着一种好奇走进了今天的历史。

从2月4日开始,中国革命的集结号在扎西吹响后,红军中央纵队和一、三、五、九军团集结扎西。2月9日,中央政治局及军委在扎西镇的江西会馆戏楼上召开会议,做出回师黔北、二渡赤水、重占遵义、精简机构,成立中共川南特委和川南游击纵队等战略部署,发布了《军委关于各军团缩编的命令》。毛泽东提出一个大胆的想法——打回遵义去,这是一次冒险,更是一次胆识智慧的较量,有了大伟人毛泽东这个石破天惊的设想,也才有了红军胜利的起点和日后的遵义大捷。这次胜利对于红军来说太重要了,它让几乎全军覆没的红军找回了自信。因此,扎西不仅记录红军的历史,也记载着再占遵义的辉煌,它完成了遵义会议没来得及完成的决议,而这个决议关乎中国革命的命运。扎西会议高调结束了。

中央红军在威信11天的宣传号召,使广大人民群众看清了希望和道路,许多青年纷纷响应红军号召,踊跃报名参加红军。当时在这个仅有7万余人的小县,就有3927名扎西儿女积极参加红军,但到中华人民共和国成立时,活着的还不到10人,仅剩下像晋绍武、肖发文这样值得威信人民永远骄傲的红军英雄。其他红军和千千万万为共和国诞生而牺牲的英雄们一样,用自己的热血和生命铺就了中国革命胜利的道路。

在扎西镇的江西会馆里召开的会议是扎西会议里的最后一个会议,历史便以最后这次会议来命名。由此,"扎西会议"成为中国革命史上浓墨重彩的一笔,扎西也就成了历史的扎西。扎西江西会馆成为红军实现第一次伟大历史转折的指挥部,总司令部设在这里,毛泽东、周恩来、朱德、张闻天就居住在这里,他们站在一张军事地图前,以历史的高远预言未来。他们坐镇扎西的11天,不仅完成遵义会议的后续工作,也制定了今后红军长征的战略规划。

中央红军是在一场飘飞的大雪里走进扎西花房子的,又是从漫天大雪里走出扎西的,那是1935年2月14日的事情。红军走了,回到了他们的历史中,还有漫漫长征等着穿越,扎西的红色火种却被他们点燃。11天,在历史长河里简直就是尘埃一粒,对于扎西来说却是一生一世,它无法忘记,也不愿忘记,它就在这记忆里反复端详过去,它要带着这历史老去。不是扎西走不出历史,而是它根本就不愿走出历史,因为这段历史让扎西成了一片红色,扎西只能以这样的方式来记忆历史,扎西也只能以这样的方式来留住它的惊心动魄。因为扎西已经融入了那段历史,根本分不出哪里是历史,哪里是扎西。

扎西会议后,伟人们带着在这里点燃的激情走出这块土地,回师东进、二渡赤水,使几乎全军覆没的红军终于迎来了长征以来的第一次大胜利——遵义大捷。这是一次久违的胜利,它把困境中的红军带出了历史的沼泽。几个月就损失了5万多人马的红军,被喜悦点燃了失去的激情,这是死灰复燃的喜悦。伟人毛泽东终于一解紧锁的眉头,极度兴奋地挥毫写下了慷慨悲烈、雄沉壮阔的《忆秦娥·娄山关》。

西风烈,

❶ 1935年2月在大河滩参加红军的晋绍武
❷ 1935年2月在扎西参加红军的肖发文

胡耀邦为扎西会议会址题写匾额

长空雁叫霜晨月。
霜晨月,
马蹄声碎,
喇叭声咽。

雄关漫道真如铁,
而今迈步从头越。
从头越,
苍山如海,
残阳如血。

这首词表现出伟人面对失利和困难从容不迫的气度和博大胸怀。

战争年代的炮火硝烟虽然已经散去,但扎西这片红色的土地却为中国革命做出了巨大牺牲和贡献。今天,这里的人们用电影《领袖1935》《扎西1935》和歌曲《红哥哥》《红色扎西》等文艺模板,将红军长征中的"扎西精神"镌刻得淋漓尽致,让今天的人们铭记于心,并在岁月的长河里将红色基因传递和弘扬。

碧血乌蒙染杜鹃

> 成立中共川南特委和红军川南游击纵队是中共中央和中革军委在"扎西会议"上做出的重大决策。红军主力北上后,特委率领边纵及其发展领导的红军云南游击支队,坚持敌后武装斗争12年,2000余名战士几乎壮烈牺牲,为中国革命做出了不可磨灭的贡献。

坐落在威信县城老街的禹王宫,是一幢清朝时期湖广商人在扎西经商时集资修建的名不见经传的普通会馆。从外表看上去,历经风雨的木柱和板壁虽然显得有些斑驳和沧桑,然而,你却不能小看这幢老屋,它曾经铭刻着中国革命沉甸甸的红色历史,它是中国工农红军川南特委和川南游击纵队诞生的地方。

1935年2月10日的中午时分,扎西的天空依然彤云密布,纷纷扬扬的雪花虽然开始慢慢停息下来了,但冰凉的阵阵冷风吹打在红军战士的脸上,犹如刀割鞭抽。禹王宫四合院院坝里,100多名身穿单薄军装的红军师级以上干部庄严肃穆地站立着,他们似乎忘记了寒冷、忘记了疲劳、忘记了饥饿,精神抖擞地等待着接受党中央和中革军委对他们下达新的战斗任务。刚被中共中央任命的中共川南特委书记徐策迈着雄健的步伐走上了戏楼台子,开始召开动员大会。徐策向大家宣布,根据扎西会议决议,中共中央决定选拔部分师以上干部成立中共川南特委,中革军委抽调一个干部连和一

个基干连（国家政治保卫局第五连）、一个警卫通讯排、一个运输排、一个卫生班和部分修枪工人等100多人，与王逸涛领导的叙永特区游击队汇合，组建中国工农红军川南游击纵队。特委由徐策、余泽鸿、戴元怀、夏采曦等组成，书记徐策、组织部长戴元怀、宣传部长余泽鸿，特委由中央直接领导。纵队由王逸涛任司令员、徐策任政治委员兼政治部主任、曾春鉴任副司令员、余泽鸿任宣传部长、戴元怀任组织部长、刘干臣任参谋长、杨德胜（红军总部第四局供给处干部）任供给处处长、张凤光（红军干部）任地方工作团主任、龙厚生任特派员、李桂洪任司令部指导员、阙思颖任司令部秘书。

其实，当时不用说什么，在场的全体指战员都心知肚明，留下来参加游击纵队意味着什么？意味着肩上的担子更加沉重和艰巨，战斗环境更加残酷和凶险，付出的代价和牺牲更加巨大和惨重。一句话就是凶多吉少！所以，被留下来的红军干部和战士的思想都有很大的抵触情绪，没有谁愿意留下来。

四合院里叽叽喳喳地夹杂着一些不满和带有情绪的声音。此时，只听见戏楼上传来一阵铿锵有力的脚步声，大家循声望去，是周恩来副主席来了。会场顿时安静下来。只听见周副主席高亢洪亮

湖广会馆——红军川南特委和川南游击纵队诞生地

的声音在四合院里响起:"同志们,我们共产党人就是要坚持抗战,不抗战就不会有出路,我们的民族也就没有希望。抗日救国的宣言已经发出,要树立长期同敌人作战的思想。我们目前有许多困难,蒋介石不抗日,要打内战,要消灭我们,我们一定要冲出去。可是,我们机关庞大,包袱很重,不适合机动作战。因此,党中央决定,机关要精简,伤员要安置,部队要轻装,干部充实到连队去。中央同时决定,从红军野战部队和中央机关抽调一批能吃苦、能战斗、有地方工作经验的指战员留下来,在这里成立一支游击队,主要任务是一要打击、牵制敌人,配合中央红军作战;二要安置和保护好伤病员;三要建立新的苏区革命根据地。苏区革命根据地党的领导机构是中共川南特委,军事武装是红军川南游击纵队。川南特委直属中央,特委负责领导红军游击纵队以及长江以南、金沙江以东,包括泸县中心县委工作地区在内的地方工作。这个任务十分光荣和艰巨,大家要服从党中央的决定,高高兴兴在这里战斗,坚持斗争,直到革命胜利!"会场上顿时响起了雷鸣般的掌声。

周副主席又特别强调,要团结一切可以团结的抗日力量,开创苏区新的局面。他还语重心长地说:"分开只是暂时的,将来是会见面的,我们川北有了根据地,你们在川南也搞起来了,革命力量就大了。"

周副主席讲完话后向大家亲切地挥了挥手,突然立正给大家行了个庄严的军礼。顷刻间,会场一片肃静,有意见和有想法甚至闹情绪的干部战士此时此刻都无言可说了,因为周副主席这番语重心长的讲话和庄严的军礼,不用说什么大家都知道其中的分量有多重!是周副主席代表中共中央和中革军委对大家的信任和重托,更是中央红军高层领导发出的战斗命令和冲锋号角!此时,全体指战员个个浑身热血沸腾,斗志昂扬,脸上洋溢着战斗必胜的勇气和信心,许多指战员感动得流出了两

川南特委书记兼川南游击纵队政委徐策

高田鱼井白水庙内红军川滇黔边区游击纵队书写的标语

行热泪,大家用洪亮而坚定的声音回答道:"请党中央放心!请周副主席放心!我们绝对服从党中央的决定,坚决完成任务!"

2月12日,中央红军开始执行扎西会议上毛泽东提出的"回师东进,二渡赤水,重占遵义"的建议,决定兵分两路悄无声息地离开扎西,向兵力空虚的黔北快速挺进。徐策率领川南游击纵队跟随中央红军后卫部队到达了石坎子时,国家政治保卫局第五连和一部分留下的红军人员前来报到。为增强纵队力量,中革军委还号召行军中掉队的红军伤病人员留下加入纵队。这时,纵队有四百多人,六七百支枪,还装备有四挺重机枪和一部电台。在石坎子河坝头的一座木瓦房里,特委正在召开全体干部战士大会。会场里传来了徐策分风劈流的声音:"同志们,你们都是从各军团、各单位抽出来的好干部好战士,大家要放下思想包袱,团结一致,在云贵川边区迅速广泛地发动群众,武装群众,壮大纵队队伍,配合红军作战,消灭国民党反动派的武装,建立革命政权,完成党中央赋予我们伟大而光荣的历史使命。"随后,纵队跟随中央红军后卫部队快速转移到四川省叙永县的四合头时,不得不同主力红军依依惜别。谁也不会想到,就在这个连军事地图上也找不到的小旮旯儿,竟然成为纵队许多领导同志后来永远与中央红军主力告别的地方。

告别时刻,李桂洪怎么也舍不得离开与她多年朝夕相处、出生入死的红军战士,要不是与她生死与共的丈夫戴元怀决定留在边区纵队,从内心讲,作为一位女红军干部,她真的很想跟随红军大部队回师东进,与战士们并肩战斗!她顷刻间控制不住自己的情绪,伤心欲绝,放声大哭起来,一下子就成了一个泪人儿。此时此刻,戴元怀的心里和妻子一样,肝肠寸断,十分难过,但他男儿有泪不轻弹,强忍住心酸、强忍住离愁,努力控制住自己的情感,镇定而坚强地安慰妻子:"桂洪啊!我们都是共产党员,党叫我们在哪里,我们就在哪里战斗!而且要高高兴兴地出色地完成党交给的历史使命。你是指导员,要注意自己的影响,越是艰苦和困难,越要发挥共产党员的先锋模范作用啊!"丈夫感人肺腑的一席话,使妻子李

❶ 红军川滇黔边区游击纵队制定的游击区域红军家属暂行优待条例

❷ 铁炉红军标语屋

桂洪振奋了精神，化伤心为无穷的革命力量，坚强地与丈夫一起并肩战斗在边区残酷悲壮的游击斗争岁月里。

1935年的2月18日，在叙永县树坪的五龙山上，人山人海，热闹非凡。徐策率领的川南游击纵队与王逸涛率领的叙永特区游击队汇合后，在这里欢欣鼓舞地召开有600多名干部战士参加的战斗动员大会。徐策传达了中共中央关于组建中国工农红军川南游击纵队的决定，阐述了纵队的性质和任务，宣布了纵队的建制和领导人员的任命。建立了一个党总支，下设五个党支部，建立一个党小组。特委和纵队的组建，使川滇黔边区的革命斗争有了坚强的组织领导和革命的核心力量。从此，纵队革命斗争的烽火在川滇黔边区迅速熊熊燃烧起来，将整个磅礴乌蒙沉沉的黑夜彻底照亮。

为了配合中央红军的秘密战略转移行动，迷惑敌人，造成敌人认为红军主力还在川南一带活动、伺机北渡长江的假象，纵队决定大张旗鼓地向北插入川南，吸引和牵制部分尾追、拦截中央红军的川滇军阀主力。纵队在叙永县两河镇的落包、威信高田乡的后山、四川兴文县的大石盘等地与敌人连续展开作战，虽然付出了一定的代价，但也大量地消灭了敌人的有生力量，狠狠灭掉了敌人的嚣张气焰。使蒋介石、刘湘等误以为红军主力仍留在边区，十分惊恐，急忙调动大量的兵力对纵队发动"三省会剿"，严防纵队深入四川腹地。纵队的这些战斗为中央红军神速回师黔北，取得遵义大捷以及三渡、四渡赤水，重占遵义，佯攻贵阳，西出云南，北渡金沙江等一系列战略转移的胜利，赢得了宝贵的时间，创造了有利的条件。

四川兴文县的大石盘，是一个让纵队干部战士和李桂红伤心欲绝和终生难忘的山岗。1935年3月25日，纵队转移到这里休整时，夜晚不幸遭到川军黄锦章团吴营及江安等四县团队的包围。第二天清晨，战斗打响以后，纵队反复冲杀却难以突围。在这生死存亡的关键时刻，戴元怀不顾个人生命安危，挺身而出，带领司令部通讯班10余名战士与围拢之敌展开血拼，以吸引敌人主力，掩护纵队突围到威信县境内。戴元怀及通讯班战士与敌激战5个多小时，最后全部壮烈牺牲。李桂洪目睹自己亲爱的丈夫倒在血泊之中，悲痛万分，拼命冲上前去想救他，被几位战士死死拽了回来。1985年，兴文县人民政府将古老的建武城东门改建为"元怀门"，就是为了永远纪念这位为了边区穷苦大众翻身解放而献出宝贵年轻生命的革命英雄戴元怀同志。

1935年7月上旬，在川滇交界不远处的叙永县朱家山的大地坡，夏山如碧，红旗招展，人声鼎沸，川南游击纵队在这里与从贵州遵义地区一路血战过来的红军黔北游击支队胜利会师了。两支队伍合二为一，将部队番号改为中国工农红军川滇黔边区游击纵队，中共川南特委改为中共川滇黔边区特委。特委书记徐策担任纵队司

红军川滇黔边区游击纵队书写在铁炉的宣传标语

徐策烈士墓

令员兼政委，张凤光担任副政委，余泽鸿担任政治部主任，参谋长曾春鉴因伤寄住在威信罗布坳，由陈宏代理参谋长，李青云担任特派员，杨德胜担任供给主任，钟昌桃担任地方工作团主任，陈兴才担任副主任；龙厚生负责组织，阚思颖负责宣传。纵队下设两个支队，每个支队有三个大队。部队合编后，队伍壮大到1000余人，声势浩大，干部战士个个士气空前高涨，斗志昂扬。根据地的迅速发展扩大，震动了国民党当局。蒋介石急调追击中央红军的部分兵力,部署了第一次"三省会剿"。

长官司的红山顶,是纵队自组建以来最为悲壮惨烈和代价惨痛的一场战斗。1935年7月13日清晨,徐策率领红军川滇黔边区游击纵队从威信长官司街上出发,沿着街后红山顶的山间小路雄赳赳气昂昂地向四川石碑口方向快速前进,准备攻打兴文县建武城。当纵队行至观音塘的松林地带时,整个山岭上和松林间突然枪声大作,子弹犹如雨点般"噗、噗、噗"地飞来,走在前面的红军战士猝不及防,倒在了血泊之中。徐策迅速组织反击。由于地形不利,上面是松树林,下面是稻田,纵队两个支队六个大队挤在一起,难以展开战斗。敌人居高临下,在山头向纵队猛烈扫射。纵队反击受挫,死伤战士数名。经过侦察,方知除地方民团外,其主力是川军联团周化成部。敌军沿着小路右侧占据三个山头,利用战壕、松树林掩护,形成一条封锁线;敌人凭借有利地形,堵住去路,在两侧疯狂夹击。战斗十分激烈,纵队伤亡愈增。徐策分析敌情后认为:打,对纵队不利;不打,已进入敌人伏击圈,很难撤出去;只有把敌人攻下再撤退,使敌人不敢再追。代参谋长陈宏靠前指挥,率领两个支队战士发起一次又一次的冲锋,夺取了前面的两个山头阵地,把敌人逼退到后面的两个山头上。敌军躲在战壕里,投掷手榴弹。纵队所处地势低下,很难施展兵力,加上弹药缺乏,只好沿着松树林往上冲,把敌人甩下来的手榴弹又捡起来扔回去,用刺刀与敌人拼杀,夺取制高点。敌人疯狂反扑,纵队几次冲锋未能取胜,死伤七八十人。陈宏身负重伤,来不及抢救,被周化成部抓去(后被押解宜宾监狱,同年11月1日在宜宾英勇就义)。副政委张凤光率二支队与敌拼杀时,也不幸中弹牺牲。徐策见此情景,激起满腔怒火,号召部队为死难烈士报仇,不战胜敌人决不下战场。他率领部队猛冲猛打,不幸身负重伤,警卫员把他背下山后,他仍坚定指示一定要在此消灭周化成部,并当即指定余泽鸿接替其一切职务。余泽鸿指挥部队,攻下敌人固守的最后一个高地,给敌人以重大杀伤,大部分敌军不得不撤离到山岭背后,余泽鸿果断下令纵队快速撤离。敌人也不敢继续穷追。纵队撤到蚂蝗坳时,已经是下午三四点钟。接着队伍便翻越山岭,经庙坪转到罗布坳,准备在罗布坳宿营和安置伤员。谁知,纵队才出虎口,又入狼窝。先头部队到达罗布街上尚未歇脚，后卫部队正在渡河时，滇军突然从东北面袭来。原来，滇军安旅三团十一连得知纵队与周化成部在长官司激战，就联合滇军镇雄独立营和威信二、三区民团赶来增援，行至罗布坳，发现纵队正往此方向运动，即埋伏于街侧面山背后进行偷袭。纵队经过一天的作战行军，指战员们又累又饿，突然又与强敌遭遇，情况不明，只得向南山太阳坡转移。这时，敌人用机枪封锁狭窄的街口和河岸，战士不断伤亡，大队长邓登山等人英勇牺牲，徐振山、曾维辉等10多名人员被俘。徐策在长官司受重伤后，流血过多，被纵队战士用担架抬至罗布坳碾子埫，见敌人追来，不愿拖累部队，执意要留下，遂被滇军残酷杀害，年仅33岁，当地群众后来将他的遗体葬于牛角丘。纵队浴血奋战，突围到簸箕坝宿营。这两场战斗，虽然消灭敌人400多人，但纵队伤亡也非常惨重，英勇牺牲100多人，特别是几位领导人的英勇牺牲，给纵队带来难以弥补的损失。

黑云压城城欲摧，落败伤悲惜鬼魂。由于战斗的暂时失利，一些悲观的情绪和消极思想在纵队暗暗滋生。余泽鸿清醒地认识到，此时此刻军心千万不能动摇。7月14日晨，在罗布簸箕坝街上一余姓家中，余泽鸿主持召开特委扩大会议。会议认真总结纵队几个月来牵制和打击敌人所取得的辉煌战果，客观地分析了红山顶战斗的经验教训，及时对部队悲观情绪进行思想政治教育，坚定革命必胜的勇气和信心；相应变换领导人，由余泽鸿担任特委书记兼政委，刘干臣任司令员；通知刘复初带川南游击支队归纵队建制；确定了下一步对敌斗争的行动方针。从此，在新组建的特委和纵队领导班子的率领下，纵队运用游击战机动灵活的战略战术，在边区与数倍、数十倍的敌人巧妙周旋，迂回穿插，势如破竹，驰骋千里，转战于云南威信、镇雄、彝良和四川筠连、庆符、珙县、兴文、长宁、江安、纳溪、古宋、古蔺，以及贵州毕节、赫章、黔西、仁怀、桐梓、习水、赤水、大定等20余县，把敌人打得落花流水、心惊胆战，打出了纵队的威风和气势，扩大了纵队在川滇黔边区的影响，继续完成掩护中央红军北上抗日和红军二、六军团渡过金沙

刘复初夫妇（中间两位）

江的光荣任务，并且开辟了上万平方公里的革命根据地，成功粉碎了敌人的一次次"围剿"，使川南敌人为之震惊。在威信境内传唱的红军歌谣《红军威名远震川滇黔》，就是对纵队一次次战斗胜利的热情讴歌。

> 游击队坚决勇敢，
> 从来打仗使敌人胆寒。
> 打进筠连城，又捣赫章县。
> 百战百胜，百战百胜。
> 威胁泸、毕、宜，
> 一个冲锋杀上大雪山。
> 打倒陇承尧，打倒顾晓帆。
> 工农红军找向导，运输大炮和枪弹，
> 红军的威名远震川滇黔。

由于纵队长时间转战川滇黔边区，一直受敌围追堵截，严重减员，1935年11月中旬，纵队从贵州一路苦战，转移到威信县坛厂、水田寨休整时，人员从500余人减少到100余人。下旬，纵队进入四川省长宁县梅硐，特委在贾家湾召开会议，研究下一步的战斗方略。会议决定将纵队分为两个支队，第1支队由政委余泽鸿、司令员刘干臣、参谋长刘复初带领，第2支队由组织部长龙厚生、支队长黄虎山带领，缩小目标分头活动。随后，两支队伍都不幸遭到敌人的包抄袭击，很快被打散。余泽鸿痛心地对刘复初说："老刘啊，我们对上无法报告中央，对下不好向同志们交代。"刘复初虽然双眼含泪，但心里却充满了乐观的革命主义精神，安慰余泽鸿："我们孤军深入敌区，损失难免，胜败是兵家常事。"

1935年12月15日凌晨，特委书记、纵队政委余泽鸿在江安县碗厂坡遭到敌人的包围，不幸壮烈牺牲。17日，纵队司令员刘干臣在古宋县东坝王家坡与敌拼杀，也壮烈牺牲。18日，刘复初、李青云率领第1支队20余人登上连天山隐蔽休整。连天山方圆几十里，山高林密，只有少数人家居住，适于隐蔽。川军及李品三保安大队追到山脚，每日上山搜查。时值严冬，雪冷风寒，支队人员衣衫单薄，打着赤脚，每天都要转移地点隐蔽，每晚都要变换人家宿营。白天钻入森林深处隐蔽，衣服被撕烂脚被冻坏，互相抱脚抵御严寒；肚子饿了靠野菜充饥。晚上派人先侦察，无敌方可进入农户家中过夜。风雨浸衣骨更硬，野菜充饥志越坚。在群众的掩护帮助下，支队在连天山坚持隐蔽一个多月，敌军搜查无果而收兵。

眼看这支中央红军在边区撒播的革命火种濒临熄灭，但革命的星星之火在危急关头却又奇迹般地被保存下来并呈燎原之势，这不仅仅是天意和民心，更为重要的是体现出红军干部战士钢铁般的革命意志和坚贞不屈、视死如归的革命斗争精神。1936年1月，面黄肌瘦、疲惫不堪的第1支队干部战士离开连天山，前往长宁、兴文一带活动，沿途又有部分被打散的队员归队。到兴文县洛柏林时，终于与龙厚生、黄虎山、曾广胜等8人会合，李桂洪、阚思颖由梅硐区委派人护送回队，纵队还吸收了部分穷苦青年参军，队伍迅速发展到100余人。2月6日，特委在洛柏林石匠田召开扩大会议，决定重组特委，刘复初任书记；整编纵队，刘复初兼政委，龙厚生任司令员，李青云任特派员。纵队下设两个大队。会议总结了斗争失利的经验教训，决定到云南威信的郭家坟建立滇东北农村革命根据地，稳住脚步，伺机狠狠打击和夺取国民党区乡政权。

洛柏林会议后，纵队到达博望山一带扩军、集训，先后组建川南游击支队、贵州游击支队、云南游击支队、镇雄母享游击支队，阮俊臣、陶树清带领的贵州省抗日救国军第三支队1936年6月8日在花朗坝与纵队合队后，狠狠打退了敌追兵，当天转到威信院子场召开扩大会议，第三支队与纵队合并组建"中国工农红军川滇黔边区抗日先遣队"，阮俊臣任司令员，陶树清任副司令员，刘复初任政委，曾春鉴任参谋长，李青云任特派员。将现有部队改编为三个支队：原阮俊臣部为第一支队，原陶部为第二支队，原游击纵队为第三支队。抗日先遣队成立后，在川、滇、黔边区积极开展抗日活动，引起了反动当局的恐慌，蒋介石多次发出急电，严令刘湘、龙云、柳际民和贵州省政府展开清剿。于是，敌人在1936年6月至7月对纵队发动了第二次"三省会剿"。纵队先后在威信县黄连坝、斑竹塘，四川兴文县炭厂、珙县大庙等地与敌展开激战，大败敌军。鉴于敌情紧急，陶树清向特委提出了加强秘密活动，缩小目标，不要歧视起义士兵，保存实力等建议，被"左"倾思想认为是"动机不纯"。抗日先遣队第三支队即原川滇黔边区游击纵队在毕节杨家湾甩开了阮、陶的一、二支队，恢复原建制。阮、陶部被甩后，大都在敌人的"围剿"中牺牲或被捕杀害。阮突出重围，在水田找到纵队，后被派到贵州游击队任政委。陶被敌人追至威信罗布顺河场被俘，1936年10月被敌人杀害于毕节大教场，年仅23岁。

1936年10月14日，纵队在底硐策反川军陆军暂编第一师第二旅三团三营第十一连起义，把刘少成、兰澄清带领的起义部队编为第三大队，为纵队增添了新的战斗力量和良好的武器弹药。

1936年10月21日，刘复初率领纵队在大雪山滥泥坝狠狠打退了滇军补充团和威信县第八区地方民团共1000多人的进攻，之后，攻占镇雄母享、毕节县燕子口，并将尾追而来的滇军安旅田营和黔军两个营引诱到韩家沟进行歼灭。纵队转移到四川古蔺县桄杠时，遭到滇军2旅3团2营和川军的夹击，纵队伤亡80余人。纵队快速进入威信县蔡营苦茶坝，又转至天池中坝，在罗汉林阻击滇军后再转至蒿枝坝隐蔽，此时队伍只剩100余人。11月18

日凌晨，纵队由蒿枝坝向大雪山转移，行至大落脚的海子坝，被紧追而来的滇军田营两路夹击。纵队边打边撤，但地形于纵队不利。刘复初因病用抬架抬着随队而行，政委龙厚生命令第3大队掩护纵队撤退。第3大队打退敌人几次冲锋，但准备撤退时退路已被敌人卡断，队伍被打散，牺牲了许多战士。纵队由海子坝突围到大雪山安尾坝休整时，只有80余人。刘复初因病不能随队行动，纵队只得将他安排在大雪山老百姓家隐藏养病。滇军和川军联合起来天天搜山扫荡，龙厚生率领纵队在大雪山一带与敌周旋战斗，伤亡不断增加。时进冬季，莽莽大雪山原始森林冰雪严寒，风悲树咽，斗争环境越来越险恶。11月26日，龙厚生安排2名战士留下保护刘复初，便率领纵队剩余的20余人由大雪山向水田寨转移。刘复初重病在身，几天未进饭食，只能喝点开水、吃点橘，白天抬进密林隐蔽，晚上才进屋烤火。龙厚生走后，不幸的事情还是发生了，12月6日夜晚，刘复初不幸被川军发现被捕，送到宜宾，转至泸州监狱关押，国共两党合作后方才被地下党解救出来，到达延安。

　　冬天的道路特别泥泞难行，龙厚生从大雪山出发，急行军50多公里抵达镇雄与威信交界之野腊溪，沿途连饭都未曾吃到。又饿又累的纵队人员以为甩掉了敌人，便在农户家中生火煮饭，准备宿营。突然，两挺机枪向住房疯狂扫射过来，原来是滇军安旅田营已追来将住房包围了。龙厚生带10余人冲出，向水田寨方向撤退。李桂洪、阚思颖两名女红军被敌军俘去。当晚，敌军遍山搜查，搜获10余名被打散的纵队战士。敌军连夜将被俘人员押往扎西，李桂洪、阚思颖二人又被转押至昭通安旅旅部。国共两党合作抗日后，李桂洪、阚思颖被押往重庆。途经宜宾南溪，阚思颖被父亲保释回家。龙厚生等10余人突围后奔至水田寨，由地方游击队队长艾宗藩安排分散隐蔽起来。

　　1937年1月初，龙厚生、刘少成、曾春鉴、李青云被水

田寨地霸和四川民团残忍杀害。至此，纵队主体斗争悲壮结束。

1938年，李桂洪由重庆出狱后，到了汉口长江局，把川滇黔边区游击纵队坚持战斗的经过和英勇顽强的斗争精神，以及最后失利和人员牺牲的情况，全部向邓颖超同志做了汇报。邓大姐听了后伤感地说："战斗频繁，扎不下去，拖得太厉害了。烈士们的精神永存，将鼓舞更多的人民前进。"

红军川滇黔边区游击纵队主体斗争虽然失利了，但是中国共产党领导的中国工农红军却四渡赤水，巧渡金沙江，顺利完成了二万五千里长征，实现三大红军主力胜利会师。同时，边区革命斗争的烽火并未被扑灭，由特委和纵队所组建的川南游击支队、贵州游击支队、云南游击支队仍然在川滇黔边区坚持革命武装斗争，把纵队未尽的革命事业推向新的历史阶段。特别是殷禄才、陈华久所领导的云南游击支队，坚持斗争12年，直到1947年在国民党79师的疯

狂围剿中才失利。

青山处处埋忠骨,人民时时忆亲人。党和人民永远不会忘记他们,历史永远铭记着中国革命曾经拥有的这支队伍。1986年,76岁高龄的张爱萍将军再次来到他51年前随中央红军长征时战斗过的扎西,深切缅怀革命先烈,挥泪为纵队写下了这样一首挽词:"红军主力长征北上,川滇黔边游击战场,孤军奋斗牵制强敌,壮烈牺牲万代敬仰!"

是啊,要革命总会要付出牺牲,在红军长征时期,有多少红军将士用自己宝贵的生命捍卫了中国共产党的尊严,谱写了一曲曲悲壮的赞歌。那些在战斗中壮烈牺牲的革命先烈的灵魂,就像春天里火红的杜鹃花,永远盛开在川滇黔边区的山山岭岭,今天仍然开得那么红艳,那么灿烂,那么芬芳四溢。

❶ 水田寨红军烈士墓碑
❷ 长官司战斗烈士纪念碑

铁血丹心铸忠魂

> 红军云南游击支队是一支共产党领导下的革命武装,是云南的第一支红军队伍,在她12年血与火、生与死的革命斗争历程中,展现的是共产党人的坚贞不渝和对革命的誓死追求。红军云南支队的革命斗争是和全国革命斗争紧密联系的,她谱写了云南人民英勇斗争的历史篇章。

在广袤的滇东北黑山白水之间,在巍巍乌蒙山麓,曾经活跃着一支队伍,他们专门打富济贫,惩处地霸团匪、打击国民党反动派地方基层政权、袭击国民党军队运输弹药的车辆,为劳苦大众打天下。这支队伍就是以殷禄才为队长、陈华久为政委的红军川滇黔边区游击纵队云南支队。

云南支队是中央红军长征集结扎西期间,撒播的革命火种中燃烧得最璀璨夺目的一支红军队伍,是由红军川滇黔边区特委和纵队亲自组建、领导和发展起来的一支工农革命武装,其革命斗争波澜壮阔、胜利成果闪耀星空!

一

为了追寻革命先烈的足迹,我默默地来到了威信县东北角山梁上的郭家坟村寨,努力追寻云南支队支队长殷禄才苦难的人生经历

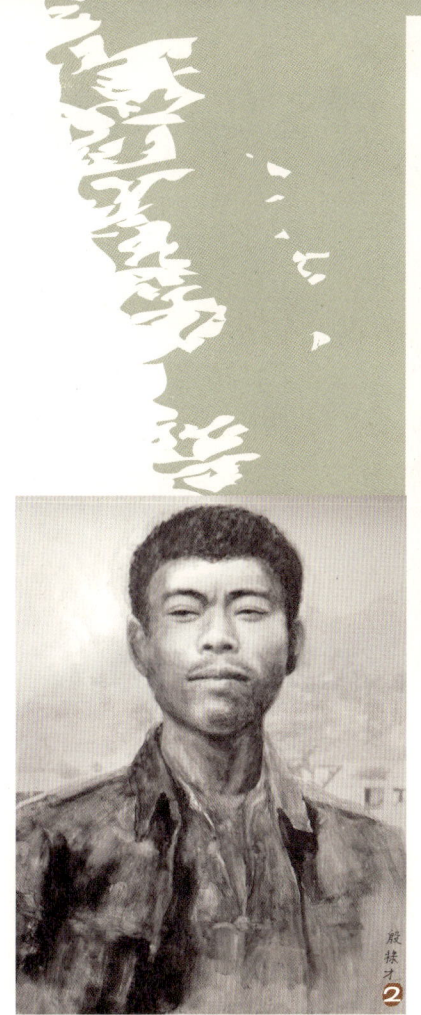

❶ 中共郭家坟支部驻地遗址，即殷禄才故居
❷ 殷禄才（画像）

和轰轰烈烈的革命斗争历程。

　　郭家坟是一个美丽的村寨，坐落于半山区的缓坡地带，海拔1200米左右，气候湿润。南面和西面与威信的三桃接壤，北面与四川省珙县、兴文县接壤，东面与威信县罗布坳的顺河场毗邻。周围山清水秀，森林茂盛，群山突兀，沟壑纵横，地势险峻，易守难攻。从郭家坟进入四川珙县的观斗乡街场，步行只需半个小时。因此，郭家坟是威信进入四川的重要北大门，战略地位十分重要，历来为兵家必争之地。难怪当年红军川滇黔边区特委和游击纵队选择在这里建立滇东北农村革命根据地，看来不无道理。我无论走到哪家，老百姓们都能像如数家珍一样给我生动形象地讲述殷禄才的革命斗争事迹。范厚明这位耄耋老人的记忆尤为深刻，讲述起来头头是道、滔滔不绝。他说当年殷禄才拉起队伍闹革命的时候，他已经十多岁了，目睹过好几场云南支队与敌人展开激战的战斗场景。殷

红军云南支队大本营水井坎遗址

禄才的孙子殷远林对他爷爷当年驰骋疆场的战斗故事更是耳熟能详。殷光芬一提起她父亲殷禄才残酷悲壮的革命斗争历史以及壮烈牺牲的场景就老泪纵横、泣不成声。如今,郭家坟的战火硝烟虽已散尽,但好多老年人还能熟练而悠扬地传唱着讴歌殷禄才的车车灯:

威信管辖郭家坟,山又生得紧,好似猪槽型。此间曾出一个人,官僚把他恨,当作眼中钉。长耳朵殷骡子,拉起队伍打富济贫,威名远震川滇黔……

在郭家坟老街的西南面,如今依然完整地保留着一座四列三间、穿斗式结构的川南民居,那就是殷禄才的故居。1912年5月1日,殷禄才就出生在这里。故居后来虽然有局部的改造,但大部分还保留着原来的建筑风格。透过这座斑驳而沧桑的老屋,我仿佛穿越了时空的隧道,真正地捕捉和寻找到了殷禄才这位赫赫有名的革命英雄曾经苦难辉煌的人生奋斗历程。

殷禄才,字国清,化名美华,绰号殷骡子。其父殷崇明当屠工杀猪卖,母亲推粑粑卖豆腐谋生。殷禄才上无兄长,只有4个姐姐，排行第五。殷家上几代人男丁均稀少，繁衍不旺，因而对男儿极为珍视。殷禄才小的时候，父母常常把他装盛于挑粮食的竹篾箩筐内。父母认为：只要有箩筐箍罩，儿子就能顺顺利利地长大成人，并长命百岁，或长命富贵，还给孩子取了个乳名——箩子。所以殷禄才在童年、少年的时候，家里人及外人都习惯喊他殷箩子。至于他的绰号殷骡子，是他长大成人后，托起枪杆子、拉起农民队伍，开始武装闹革命，特别是红军川滇黔边区游击纵队将其培养发展为党员、并任命他担任云南支队支队长后，他把枪杆子对准敌伪政权，打土豪、分田地，为穷人打天下。他的乳名箩子，就被人们用谐音"骡子"替代了。

骡子者，身强力壮，野性十足，行走如飞。在滇川边境，一些地霸和土豪被殷骡子打怕了，每当听说殷骡子率领队伍打来的时候，大家谈虎色变、胆战心惊、东躲西藏，所以他们就把殷骡子传为神人，一再加以渲染附会说："殷禄才像骡子一样生长有一对大耳朵，两耳垂肩，两脚行走飞快，行动神速诡秘，来无影去无踪。"当时和敦乡自卫大队大队长张占云，向国民党威信县政府反映殷禄才活动情况时，其状纸中就有这样的文字描述："殷骡子两耳垂肩，两手过膝，有世龙（杨世龙大队长）、占标（张占标大队长）两条龙保驾护航，云贵川三省都快占完了！"由于官方、民间愈传愈神乎，愈想愈丰富，终于把"骡子"取代了"箩子"。

殷禄才为什么又叫殷国清呢？1936年秋，殷禄才多次找到红军川滇黔边区特委和游击纵队有关领导，要求参加红军，特委领导批准殷禄才随军见习5个多月。期间，纵队司令刘复初介绍殷禄才加入中国共产党，组织上给他取了殷国清这个名字。当时为了保密，一般不用真名，纯属形势和斗争的需要。"国清"二字，意为针对当时蒋介石独裁统治，全国奸佞横行，军阀割据一方，大小官吏贪污腐败，整个国家一片浑浊颓废，

殷禄才女儿殷光芬（右一）、陈华久继女殷吉先（中）、殷禄才孙子殷远林（左一）

应当改变这种状况，争取国家出现清平盛世。殷禄才还叫殷美华，这一名字知道的人甚少，其含义待考。据说，抗日战争开始后，有人发现殷禄才手指上戴的金属戒指，上面镌刻"殷美华印"字样，无疑殷禄才也叫这个名字。

殷禄才5岁时父亲病故，9岁时其叔婶先后病故，之后，4个姐姐出嫁，只剩下母亲带着他艰难地度日。殷禄才自幼聪颖机灵，秉性刚直，少年时读过4年私塾，便与母亲撑持家业。由于孤儿寡母，当地地霸和团保趁机欺压盘剥。和敦乡自卫大队长张占云心肠歹毒，专门欺压穷人，以殷禄才家拥有两房财产为由，不断强逼他家要按两个户头纳粮交款，为乡上买枪买弹办团，仅有的一点家产悉数被搜刮。殷禄才走投无路，被迫迁移至威信卫靖司和四川洛亥定居，租赁土地种植兼做小买卖艰难地维持生计。但天下乌鸦一般黑，无奈到处是恶狼，他仍然难逃地方团保地霸的欺凌和敲诈勒索，生意屡遭掠夺，家业被盘剥馨尽。因到卫靖司追索债务，被保长黄朝兴捆绑关押。殷禄才据理力争、强烈反抗，破口大骂黄朝兴是吃人不吐骨头的魔鬼，骂得黄朝兴狗血淋头、火冒三丈，用大马刀在殷禄才的大腿上狠狠砍了一刀，差点要了他的命。后来殷禄才又被迫去为豪绅地霸背枪卖命。这些痛苦的人生经历深深地烙印在他的脑海里，使他深刻地认识到：在这个黑白颠倒的社会里，人善被人欺、马善被人骑，只有组织被压迫的人民起来进行反抗和斗争，才能推翻这个人吃人的黑暗社会，穷人才有出头的日子。

1935年2月初，中国工农红军第一方面军（亦称中央红军）长征到达威信县，在境内召开了具有重大历史意义的扎西会议。为在云贵川三省边区创建根据地，开展武装斗争，中共中央及中革军委决定在扎西组建中共川南（川滇黔边区）特委和红军川南（川滇黔边区）游击纵队，传播革命火种，宣传共产党的政治主张，号召工农组织起来打土豪分田地，严惩各地欺压百姓对抗红军的贪官污吏、土豪劣绅，为民除害。经共产党和红军的宣传教育，使不堪忍受欺凌压迫的贫苦青年殷禄才看到了光明，有了希望，悟出了道

红军云南支队攻打过的四川筠连县巡司小乐瓦战斗遗址

理，认识到只有拿起武器与反动的黑恶势力做斗争，穷人才能得到翻身。于是，他立志冲破命运的枷锁，夺取敌人手中的武器，组织民众进行抗争，以武装斗争寻找出路。树立了这样的理想后，殷禄才在暗暗寻找机会，准备大干一场。1935年2月下旬，殷禄才发现时常有一些川军从郭家坟的地盘上经过，去追剿中央红军。但由于队伍都比较集中，无从下手。一天，机会终于来了，殷禄才发现有两个川军士兵掉队了，于是急忙邀约几名村里的穷苦青年，悄悄躲在酸水井路旁的密林里，待两名士兵走进伏击圈时，飞身跃出密林，手起刀落，干净利落地干掉了那两个川军士兵。但殷禄才还是感到有些遗憾，因为只缴获到两把刺刀和两袋子弹。之后，殷禄才又趁高田乡自卫大队长陈正杰四处招兵买马抗击红军川南游击纵队之机，秘密串联几名穷苦青年借口到陈家"当兵"为由，巧妙设计夺回5支步枪、1支手枪和500发子弹，接着在滇、川边境珙县王场、中心场收缴3个乡队长的枪支，组织起一支10余人的队伍，开始走上了农民武装斗争的革命生涯。

二

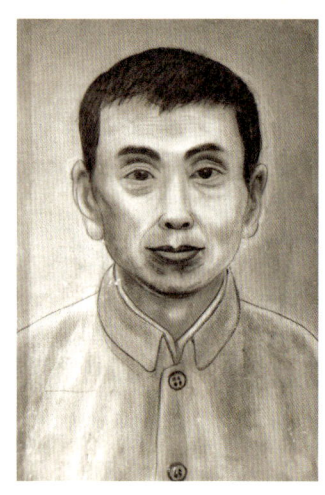

陈华久（画像）

"路漫漫其修远兮，吾将上下而求索。"队伍组织起来以后，到底怎么干？怎样才能彻底翻身？殷禄才感到农民武装力量的弱小和孤立，难以抵抗强大的反动势力的进攻。殷禄才带着这些问题在边区寻找红军川滇黔边区游击纵队，力求找到答案和出路。1935年秋至1936年夏，殷禄才不知翻过多少座山、蹚过多少条河、走过多少里路，历尽千辛万苦，三次找到在川滇黔边区开展革命斗争的中共川滇黔边区特委和中国工农红军川滇黔边区游击纵队，强烈要求加入纵队参加革命。特委和纵队领导被乌蒙山上这位硬朗汉子的雄心壮志深深地感动了，从内心深处十分佩服其坚强的革命意志和骨子里那股顽强的斗争精神，于是决定把他作为红军后备干部的培养对象。纵队领导循循善诱，晓之以理、动之以情地向他讲明中国共产党的奋斗目标和远大理想，团结全国人民一致抗日的政治主张和当前的革命任务等等，两次勉励他返回郭家坟坚持开展革命活动，大胆宣传发动群众，扩大队伍，积极开展武装斗争，同纵队经常保持联系，给纵队暗送敌人情报。殷禄才虽然没有多少文化，但他十分聪明和机灵，深知纵队领导是有意在考验他是否有坚强的革命意志，是否对党绝对忠诚，是真革命还是假革命？因此，他决心要以自己的实际行动和战绩来证明自己对党绝对忠诚的一颗红心，表明自己一心要参加革命的坚强意志。回到郭家坟后，他率领弟兄们翻山越岭、风雨兼程，奔赴四川珙县王场夺取了地霸邓玉伯的十多支枪，设计击毙了曾经对自己下死手的新街保长黄朝兴，消灭了在大雪山一带抢劫杀人的兵痞张发富。很多穷苦青年看到殷禄才风

红军云南支队攻打过的四川珙县王场刘家坝地霸邓玉伯的庄园和碉楼遗址

风火火地拉起队伍打土豪、杀地霸、分物资，为穷人撑腰出气，竖起了一面大旗，打出了一片天地，于是纷纷加入他的队伍，队伍很快发展壮大到数十人。1936年5月，殷禄才第三次找到纵队，向纵队领导汇报开展革命活动的情况，并强烈要求参加革命。特委考虑到在滇东北地区建立农村革命根据地的时间及条件基本具备和成熟了，于是决定把殷禄才培养为郭家坟根据地的领导干部，并将他留在纵队，随军打仗锻炼和进行思想政治教育。在部队里，殷禄才作战勇敢，遵守纪律，勤奋好学，思想进步，经特委批准，光荣地加入了中国共产党。经过半年多的部队锻炼和战斗洗礼，特委认为殷禄才在政治思想认识、组织管理能力和指挥战斗能力等方面的综合素质得到了很大提高，领导能力基本成熟了，于是决定派他返回郭家坟，将其农民武装改编为中国工农红军川滇黔边区游击纵队云南支队，隶属特委和纵队领导，任命殷禄才担任支队长。同时，选派红军干部陈华久担任支队政委，发给10余支步枪武装支队，要求支队配合纵队作战，开辟以郭家坟为中心的滇东北农村革命根据地，打击后方国民党反动派的基层政权，有力牵制敌人，减轻前方红军的压力。滇东北的郭家坟农村革命根据建立后，云南支队以此为依托，制定严格的部队纪律和规矩，把团结依靠群众、帮助群众解决危难、保护边区人民的生命财产安

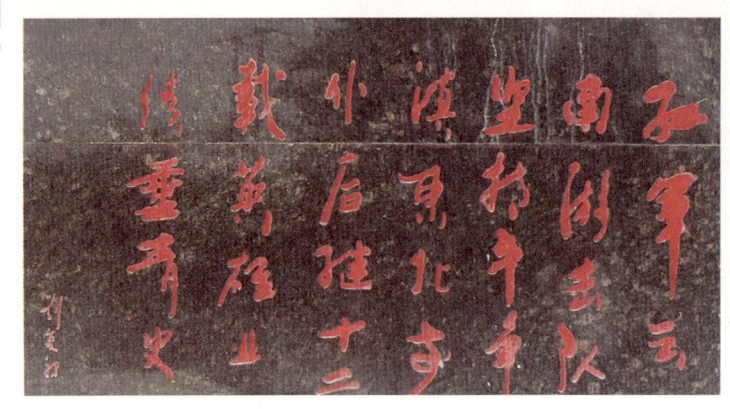

刘复初为红军云南游击支队题词

全、宣传发动群众、提高思想觉悟和坚持各民族平等、和睦相处的民族政策以及做好民族中上层人士的统战工作等作为宗旨和己任,因此,军民关系犹如鱼水。队伍在短短的几年时间内很快发展到600多人,加上外围力量有1000多人。在长期艰苦的革命斗争中,根据地人民为纵队和云南支队提供了大量的人力、物力和财力支持,提供了逾千名兵员、上百万斤粮食、数千头牲畜及大量布匹、食盐、鞋袜等日用品的援助,为中国新民主主义革命做出了巨大的牺牲和贡献。

1936年底至1937年1月,那是一个凄风苦雨的日子,司令员刘复初在大雪山不幸被捕,龙厚生、李青云、曾春鉴、刘少成等主要领导同志在水田寨惨遭敌人杀害。至此,红军川滇黔边区游击纵队在国民党"三省会剿"中主体斗争失利,云南支队便与上级党组织和纵队失去联系,成为乌蒙山的一支孤军。然而,这支孤军在殷禄才、陈华久的率领下,没有偃旗息鼓,仍然坚持对敌人的有力打击,他们遵照中央及军委的战略决策,按照边区特委和纵队的具体部署,继承、发扬红军的优良传统和作风,坚持贯彻执行党的路线、方针和政策,高举革命大旗,在滇川边界郭家坟为中心的10余县范围内,宣传发动群众、独立自主、机动灵活、顽强英勇、前赴后继地开展求解放、求翻身的革命武装斗争,多次惩办边区反动顽固势力,牵制打击国民党军队和地方团队,威胁国民党西南后方滇川公路东段运输干线,配合前方抗日作战和解放战争,进行了长达12年长期艰苦卓绝的革命斗争,先后遭到国民党军队疯狂的7次"围剿"。

红军云南支队在大硝洞
隐蔽战斗遗址

三

我再次行走在四川兴文县的五村乡公所、顶冠山，筠连县巡司镇的小乐瓦，珙县的王场，叙永县的马岭乡公所、江门剪草铺，云南威信县郭家坟峭壁悬崖上的老鹰洞、断壁残垣的水井坎、布满战壕的和尚司和麻柳山、峥嵘险峻的王棚山、易守难攻的大硝洞、山高林密的老虎包等等殷禄才当年战斗过的地方，它们都用铁的事实有力地见证着昔日云南游击支队与敌人浴血鏖战的一幕幕战火硝烟，默默地倾诉着一个个惨烈悲壮的战斗故事。

敌人从1936年10月到1946年10月发起的对云南支队的6次全面"围剿"，都遭到支队的狠狠打击，将敌人"围剿"计划和阴谋诡计粉碎得一干二净。其中，在1945年春成功粉碎敌人的第五次"围剿"后，支队还于7月下旬变内线防御为主动出击，拔掉四川叙永县马岭乡公所这颗钉子，拦截了一辆国民党的军用运输车。11月中旬，支队长途奔袭叙永县江门剪草铺，截击国民党军火运输车队，给国民党川滇运输干线造成了严重的威胁，引起了蒋介石的惊恐和不安，立刻指派国民党中央军79师对支队展开大规模的"进剿"。

1946年11月下旬，中央军整编79师师长方靖进驻宜宾，负责统率云贵川3省辖区驻防部队及5专区24县地方民团，重兵限时彻底"围剿"支队。12月1日，国民党川滇黔三省边区五县（毕节、古蔺、叙永、威信和镇雄）联合"剿匪"指挥部在毕节成立，加紧筹备"清剿"事宜。

山雨欲来风满楼。1947年2月，各路敌军倾巢出动，对云南支队第七次展开了规模空前的全面血腥"围剿"，他们叫嚣"宁可杀错，不可漏网，对参匪的要斩草除根，诸亲六眷都要杀"，"谁知情不报或放脱匪徒以通匪论罪"。云南支队很快就在兴文石碑附近与294团龚传辉营开始接触，发生激战。因敌强我弱，为了保存实力，殷禄才边打边撤，率队退至木梯山一带。国民党军队尾追而来，支队利用木梯山梁子丛林掩护，狠狠打击了敌人的进攻，毙伤追军数人，继续往云南边境郭家坟一带撤退。

1947年3月6日，航7团、保安第1总队、79师294团进入威信县境，向郭家坟一带展开凶猛的围剿。威信县长赵光斗调集团队协助清剿，组织砍伐队全面搜山，派人长驻294团团部进行联络。面对敌军铁壁合围、梳篦清剿的严峻形势，殷禄才、陈华久迅即召开干部会议，会议以少数服从多数的原则，决定各大队化整为零、分散突围隐蔽，随即遭到国民党军和地方团队的分割包围截击。敌人砍伐丛林，用机枪向密林扫射，放火烧山，实行保甲连坐，由民团带军队搜山清剿，不分昼夜穷追猛打。云南支队干部、战士各自为战凭险据守，殊死抵抗，终因兵力分散，寡不敌众，大部分战士壮烈牺牲。殷禄才的小夫人张显珍、姐姐殷禄仙在战斗中英勇牺牲，大夫人何吉珍、儿子殷光宗、女儿殷光芬不幸被捕。3月下旬，殷禄才、陈华久从王棚山大硝洞趁夜突围转移隐藏在老虎包关子洞，以求保存有生力量，不料被人发现告密，敌军像蚂蚁般倾巢出动，把整个老虎包包围得水泄不通、插翅难飞。殷禄才、陈华久浴血奋战，英勇杀敌，终因寡不敌众，壮烈牺牲。

殷禄才、陈华久牺牲后，敌军官王卓如命令士兵抓来几个民夫，将二人的遗体抬到顺河场街口，在光天化日之下暴尸数日，用以恐吓隐藏支队战士

殷禄才的大夫人何吉珍在四川兴文县簸峡乡壮烈牺牲遗址

的群众。还把何吉珍、殷光宗、殷光芬押送到顺河场辨认殷禄才和陈华久的遗体。王卓如恶狠狠地问何吉珍："哪个是你的男人？"何吉珍强压住悲痛，控制住伤心的泪水，"呸"地吐了王卓如一脸唾沫，轻蔑地回答道："不认识！"当时，何吉珍看见浑身鲜血已经凝固的丈夫，心如刀绞，痛不欲生，差点昏厥过去，但仍咬紧牙关，把撕心裂肺的悲痛强行压在心底，不敢大胆表露。往日分离的哀伤，总还有相聚的渴望陪伴；如今死别的苦难，则让何吉珍愁肠寸断，悲痛欲绝。突然，刮来一阵猛烈的河风，卷起阵阵尘土，呼啸而去。何吉珍听出来了，是丈夫殷禄才死不瞑目、英气不散的忠魂！更是丈夫对她的鼓励和支持。她仿像听见了丈夫惊雷般的声音：宁可站着死，决不跪着生！

殷光宗目睹父亲遗体，犹如晴天霹雳，泪水扑簌簌往下流，几乎昏迷过去。因身边有士兵监押，只能抽噎流泪，不敢放声大哭，只能在心里默念："敬爱的父亲，永别了！……"这是殷光宗与父亲殷禄才最后一次见面。

3月22日，殷禄才和陈华久的遗体被丧尽天良的敌人抬到了四川石碑、建武、兴文、古宋等地暴尸示众，因气候有些炎热，二人的遗体开始腐烂发臭。心肠歹毒的敌人又将他们的头颅砍下来，悬挂在古宋城楼上示众，然后将遗体丢弃路边。随后，殷禄才的妻子何吉珍也被79师残忍地枪杀在四川兴文县簸峡场口的黄角树下。黄角树在垂泪，簸峡河在鸣咽。

四川珙县上罗镇的前清秀才罗耀斋，得知殷禄才和陈华久不幸牺牲的噩耗，悲痛万分，挥泪为他们各撰写了一副挽联。

殷禄才的是：

问将军生死，敢言浩气长存，与日月同辉，赢得江山千古！
见英雄肝胆，已遂平生大志，有精神不朽，哪管春秋几何？

陈华久的是：

共产党使命不辞，愿抛头颅，鏖战西南半壁；
中华国前途有望，甘洒热血，完成事业千秋。

四

1947年3月，国民党79师对云南游击支队的清剿因期限届满，为彻底"肃清共匪"、图地方"安靖"计，以巩固西南大后方政权，建立反革命根据地，蒋介石特批准将"剿匪"期限再延长2个月，通令所属部队继续进行"宁可杀错，不可漏网"的梳篦式清剿。3月20日，叙泸警备司令部在筠连召开三省边区的镇雄、威信、毕节、古蔺、叙永、古宋、兴文、长宁、高县、珙县、庆符、宜宾12县专员、县长出席的三省边区联防治安会，继续组织"清剿"三省边区被打散的"共匪"。

国民党79师对云南支队发起的大规模"清剿"行动中，滇川边区遭受

红军川滇黔边区游击纵队
云南支队烈士纪念碑

了一场空前的血腥镇压和浩劫，蒙冤被杀及株连者甚众，国民党反动派军队先后杀害云南支队指战员、革命战士及无辜群众200多人。在屠杀革命战士和无辜群众时，敌人穷凶极恶，手段极其残忍，刑场血雨腥风、惨不忍睹！凡参与支队或有关联者，一旦被清查出来，都惨遭毒打，烧电火、骑老虎凳、吊鸭儿浮水。有的战士被割掉耳朵和鼻子后活活折磨致死，有的被砍掉脑袋到处乱扔。还有很多战士，被敌人活生生地用大刀劈开肚子，取出其血淋淋的肾脏、心肝做药物试验。

"风萧萧兮易水寒，壮士一去兮不复还！"红军川滇黔边区游击纵队云南支队在同数十倍于己的敌人血腥的"围剿"斗争中虽然失利了，但他们为解放边区各族人民，开辟以郭家坟为中心的滇东北农村革命根据地，做出了巨大的牺牲和贡献，光荣地完成了自己的历史使命，展现的是共产党人坚贞不渝和对革命理想的誓死追求。他们用高尚的革命情操、忠贞不渝的理想信念、敢于担当的革命精神、无私奉献的崇高品质树立了共产党人的光辉形象。他们是人民利益的忠实维护者，他们的行动代表了边区人民的利益。他们的革命斗争是和全国的革命斗争紧密联系的，在其血与火、生与死的革命斗争历程中，谱写了云南人民英勇斗争的历史篇章，也是一曲边区人民特别是威信人民浴血奋战的伟大颂歌！

扎西干部学院——让长征精神的火炬永不熄灭

> 扎西干部学院是提高干部素质和本领的熔炉,是机关干部、企业员工激发热情、励志向上的"加油站"。这里拥有厚重而珍贵的红色文化,红色的袅袅炊烟在这里永远升腾,凝聚着更多人的红色情结,点亮更多人的心灯,洗涤更多人的灵魂,不忘初心,继续前进,让长征精神的火炬永不熄灭。

威信县城扎西是一座文化底蕴深厚的红色之城、红军之城,长征将扎西与中国革命紧密地联系在一起。境内有着极其丰富的红色文化基因,众多的革命事迹、遗址、遗迹和遗物,是新时期对广大党员干部开展党性教育的宝贵资源。于是,扎西干部学院便根据云南省委组织部、省委党校对"红色扎西教学基地"的功能定位和要求,由昭通市委组建起来了。学院在 2013 年 10 月经昭通市批复成立,选址于威信县扎西镇坪桥新区,2014 年 12 月正式揭牌成立,2017 年 6 月 28 日建成开班办学。

扎西干部学院坐落在依山傍水的半山坡上,一期工程占地面积约 7 公顷,总建筑面积 1.4 万平方米,绿化率达 35%。学院周围群山环绕,绿水青山。拾级而上,环顾四周,便可领略"五岭逶迤腾细浪,乌蒙磅礴走泥丸"的磅礴气势和豪迈。无论是领导干部还是企业员工,只要走进扎西干部学院参加党性教育,都能在尽享"穿红军衣、走红军路、唱红军歌、听红军故事、吃红军饭"的丰盛大餐中感受军民鱼水情,体验生活、洗礼心灵,并在深刻缅怀革命先烈、聆听先烈故事中,感受革命成功的来之不易和时局斗争的艰

❶ 学员重温入党誓词

❷ 学员向红军烈士敬献花圈

❸ 学员在扎西红军烈士陵园听取红军英勇战斗的故事

难，在永远飘扬的红旗上，感悟和读懂"只有共产党才能救中国"的不变真理。

扎西干部学院是提高干部素质和本领的熔炉，是全市对外交流合作和培训、展示昭通形象、展示云南形象的窗口，是广大党员干部树立理想信念、永葆革命青春的加油站。她让人感受到的是历史与今朝的重叠，是传统与现代的结合，是周到与细心的呵护。云南省委、省政府站在时代制高点，放眼发展远景目标，以掘金者的态度和精神，立足建院平台，充分利用威信丰富的红色教学资源，重点打造了扎西红军烈士陵园、扎西会议纪念馆、花房子会议旧址、庄子上会议旧址和扎西会议旧址等现场教学点，形成以现场教学、激情教学、专题教学、体验式教学为主的教学方式，专题教学以专家为主、现场教学以讲解员为主、管理服务以学院教职工为主的运行模式，形成了昭通市、云南省乃至全国独具特色的红色教学体验品牌和基地。

扎西干部学院教学方式灵活多样，寓教于乐。既有很强的理论教学，又有生动活泼的体验式教学。课程设计科学，严密合理。既有理论研究，又有与现场参观、学习相结合。学院充分利用威信独特的红色旅游资源，致力于探索党员干部党性教育和红色文化教育培训，相继开发了互动教学、红色拓展训练、红色故事会、激情教学、案例教学、专题教学、体验式教学、音像教学、红歌会等多种教学形式，将多处革命遗址变成现场教学课堂，成功研发了《用父辈故事让学员与前辈展开心灵对话，重温激情燃烧的岁月》《红军长征精神的内涵及时代价值》《扎西会议的历史地位和作用》《党史党规学习教育》《红星闪耀》《廉政教育》等一系列经典的教学课程，开发出了一整套集"讲课、拓展、实践"为

一体的"自主、选学"新型红色培训模式。要求学员到龙洞或者荒田红军苗寨现场体验基地与群众同吃同住同劳动、到水田关口坳和鸡鸣三省会议会址重走长征路、参观扎西会议纪念馆和观看《扎西1935》体验活动,让来者肌体和心灵都得到历练和洗礼。使教育者从培训模式化、开会样板化、学习套路化的苑围中解脱出来,在快乐学习与体验中锻造精神与意志,寓教于乐、寓学于乐,教学相长。这种培训形式新颖、独特,参与性强,有效地解决了传统培训中的理论与实践脱节、教学方式方法枯燥等问题,真正把红色基因的传承变为机关干部、企业员工激发热情、励志向上的"加油站"。

当我们跳出原本浮躁的环境,来到这里接受红色经典的熏陶,每当那些以红色与白色相搭配的建筑物映入眼帘,总会让人感到她的庄重而大方,稳重而内敛,沉着而热情。而那或隐或现的火炬,

❶ 扎西干部学院校园全景
❷ 学员重走红军长征路
❸ 激情教学

把来者内心深处成长的渴望激情地燃烧。

　　夜幕降临，从远处看来，明亮的扎西干部学院在黑夜里像是人生彼岸，催人奋进，更像等待你归家的灯窗。校园的夜晚显得很静，静得坦然，静得洒脱，静得幽雅。其实人生就是在心的宁静中沉淀自己的思想与品格，沉淀自己的抱负与远见，沉淀自己的情感与爱心。学院的学习就是一种宁静的修养，这种修养能让自己的思想在自我更新和完善中重新启航。

　　红色教育永远在路上。在全面建成小康社会的征途上，扎西干部学院把握坚定的政治方向，高举"发扬好红军长征精神，传承好红色基因"的旗帜，紧扣"红军长征精神永不朽"核心要义，迈开革命传统教育和理想信念教育的步伐，不忘初心，继续前行，走出一条理想信念教育培训的特色之路来。

❶ 学员参加生产劳动
❷ 学员自做红军饭

第三章

扎西河畔百花香

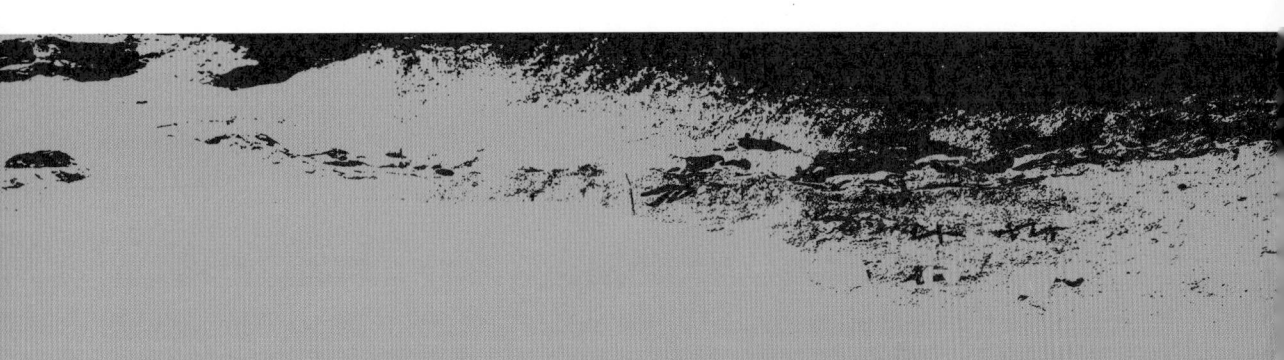

威信地灵人杰,才俊辈出。多少文人墨客用不同的体裁、从不同的角度传唱着人们昔日的艰苦岁月和苦难辉煌,浓墨重彩地书写着威信历史上波澜壮阔的革命斗争风云,低吟和抒发着心中炙热的情感,描写和歌咏着这块土地上秀美的河山以及人们幸福美满的新生活,思考着社会发展进程中人性的善良与丑恶,留下了诸多脍炙人口的诗篇。

文学的头颅撞开生命之花

> 在威信这块文化底蕴厚重的红色土地上,有一大批文学家、散文家、诗人、评论家在文学创作的道路上笔耕不辍、砥砺奋进,用情、用爱甚至是生命讴歌着这里的蓝天白云、河山胜景和风花雪月,留下了大量文思优美而又脍炙人口的诗篇。他们已成为"昭通作家群"的重要组成部分及中坚力量。

一

说到威信,首先想到的是彪炳史册的红军长征"扎西会议",说到威信文学,首先想到的是诗人麦芒。是的,在诗坛,麦芒是一个响亮的名字,许多读者因麦芒而了解威信。麦芒是威信文学吹响的第一声号角,他游历全国,走访名家,探索写作,耐住寂寞,把诗歌创作当作完成生命意义的重要形式,他用文学的头颅撞开生命之花。

这是威信文学爱好者所秉承的文学探索精神。他们在这种精神的指引下,接踵踏上威信文学复兴之路。他们在新文学的道路上淘洗、历练,有过彷徨,也有过清醒,有过气馁,也有过坚持,有过留守,也有过出走。在这方小小的红土地上,他们用诗歌、小说、散文、纪实等文学形式,反映着生活在这片土地上的人们的喜怒哀乐。他们笔下的每一句诗歌、每一个故事、每一段抒情的文字,无不深深地植根于这块红色的土地,让人怀念,让人遐想,让人深思,也让人感动。

县文联和县作家协会共同创办的季刊《扎西》

二

文学是一朵理想之花,开在荆棘的路上。

文学即人学。自有人类开始,便有文学的产生,文学随时代的发展而不断推陈出新,每一个时代都有与其相适应的文学形式。文学的路上并非一帆风顺,每一种新文学的诞生,都有为之奋斗终生的文人学士。

威信新文学的发展,真正开始于改革开放以后,那时人们的思想得到解放,言论得到自由,沉寂了近二十年的文学开始复苏,作家们、诗人们开始大胆地提起尘封的笔书写心怀、书写时代。威信诗人麦芒最先以诗歌的形式吹响威信新文字的号角。1979年,麦芒创作了一行诗《雾》:"你能永远遮住一切吗?"并发表在《诗刊》上,引起诗界的轰动,当时中国诗歌学会理事、著名作家于沙对《雾》非常推崇,他说:"麦芒先生的一行诗《雾》,拨开了诗坛的雾,让诗歌阳光般明亮。"

文学的发展要想成为大众化、集体化,要想在众多艺术中脱颖而出,要想在人类发展之路上走得稳、走得长,必须结伴而行,组建文学社团,创办文学刊物,让文学的花朵有绽放的空间,让文学的芬芳沁润更多的人群,让每一个文学创作者、爱好者有一个属于文学人的家。

这必定是一条艰辛的路,但威信人民有着坚忍不拔、迎难而上的革命传统精神,威信文学爱好者们在政府的支持下,团结一致,成立一个个文学社团,创办一个个文学刊物,让文学在这块红土地上遍地开花。

1991年7月成立威信县文学创作协会,创办的《扎西文艺报》,其中17名会员的21篇作品以专辑形式在昭通文联主办的《南高原》上发表。此后麻园水泥厂创办的《麻园水泥报》、旧城镇党委创办的《旧城通讯》、电力公司党总支主办的《威信电力》、石坎中学创办的《赤水河文艺》、威信二

中创办的《家园》、扎西小学创办的《星星河》、威信县人大创办的《威信人大》、威信县政协创办的《威信政协》等内部报刊如雨后春笋般你追我赶。1994年7月，县委主办的《威信报》《威信时讯》创刊，其"名城"文艺副刊让很多市级报刊刮目相看，不少文艺爱好者以能在该报发表作品为荣。2004年《麦芒诗集》出版，县政府为其召开隆重的发行座谈会，2005年1月，由麦芒担任会长的扎西文学学会成立，由中国作协副主席蒋子龙题写刊名的会刊《扎西文学》创刊面世。2004年7月，作家出版社出版的《崛起的昭通作家群》文学丛书中，威信县8名作家的42篇（首）作品入选。2009年诗人陈正强的诗集《穿过高原的雨季》出版，被誉为"中国桂冠诗人"。2013年，继《扎西文学》后，威信县文联创办了《扎西》文艺季刊，为威信广大文艺爱好者提供了更加宽广的交流展示平台。2016年，作家周元珠历时6年创作的长篇纪实（非虚构）文学《殷禄才》的问世，必将成为威信长篇纪实（非虚构）文学的里程碑。

　　在这近40年的文学复兴之路上，威信县涌现出一大批文学界的勇士，他们不畏艰辛，不畏寂寞，创作了许许多多优秀的文学作品，他们的许多作品都以威信这块红土地为抒写对象，他们源源不断的创作源于这生生不息的沃土。

❶ 麦芒出版的部分诗集

❷ 麦芒签名赠书

三

文学是一朵智慧之花，开在苦难的人间。

作家的使命是什么？答案很多，许多作家都对其下过自己的定义。苏童说："作家的使命是审视社会与时代。"阎真说："作家的使命，就是要写出生活的痛感。"梁晓声说："提供启思是一个作家的使命。"

当打开《扎西》，当读过《麦芒诗集》，当捧起《穿过高原的雨季》，当把厚厚一本《殷禄才》读完，当沉迷于丁火的《吾土吾民》，当深思在黄友军的《煤炭匠的女人》，当欲泪于肖世慧的《土根嫂》……痛并随心而来。他们用文字诉说昔日艰苦的岁月，传唱曾经的革命英雄，再现人们生活的悲欢和起落，思考社会发展进程中人性的善良与丑恶。

20世纪80年代，正是诗歌发生断裂、蜕变，寻求出路的时期。麦芒诗歌创作关注现实生活和普通老百姓，提倡诗歌精短化、平民化、口语化。面对诗界不同的声音，他仍执着坚持自己的写作立场，让诗歌回归日常生活，从人们看不到诗的地方发现诗，让口语化的诗句写出深刻的哲理，渗透着诗人对社会的责任感、使命感。

在麦芒诗歌的启迪和影响下，威信涌现出一批又一批诗歌爱好和写作者，陈正强是继麦芒后，威信有名的诗歌创作者，马飞青为其《穿过高原的雨季》作序时写道："陈正强的诗从语言到文字，从静到动，从情到景，从形象到概念，无不流露出诗人的纯真浪漫和热爱家乡、热爱家乡人民的情操。"

诗歌口语化是当今诗歌发展的趋势，诗人余嘉策就是口语化诗歌创作的能手，他善于从生活中发现诗意，直面现实，用口语化的诗歌描画着生活在这里的人们的脸谱，诗歌《在县城谋生的戈拉》中送水的戈拉是生活在这个小城的普通人生活的一个缩影，他们纯净的心灵受到城市文明的冲击，他们向往着

❶ 陈正强出版的诗集《穿过高原的雨季》

❷ 陈正强诗歌《僰人的空白与苍茫》在2016年第二届"中华情"全国诗歌散文联赛中获金奖

刘明贤出版的小说集《吾土吾民》

城市的生活，用勤劳的双手在这个小城里艰难地爬行。

在这片土地上用诗歌书写的还有紫陌、李圣江、潮汛、千山之上、冬末、张斌、吴云忠、毕先强、张新林、廖恒……他们用诗人的灵魂为这片红土地在呐喊，用诗人的情怀为这片红土地在歌唱，用美丽的诗句传颂着这片红色土地上的真善美！

改革开放以后，人们生活发生翻天覆地的变化，社会改变了人们的命运，而人们的人生观、价值观、伦理观也随社会经济的发展而呈现出多层面的走向。丁火的小说有着强烈的时代气息，他的大量短篇小说，以威信农村生活为背景，再现了威信这片土地上人们命运的转变、思想的变迁。黄友军的短篇小说《煤炭匠的女人》，直面威信农村打工者的艰难，社会进程中人性的丑陋、道德的沦丧，农村妇女无知的悲哀以及她们在艰难的生活中相互的关心和支持。

时代的风雨，人生的苦难，人性的扭曲，幸福生活的追寻，始终是作家要表现的主题。静静阅读肖世慧的小说《土根嫂》，会为土根嫂悲惨而短暂的一生流下同情的泪，土根嫂的死是那个时代的缩影，人性的丑恶跟贫穷无关，源于人心的贪婪、封建思想的固守、欲望的自私。

而周元珠历时6年创作的《殷禄才》无疑是一部成功的革命题材的纪实文学，书中塑造了许多有血有肉的威信儿女为革命不怕牺牲的英勇形象，细读这段传奇的红色历史，你会被殷禄才的英勇孝顺、陈华久的团结无私、杨氏的勤俭节约、何吉珍的坚贞不屈……深深地振奋和感动。他们英勇顽强、不屈不挠的斗争精神，艰苦奋斗、团结一致的优良作风，值得后人永远学习和继承。

在这片红色的土地上有说不完的故事，写不完的人间悲欢，描绘不完的形形色色的人们的脸孔与心灵。王开珩的《贤淑女之死》，宗双凤的《过年》，康桥的《唐妹家的事情是这样的》，李远松的《秋叶飘零》，舞动人生的《渗入沧桑的岁月》……他们总能用从平常的生活中提炼出扣人心弦的感人故事，他们所塑造的一

查兴娥出版的散文集《心媚》

个个生动鲜活的人物感染着每一个读者,他们通过讲述故事或描绘具体的生活环境,多方位、多层次,深刻而具象化地再现了威信这块红色土地上的人们的生活面貌!

四

文学是一朵向阳之花,开在山水间,开在人心上。

作家走向文学之路,是从自身开始的,是从内心开始的,是从养育他们的山水开始的。威信的作家们也不例外,他们用文字抒发着内心的真实情感,记录着生活的琐碎小事,描写着这片红土地上的山山水水。

要了解威信人的生活习性,要走入威信人的内心世界,不必在威信住上三月两年,只要在空闲时翻翻《扎西》,读读威信本土作家的作品,就能从方方面面了解威信。读他们的作品,会深深地感受到他们内心的惆怅与欢欣,对他人的包容与怜悯,对家乡和亲人的热爱和挂牵,他们把周而复始的生活,镌刻在他们多情的笔下。李怀彬的《山沟里那片流动的云》,黄友军的《老家的青石板路》《老爹和老牛》,查兴娥的《娘,我的傻娘》,吴长江的《外公》,张梅的《外婆》,周刚的《扎西街人》……这一篇篇动人的文字,照映出一个个多情的威信儿女,他们都有一颗赤子之心,他们爱着生活在这片土地上的每一个人。

走在威信,犹如错入了桃源之乡,威信到处山清水秀,放眼望去是一片的绿,生活在这里的人们幸福指数高,空气新鲜,食物天然,民风淳朴,风景秀丽。威信的作家们生活在这样如诗如画的天地里,文学作品自然朴实无华,他们生在美丽的山水间,醉在美丽的山水间,文字创作在美丽的山水间。

威信虽是一个偏远小城,但历史文化悠久,山川秀美,走

在威信的山水间会忘记自己。悬挂于绝壁的僰人悬棺凝固一段尘封的历史；雄奇险峻的两合岩使人联想到"一夫当关，万夫莫开"的古阵诗章；观斗山精美绝妙的石雕群，天台山幽深奇特的溶洞；古老苗寨的小石林，深邃神秘的果哈峡，庄严肃穆的红军纪念馆，无不展现着这古老而鲜活、美丽而神奇的土地。

威信的作家们生在旖旎的山水间，更善于描写山水。周刚的《醉在三桃山水间》，周元珠的《夏游观斗山》，肖世慧的《大河春景》，杨友元的《苗寨的紫薇树》，宗双凤的《初见八字山》，毛秋云的《深秋的银杏叶》，王启毕的《清兮，茶园河水》……这一篇篇优秀的风景散文，读之让人陶醉，他们或借景抒情，或寓情于景，或粗笔勾勒，或工笔细描，或动静结合，或虚实相间，有身临其境之感，能深深地感受到他们对威信的山水风光、人文景观的无比钟爱。

五

文学是时代的产物，作家是文学的创造者，文学的创造需要适合的环境和氛围。威信人民自古以来就重教育、重文化，党和政府始终把文化的发展作为社会发展的重要组成部分。威信这片红土地已成为文学创作的沃土，生长在这片土地上的作家们是幸运的，更是幸福的。他们坚守寂寞，不为名利所动，始终用一颗淳朴的宁静的内心去感受和审视这个喧哗的时代和社会。人们的生活生生不息，文字的诉说也将源源不断。

相信，心中有执着、心中有人民、心中有这片红色土地的他们，必将用文学的焰火让"威信"这个名字响彻在祖国的大江南北！

周元珠出版的长篇纪实文学《殷禄才》

曲水流觞抒雅韵　花晨月夕听诗声

> 威信奇山秀水，画意诗情，诗状天然景，景蕴天然诗。山水育人杰，人杰出佳诗。古往今来，多少文人墨客到此无不文思喷涌、骚兴勃发，留下了许多诗词楹联的佳句名篇，且后继有人、叶茂枝繁，在昭通文学大观园中独秀芳春。愿中华优秀传统文化在威信历史长河中留下星点印记，永远不老。

威信曾经是一个尚武崇文之地，本地文人、外来官宦，纵情名山胜水，领略民族风情，留下许多诗词楹联的佳句名篇，像一朵朵鲜艳夺目的文化奇葩，纵情绽放在威信这块红色的土地上。

有联造气氛　有联出品位

威信民间对联创作历史悠久，喜好甚众，婚丧嫁娶，年头岁尾，乔迁开业，贺寿立碑，不论官民，不分贫富，有联为喜，有联为荣，有联造气氛，有联出品位。古往今来，奇联妙对，层出不穷。石坎大河莲花山一副古墓联"源浩渊深江泸泽沛，峰崇岭峻崧岱峥嵘"。作者已无从查考，但其偏旁之独特、意境之绝妙、内涵之深邃，逻辑之缜密、对仗之工整，全国罕见。威信山川秀美，文人墨客到此无不文思喷涌、骚兴勃发。清代麟凤文人"杨书柜子"（雅号）所作对联"金凤从林外飞来，两翅扇开千里雾；铜马自山前跃出，一鞍驮出四时春"。因嵌"金凤林""驮马山"地名不露痕迹而广为流传。晚清文生张承烈（威信庙沟芭蕉窝人），为某人九月妻妾同殁（以红字为准）所撰挽联"九月上旬，妻方弃世，九月下旬，妾又随亡，九月何不利吾家，诚使人痛彻九天，肠回九转；五个孩儿，性极憨痴，五个小子，年皆幼稚，五个皆要人抚育，真令我伤心五内，情惨五中"，重字妙用，既贴切，又惨伤。其侄张继宗撰写的自挽联"生在愁城，何须留恋；死归极乐，去又何妨"，"飘然而来，悠然而去；生也如寄，死也如归"痛快淋漓地展示了豁达、潇洒的生死观。中华人民共和国成立前曾任庙沟乡乡长的李应斌为李氏家神题联曰："过关曾著五千言，浩德至今昭日月；逢酒便吟三百首，雄才自古震乾坤。"联语用道家学派创始人老子（李耳）和唐代大诗人李白的典故颂赞李氏声名而不露痕迹，足见功力。

当代诗词作者中，无论老中青，均有不少善联者。长安镇天坪村农民黄赞镒，为一家两代人（父母、子媳）合墓所撰墓联"父走仙山子做伴；母游碧落媳跟随"，切事切人，亦切传统观念和乡风民俗，堪称精妙。威信一中原校长杨明飞所作"恐龙离去，幸有黑龙青龙出大塘顺双河游向龙洞；彩凤归来，喜见麟凤金凤越后山过天池飞往凤阳"和县诗词楹联学会会长潘孝正所作"马家备马鞍，骑石马，过马河，住马店，留下马蹄仙迹；龙里开龙井，驾青龙，跨龙背，游龙塘，奔向龙洞神池"属地名联，把威信众多地名嵌入联内，如一线穿珠，巧妙无比。潘孝正先生为某报社记者与某教师新婚撰联"今日教坛有喜讯；此间报纸无新闻"，幽默贴切，趣味盎然。他的"千里为重，广大为庆，重庆人民重庆重庆"，"威信人言而有信"，"昆明比日月，日多月少"，"三明三日月"等地名拆字求偶联，至今尚无佳配。

青壮一代对联爱好者也不乏其人。威信县文管所工作人员谢华英（女）题威信观斗山联"圆雕浮雕空雕百雕汇聚共刻观斗文明史；儒教佛教道教三教并行同念中华道德经"展示了观斗山百雕荟

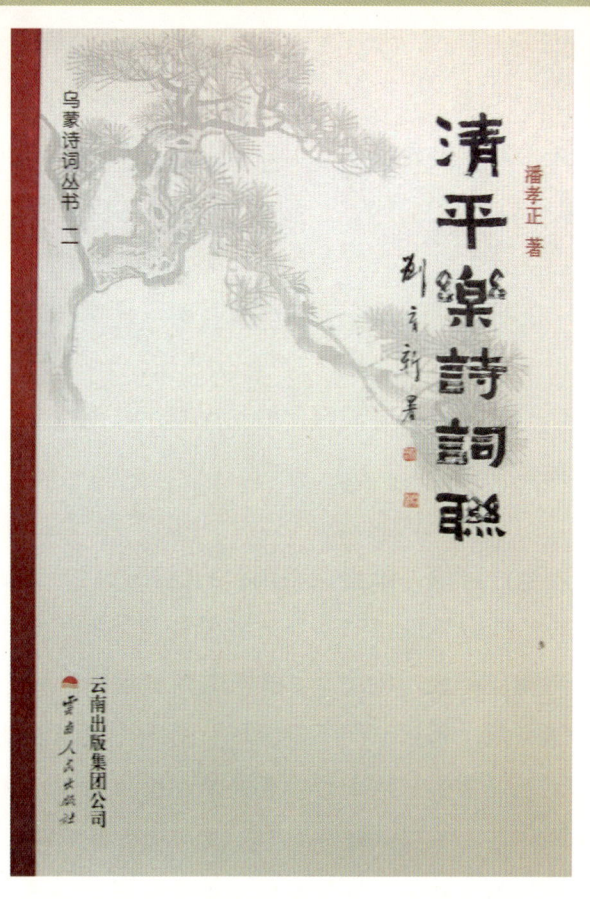

萃和儒释道三教并存的独特景观。县诗词楹联学会副会长陈香才为旧城镇所作元宵节"献联迎春"联"桑陌织锦,林海留霞,放眼田畴皆淑景;稻黍飘香,犀牛望月,置身古邑尽阳春",百里林海、鱼米之乡、古镇风物一览无余。"80后"女教师陶洪雁所作"几程山水,几阕清歌,若许心香依竹韵;半世情怀,半窗细雨,依稀墨韵染兰香""山花浅浅,拈一抹桃红,铺笺怎记流年梦;雨巷深深,忆三分伞绿,纵笔难书竹马谣",则从另个角度展示了年轻女性柔美纤细、婉约清新、诗情画意的一面。

威信民间流传对联和新创对联涉猎甚广,除春联、婚联、寿联、乔迁联、风景联、贺庆联等外,挽悼联、讽喻联、谐趣联等也不乏佳什名篇。仅收录于《扎西诗词》第一至十四集的联作就达上千副,其中有240多副(次)分别被《当代滇联集萃》《当代滇联精选》和《昭通风景名胜楹联》选登,为"滇

潘孝正出版的《清平乐诗词联》

人善联"美誉增添了几分光彩。

山水留诗韵　世事寄情怀

　　威信古典诗词创作根基深厚，叶茂枝繁，在昭通文学大观园中独秀芳春。

　　太平天国翼王石达开当年率军路过威信麟凤，当地才子李朝聘前往拜谒并献上苞谷酒，石达开饮后吟诗称赞："万颗明珠一瓮收，孤家到此也低头。五龙擎托乾坤柱，吸得黄河水倒流。"李朝聘随口和成一绝："半壁东南弃未收，军威宜整令从头。金沙但愿能飞渡，哪怕江河不倒流！"对太平军既表达了赞美之情，又寄予了无限希望。清末长安秀才黄在田，游澜沧江见一石牛，随即吟成一律："怪石巍巍恰似牛，江边独立几千秋。青草齐唇难下肚，牧童敲角不回头。风吹遍体无毛动，雨洒浑身有汗流。日月星辰长作伴，天地为栏夜不收。"形象逼真，绝妙无比。

　　中华人民共和国成立前，威信境内有不少文化世家，尤以庙沟镇马河村芭蕉窝张承基、张承烈弟兄二人最为有名。二人在民国初年即与唐继尧等有诗词唱和，在云南颇有影响。其后人张人文，中华人民共和国成立前任镇雄县教育局局长，后创办威信一中。他的诗词吟诵山川风物，赠答诗友文朋，数量多，涉猎广，在镇雄、威信一带颇负盛名。"文革"后受聘任教于长安中学，常用诗词激励同事，鞭策学生。他与台湾淡江大学教授申庆璧（镇雄人）等多有唱和，诗联中屡屡表达出两岸骨肉同胞期盼团圆的心愿。"死去原知万事空，但悲不见台胞同。何时能食台中蔗，家祭无忘告乃翁。"（《临终仿陆游〈示儿〉嘱子》）更是直露无余。其弟张继宗，一介布衣，诗文俱秀。他于1940年写的一首《述志》："热血疆场洒，英名日月同。百年终一死，何必寿乔松。"爱国情怀跃然纸上；他的长诗《赞徐策烈士歌》，大义凛然，感人肺腑，最后以

陈香才创作出版的《槃斋诗草》

"男儿何须马革裹，英雄浩气自千秋"作结，表达了对红军烈士的敬仰之情。

当年红军长征在威信"拐了一个弯"，播下革命种子，留下革命遗迹，后人因此而创作出诸多优美诗篇。

潘孝正的《毛泽东长征在云南威信水田花房子》："辗转崎岖路，苍茫又一程。披襟量小屋，踱步听鸡声。挑子知轻重，前途系死生。航船欣有舵，冷眼大江横！"写出了长征途中在水田花房子中央政治局常委会议上博洛交权时的凝重气氛和毛泽东沉重而又对前途充满信心的复杂心情。陈香才的《红军在扎西》："那年正月雪飞天，寒夜沿阶抵足眠。无犯秋毫民拥戴，从军子弟过三千。"把红军进入扎西不惊民、不扰民、秋毫无犯、穷人踊跃参军的情景再现于世人面前。陈正强的《扎西烈士陵园》："远眺名城景色娇，广场丽日笑声飘。谁知满眼长春树，正是当年血雨浇。"道出了每一个人站在纪念碑前眺望扎西城的心境。陈绍余的一首《两合岩》："百丈悬崖一径通，春风唤醒杜鹃红。当年征战英雄血，化进朝霞晚照中。"巧妙地把红军业绩与天堑奇观融于一体，相映成趣，读来荡气回肠，怡情励志。

威信是滇东北绿色明珠。奇山秀水，画意诗情。诗状天然景，景蕴天然诗。山水育人杰，人杰出佳诗。旧城八景、扎西十景、麟凤八景、羊梯岩、观斗山、万仙观、穿山洞、果哈峡、天台山溶洞、湾子苗寨、大雪山原始森林等风景名胜，随处都有古今骚人墨客的雅韵诗章。秀丽山川因诗词点缀而更加妩媚多姿；民族风情因诗词渲染而更加煽情诱人。

清代旧城贡生邱为山，面对"文笔彩云"美景，饱蘸浓墨，大笔一挥，一首大气磅礴、气势凌云的七律一气呵成："谁将大笔写青天，泼墨凌云满露烟。几度书成新锦绣，四时篆就古鸾笺。江淹梦泄乾坤奥，李白诗摇泰岳巅。想是尖头通造化，长留宇宙镇三千。"镇雄州（1934年前威信属镇雄州管辖）举人张璈一首《路过羊梯岩》："身裹群山里，羊肠路竟迷。层崖深入瓮，仄蹬险成梯。往复惊猿啸，艰难碍马蹄。移时欣出箐，回望觉天低。"险峻、幽深的羊梯岩如在眼前。

水田湾子苗寨，风景优美，风情浓郁。客人到此，须喝苗家"三道酒"方能进门出寨。潘孝正一首《湾子苗寨风情》风趣幽默而又贴切自然："进门不易出门难，喝酒放行专令颁。玉手捧来香米液，英雄难过美人关。"这里的农家饭菜风味独特。陈正强一首《湾子苗寨晚餐》赞曰："古墙桑柱瓦楼房，酸菜豆花腊肉香。更有苗家风味绝，糍粑美酒伴蜂糖。"这里恬静幽深，宛若世外桃源。陈子毅一首《湾子苗寨赏春即景》记下了优美的瞬间："欲近山村脚步轻，娇莺深树隔花鸣。谁家小女篱边立，细数桃红落地声。"

水田香树果哈峡，山高谷深，风光旖旎。陈香才《游果哈峡》"彝乡何处享清幽，峭壁摩天碧水流。最是撩人情动处，彩虹桥下唱渔舟"和武绍春《果哈峡放舟》"连天峭壁锁清幽，碧水参潭静静流。笑语几声风里荡，浑忘尘世有春秋"异曲同工，天然妙画。陶鸿雁一首《果哈峡》："静水流深没绿苔，神奇造化任参猜。石崖或历千千劫，多少春秋入骨来。"又从另一个角度道出了果哈峡历经亿万春秋的千磨万劫。潘孝正一首《再游水田果哈峡》："俯首颤龙渊，抬头一线天。猿猱愁绝壁，十胆九心悬。"则专言其险，读来胆战心惊。

老干逢春发　新花沐露开

威信古典诗词代有传承。然而，"文化大革命"期间，不少作品被视为"封资修"，或压入箱底，或付之一炬。改革开放奏响了文学文艺复兴进行曲，古典诗词悄然兴起，时有诗词见诸各类报刊。2003年6月，在时任县委书记陈绍余的倡导支持下，威信县

余腾松出版的《北窗诗词甲稿》

诗词楹联学会成立。十多年来，县委、县政府大力支持，社会各界热情关注，广大会员勤奋笔耕，全国近30个省市诗家慕名赐玉，已连续编辑出版《扎西诗词》14集。全县现有中华诗词学会会员13人，中国楹联学会会员2人，云南省诗词学会会员23人（已故2人），云南省楹联学会会员4人，昭通市诗词学会会员17人（已故2人）。会员作品曾两次集体登顶《中华诗词》，《云南诗词》数次集中刊载威信诗词作者诗作。2010年以后，学会会员有17人先后注册《中华诗词论坛》，发表作品3000余首，其中6人先后担任该论坛"七彩云南"板块版主或嘉宾。威信诗词创作队伍逐渐形成了老中青一体的梯次结构。诗词作品遵格律、重意境，破俗套、求新颖，多名作者作品获国家、省、市奖项并在各级公开刊物发表。学会骨干潘孝正《清平乐诗词联》、陈香才《蘖斋诗草》、余腾松《北窗诗词甲稿》和学会顾问陈绍余《陈绍余诗稿》、杨贵全《苦侠吟草》入选2012年合编的《乌蒙诗词丛书》，由云南人民出版社集辑出版。潘孝正、余腾松、陈绍余怀念焦裕禄的诗作，与董必武、郭沫若等革命前辈，习近平、马凯等现任党和国家领导人以及众多全国著名诗家的作品入编2014年4月由人民出版社编辑出版的《呼唤——〈人民呼唤焦裕禄〉诗词选集》。

潘孝正先生是当今威信古典诗词界的领军人物。他主舵的威信县诗词楹联学会，多年来为弘扬传统文化、培育文学新人做出了杰出贡献。他的诗词作品涉猎广泛、格律严谨、意境优美、奇趣多姿。如《南湖红船》："南湖深处雾茫茫，熠熠锤镰露晓光。国际歌中寰宇动，神州风雨一船装！"获2014年中宣部等举办的"诗词飞扬党旗飘"全国征稿三等奖（全国20名，云南2名），另一首《旗帜》获优秀奖。

诗词学会中，叶勇、白书香、谢光华、曾孝忠、邱俊德、杨显全等一班老年作者青春焕发，诗心不老，笔耕不辍。

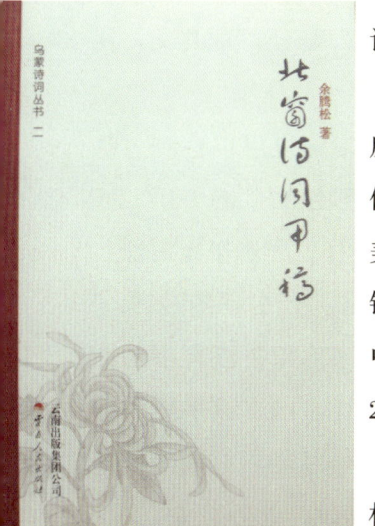

八旬诗翁叶勇的《鹊桥仙·采莲》："竹亭近水，涟漪舔岸，水上莲花怒放。扁舟一叶去如飞，只留下清波漾漾。倚舷巧盼，轻舒玉腕，觸手红肥绿壮。浓妆淡抹两相宜，怎比得、那人模样。"七旬诗翁曾孝忠《舞台留韵》："花落花开水长流，尘缘幸遇岁悠悠。情风烟雨浇情树，月下相思何日休？"太平盛世，勾起了老人们对青春岁月一段段美好的回忆。七旬诗翁邱俊德一首《乘机到法国巴黎有感》："久恨圆明漫天火，今游昔敌法兰西。巴黎漫步精神爽，挺立人前不觉低。"以大气豪迈诗风，表达了站起来的中国人民无比自豪的精神风貌和爱国情怀。

陈香才、余腾松、程泉清、陈子毅、武绍春、陈正强、张斌、王东位等中青年作者是威信古典诗词的中流砥柱。

陈香才作品用词典雅，意境优美。《重游小寨樱桃园》："韵满田园绿染风，瑶枝玉叶掩玲珑。重来拾梦芳菲地，却惹相思一树红。"未出"樱桃"而樱桃跃然而出，可谓"不着一字尽得风流"。《贵阳清镇虎山彝寨》："红枫湖美碧波柔，倒映彝家小画楼。最是撩人心动事，阿花邀我荡轻舟。"由景及人，次第而吟，以景之美衬托人之美，笔调清新自然。其代表作《麟凤赋》饱含激情，挥洒千言，将麟凤优美山川、辉煌文史、当代风流尽收笔底。"黄水凌波，观山踏月；楼台舞燕，小寨垂杨。""凤凰山下一镇崛起，玉佛寺前二水交泰。春风沾蕙露，锦绣任剪裁。"随便撷取几句，便可窥其斐然文采、满纸珠玑。

余腾松诗词兼备，其词婉约缠绵，放在宋词里可以达到"乱真"的地步。其诗善辟蹊径，新奇出彩。请看他的《清平乐·怀母》："人间天上，谁对星辰望。屡妒邻童娇模样，顾影平添凄怆。飘蓬久去仙乡，丘山与伴斜阳。闻道三分似我，镜中仔细端详。"他从小失去母亲，没有留下照片。为想象母亲形象，没有别的办法，听别人说三分像自己，只好对镜仔细端详自己，读来感人肺腑，催人泪下。《一剪梅·咏鲁甸小寨》："一片春泥好雨浇，半岭风摇，十里枝招。沥青道阔接溪桥，南岸樱桃，北陌花椒。山气微潮酒染袍,野菜凉调,禽肉红烧。乡间多少客愁抛,你瘦蛮腰,我赚钱包。"以诗词独有韵味,不经意间为小寨做了一个乡村旅游广告。

程泉清善填词,精雕细琢,词风典雅。因其喜填《鹧鸪天》而被戏称"程鹧鸪"。他的一首《喝火令·秋殇》:"菊瘦清香浅,荷残倦影长,失群孤雁伴凄凉。欲枕夕阳温梦,处处是情伤。雨打溪亭柳,风牵客旅肠,一怀幽绪寄潇湘。叹那红枫,叹那竹篱墙。叹那远山明月,何日照还乡。"缠绵悱恻,幽婉凄清。

陈子毅的诗构思巧妙,想象奇特。他的一首《登黄山》:"眼前三十六峰来,素瓣莲花绝顶开。雾浪银波生梦幻,千年古木向天栽。"别开生面,既在意料之外,又在情理之中。

武绍春近年始学诗词,但精进神速。他的《卜算子·野菊》:"篱畔草丛中,柔弱随风舞。屡屡严霜寒露侵,犹把清香吐。纵使日无多,纵使红尘苦,捧上枝头一寸心,未许秋光负。"代表了他厚重、沉稳、蕴藉而余味悠长的风格。

张斌才思敏捷,其诗词构思精巧,视角新颖,韵味深长。其诗《石夫人峰》:"孤峙无凭向海滨,环山碧翠起流云。娇姿秀态霞中现,倩影轻纱雾里寻。眉展春风西子韵,眼含秋水孟姜魂。扬帆一去天涯远,望尽天涯不见君。"获2006年中国·温岭"曙光杯"全国诗词大奖赛入围奖、2009年云南省诗词学会首届传统诗词大赛二等奖。其词《离亭燕·秀山秋暮》:"踏碎夕阳烟草,惊起暮云山鸟。碧水一泓枫叶醉,漫数流霞多少。古柏掩禅林,笛荡湖光歌绕。兴对菊黄秋笑,来把落红轻扫。叩问殿前风雨树,回望秀城斜照。静坐听松涛,谁与晚钟同老?"古朴典雅,余韵悠长,获2012年6月云南通海"秀山杯"诗词大奖赛三等奖。

年仅26岁的青年教师王东位一首《书怀》:"闲余一半耽书事,片语时时觅断肠。捻破前人三卷帙,为偷一字解痴狂。"道出了他人年轻、诗老练的真正缘由。

肖世慧、陶鸿雁是威信古典诗词群芳谱中引人注目的女性代表。

肖世慧的诗词端庄、秀雅，感情浓郁。其词作《临江仙·清明悼亡母》："风卷素钱灰乱转，悄然没入林深。山前长跪哭慈亲，梨花零落去，化作断肠吟。 莫道今年春正好，伤情最是今春。街头怕遇故园人，怕闻经鼓响，更怕见新坟。"表达了失去慈母的撕心之痛，读之潸然。

陶鸿雁人称"云南女才子""扎西李清照"，兼工诗词联。其诗清新灵动，恰似清泉汩汩："霜华一地枕清秋，寒袖西风卷旧愁。指上弦音犹未落，相思夜月瘦成钩。"（《乡思满清秋》）被收入中国文联出版社出版的《当代诗词三百首·鉴赏》一书，鉴赏词赞其"具有古典美""细腻传神，想象丰富奇特，比喻恰当生动"；其词委婉细腻，宛如碧水悠悠："疏碧颓红意未央，陌间起舞任徜徉。容颜曾饰三山景，心事终成半面妆。 轻辗转，淡忧伤，翩然笑靥逐斜阳。随风散去千千结，春杪犹留一段香。"（《鹧鸪天·落花》）花虽零落，笑靥翩然；余香袅袅，韵味悠长。

威信诗词创作队伍中还有以张存明、杨天春、陈喜才、黄赞镒（已故）、杨大尧等为代表的农民作者也颇受关注。

麟凤镇残疾农民张存明，诗词曲联皆佳，出口成章，嬉笑怒骂，无所不能。且看他创作的《自由调·吃礼酒》："［玩面子］山不老，水长流，东西南北游。花光家内钱，吃尽千般酒。直吃得头昏脑涨不分夜昼；直吃得饿猪争食瘦狗吐油；直吃得囊中羞涩腰无铜臭。张三下请帖，李四电话有。一年十二月，月月醉昏头。一日四五家，家家要应酬。胜过那吕洞宾三醉岳阳楼；胜过那关汉卿二醉眠花柳；胜过那李太白一醉解千愁。 ［数酒名］日月千秋照，江河万古流。天下无知辈，不知吃过否？我将酒名点，让尔空享受。初一吃了于归酒，初二再品完婚酒，初三又遇圆房酒，初四恰逢二婚酒，初五东村奠基酒，初六南岭乔迁酒，初七西寨上梁酒，初八北湾出牢酒，初九婴儿满月酒，初十功名状元酒。酒！酒！酒！朝朝有。还有那椿萱生日酒，寿终正寝酒，生基上梁酒，古墓立碑酒，小儿剃头酒，老头剃须

酒，生意开业酒，大展财门酒，新建茅厕酒，吆猪上圈酒。真个是、数不尽千般花样酒，道不完万种情礼酒。[尾声]说起酒，添烦愁。三村五寨遍地走，迎风傲雪不自由。只为那二指面皮有光泽；只为那出门办事有来头；只为那多年交情不可丢。权当挽起袖口，握紧拳头，咬紧牙关，勒紧腰带，拼命往前走。"把那些大操大办、借机敛财和人们无可奈何、硬着头皮应付的情状嘲讽得淋漓尽致。

威信诗词作者群星璀璨，佳篇无数，拾其枝叶，足见一斑。

威信古典诗词题材广泛，内容丰富。诗人们把美好赞歌唱给真善美，把锋利匕首投向假恶丑。既有熊熊烈火，又有脉脉柔情；既有高山流水，又有怒海惊涛。一事一物，寄托仁心至爱；酬唱赠答，唱出翰墨情缘。正是：

老树新枝共一林，金风玉露毓根深。
青山绿水飞花路，春夏秋冬带韵吟。

愿中华优秀传统文化在威信历史长河中留下星点印记，永远不老。

威信县诗词楹联学会编辑出版的《扎西诗词》

书画之苑竞芳菲

> 在扎西这片红色的沃土上,一大批书画艺术家们笔耕不辍,以厚重的红色文化基因为源泉、以红军长征精神为动力创作了不少笔墨饱满、主题鲜活、具有较高审美价值而又催人奋进、引人深思、发人深省的优秀书画作品,为提升威信革命老区形象、宣传红色文化旅游取得的成绩斐然,做出了无私奉献。

在威信书画发展的历史进程中,历代书画家和创作者们如洒落在文艺历史长河中的一颗颗珍珠,总是散发着璀璨夺目的光芒。

借得山水生灵气,书画之苑竞芳菲。在扎西这片红色的沃土上,一大批书画艺术创作者们以古鉴今、师法自然,贴近生活、走进民众,以厚重的红色基因为源泉,以表现时代新思想、新精神和新风尚为准绳,创作了不少催人奋进、引人深思、发人深省的优秀书画作品。每一件作品都饱含着创作者们对红色文化的眷恋之情和对老区人民的深情厚谊,具有很高的艺术性和思想性。"外师造化,中得心源",书者、画者植根乌蒙,领悟扎西之古风、古韵,秉中华书画之真传,习西方绘画之技艺,画心中风光,写胸内豪气,传承红色文化基因,笔墨中流淌着浓郁的乡情,形迹内饱含着质朴的情谊。书法作品篆、隶、行、楷、草均有,绘画作品写实、会意风格多样,各有异趣。条幅、中堂、斗方形式俱备。书画凝忠诚之魂,诗词咏筑梦之志,尺幅中展现出书画者的才情智慧和艺术品格,蕴涵了深厚的红色文化底蕴、鲜活的时代气息和较高的审美价值，助推了威信革命老区文学艺术的不断向前发展，为提升老区形象和文化品位取得的成绩斐然，做出了重要的奉献，且书画作品逐步走出乌蒙、走出云南、走向全国。

山因书法增秀，石因书法生情，水因书法含韵。威信境内在明清及民国年间流行楷书、行书，常见于庙宇、祠堂楹联及匾额、碑刻、墓志，20世纪六七十年代开始，威信境内正楷、行草、隶书、硬笔书法俱兴，涌现出一批功底深厚和比较有造诣的书法家及书法爱好者，唐绍宽、文成举、谭清霖、滕明聪、曾以平、胡坚、安定咏、汪泽明、王其林、罗四维、李祖香、刘智铨、王应松等书法家们，为威信的书法研究和推广做出了无私的奉献，争得了诸多荣誉。

威信的美术在明清时期多见于庙宇寺观中所涂绘菩萨、神仙壁画，少数为民房的门神、房内神猫。20世纪六七十年代开始，境内一批批美术家开始茁壮成长，彭善秀、曾孝忠、黄河、于力、杨军、胡旭、余秋芳、罗坤等美术家们画笔不辍，辛勤耕耘，在美术领域取得的成绩显著。

唐绍宽（2009年病故）生前自幼酷爱书法，是云南省、昭通地区书法协会会员，原扎西书画院副院长，其书法长于颜体，兼及行草，古朴敦厚，章法谨严。作品参加过云南省书法篆刻展览、昭通地区书画展、川滇黔三省七县书画展，1993年唐绍宽入选《中国当代书法家辞典·第二集》。

文成举（字滇人）1986年开始研习硬笔书法，1987年起先后加入中国硬笔书法家协会、中国现代青年硬笔书法家协会、华艺硬笔习字会、中华青年钢笔书法协会云南分会，后任昭通书法协会理事，其作品、论文收入《中国钢笔书法》《中国当代硬笔书法家名录》《中国硬笔书法家辞典》。工楷书，用笔严重精密，波折清晰，使静态中有一种缓力感。1987年分别获省首届钢笔书法大赛、杭州中华钢笔书法刊授中心首届学员比赛、浙江大学现场硬笔书法比赛二等奖，获《年轻人》杂志全国硬笔书法大赛优秀奖。1988年分别获全国"彩龙杯"硬笔书法大赛、深圳首届国际钢笔书法大赛、全国"三溪杯"硬笔书法大赛优秀奖。作品多

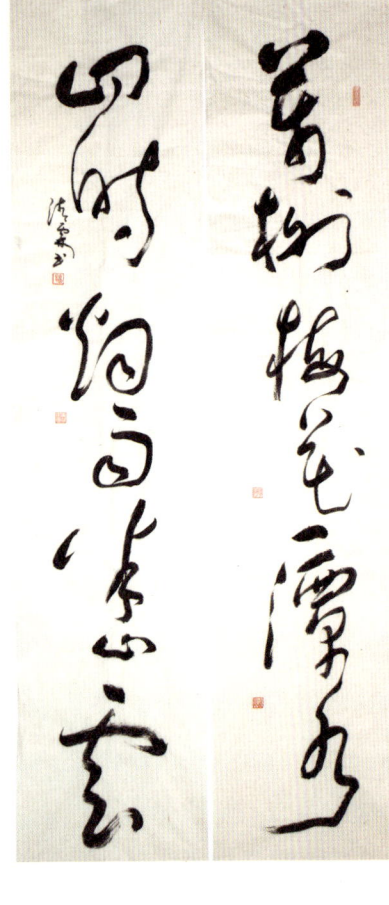

谭清霖书法作品

次参加县内外展览，1992年参加新加坡国际美术展卖会。

曾以平是云南省书法家会员、威信县扎西书画院副院长。楷习欧、虞，后攻赵体、"二王"，行习汉魏碑。工楷、隶、行草，用笔雄健，质朴雄奇。作品多次入选云南省书法篆刻展览，1979年、1988年参加川滇黔边区书画联展且获奖，1991年入选"赤水河之声"书画展。1993年作者入选《中国当代书法家辞典·第二集》。作品被多种报刊刊载。

谭清霖（斋号兰竹堂）为中国硬笔书法协会会员、上海榜书研究会常务理事、云南省青少年书法协会常务理事兼副秘书长、昭通市书法家协会理事、云南扎西书画院院长，善于行草，长于榜书。他早年主要临习唐楷，后取法"二王"、黄庭坚、王铎等人，书法遒劲而灵动，自由流畅，潇洒飘逸，意蕴无穷。作品多次入选全国、省、市展览，刊载于多家报刊，有的获奖。他所书"花潮"曾被《云南日报》花潮版作为刊头书法发表，在昭通日报《鹤都晚刊》报名题字征集活动中，其所书写的"鹤都晚刊"书法字被选用。1995年庆祝中国工会成立70周年全国书画摄影艺术大展获书法类一等奖，2009年在纪念新中国成立60周年第三届中国榜书大赛中获一等奖（同获云南省文化厅群众文化"彩云奖"），2010年在迎世博首届国际榜书大赛中获二等奖，2011年参加中共中央党校举办的纪念建党90周年百位书画名家邀请展作品被组委会收藏、同年作品入选纪念辛亥革命100周年世界华人书画展并被美国国际书法艺术中心收藏，2012—2013年作品在中央电视台书画频道"迎新春书画展"中展播。常受邀为许多单位和个人题写招牌、商标字，事迹被云南电视台等媒体报道。其传记和作品入编多部辞书，书作被艺术机构和众多知名人士收藏。特别是他的行草作品《万树四时联》笔法

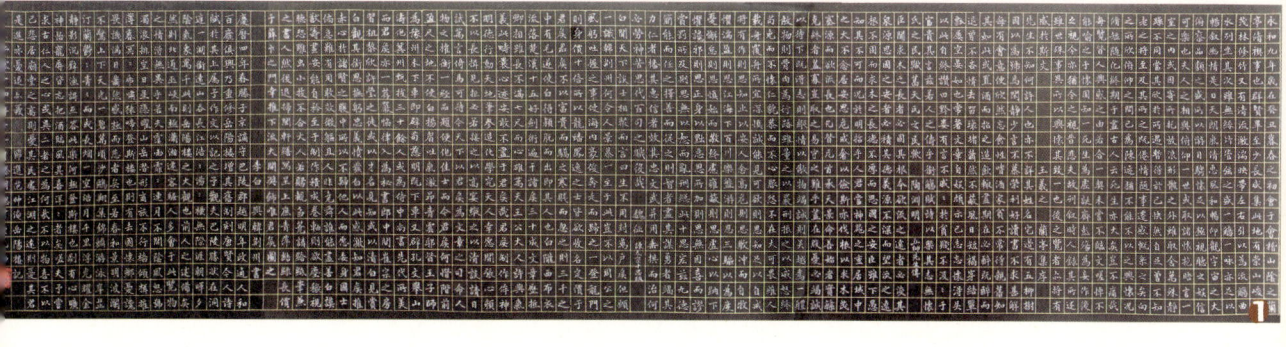

丰富，或沉着凝稳，或流畅飘逸。线条粗细兼济，柔中寓刚。字形各异，正斜相依。上下字之间或偶有丝牵，或笔断意连，体现上承下启，气韵连贯。布白参差错落，顾盼有致，整幅作品俊逸典雅。

滕明聪现为威信县书画美术协会秘书长。自幼酷爱书法，初习欧体、后习赵体，长期着力于提高传统功底。作品多次在国家、省、市书法展中展出和获奖，1992年获地区首届"将军杯"书画大赛二等奖，2006年获云南省"信合杯"书画大赛二等奖，2010年10月获云南省政协书画展优秀奖。2016年国家人力资源部为其颁发《书法家职业资格证书》。

王其林（字淇林、麒麟，号无闲山人，植槐堂主，斋号麒麟斋），文化部艺术发展中心中国传统文化产业发展中心企业家文化专业委员会主任、中国书法学术研究院常务副院长、中国书法学术报副主编、中国萧军书画研究院副院长、红军长征扎西碑林发起人兼策划实施者、云南省南社研究会副会长、云南省青少年书协副主席、云南省青年联合会常委、中国民主促

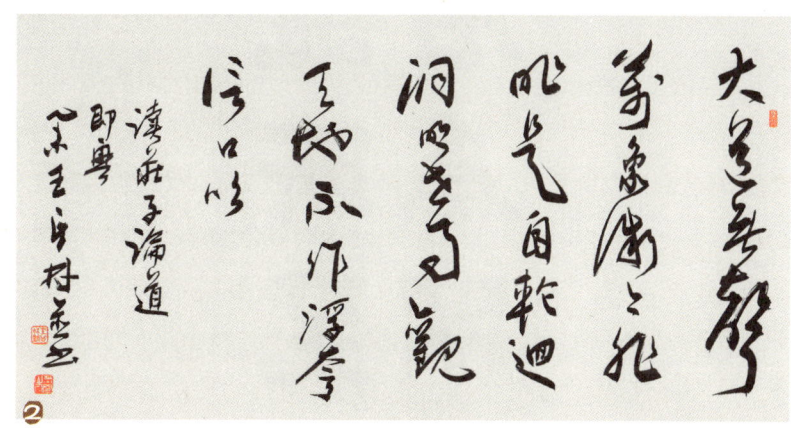

① 滕明聪书法作品
② 王其林书法作品

进会会员、昭通市政协委员、中华诗词学会会员、中国楹联学会会员。书法学习上早年深得启功、沈鹏、尚文、欧阳中石、何伯群等书法名家亲授，主编过《全国书法大展作品集》《红军长征扎西碑林作品集》《当代书法名家作品集》等，其出版的书法作品集主要有《唐诗一百首》《张文勋诗词三百首》《古文十篇》《自在留声》《唤醒心能量》《我爱彝州》《牧雨春田》《荷颜野色》《大美陇川》《苍洱流韵》等。书法作品在全国各级大奖赛中获奖入编数次，被众多的博物馆、美术馆、海内外知名人士收藏。个人事迹曾被中央电视台和《人民日报》《云南日报》《中国青年报》《西南商报》等多家媒体宣传报道。

胡坚（号九龙墨人）现为云南省书法家协会会员，大连现代硬笔书法研究会会员，中国青少年书法家协会会员，威信县美术书法协会副主席。擅于隶书，兼攻真篆，作品先后获云南"三塔杯"书法比赛二等奖、全国"长城颂"杯书法比赛三等奖，并参加各级各类展览几十次，深受好评，并参加"难忘的乡愁"四人书画作品展，"扎西四人行"昭通市展等专题书展，还多次为各类报纸杂志

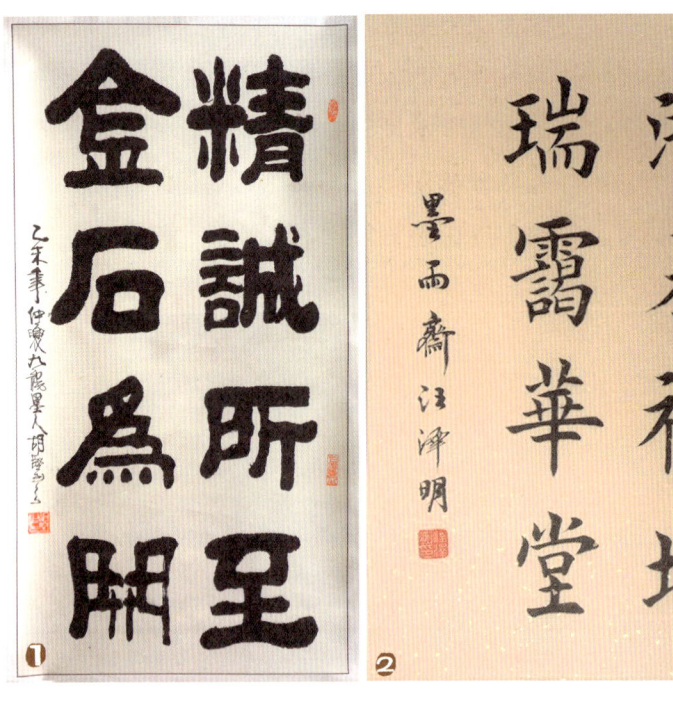

❶ 胡坚书法作品
❷ 汪泽明书法作品

题写书名和刊头题字，作品广泛被国内外书法爱好者收藏。

汪泽明（字平阳）现为威信县书画协会会员、墨雨斋书法教师，幼秉庭训，临池不辍，涉猎诸体，尤爱欧书。

李祖香现为云南扎西书画院院士，威信县书画协会理事。自幼苦习柳体，后师从昭通师范李皋、魏绍华两位书法教师，笔耕不辍。1990年10月获昭通师范学生粉笔字比赛一等奖，1991年获云南省中师生毛笔书法比赛二等奖，1997年获中国书法家协会教育委员会组织的首届全国规范汉字大赛三等奖，2004年获威信县教育系统首届教师书法比赛一等奖，2013年获昭通市教育局组织的教师毛笔书法大赛二等奖。10余次参与市、县级书画作品展出，近10幅书法作品刊于省、市、县级有关报纸杂志。

黄河（号山痴），擅于国画的山水画，被中国书画家职称及润格审定委员会评定为国家一级美术师，是漓江画派黄格胜工作室画家、中国美术家协会云

李祖香书法作品

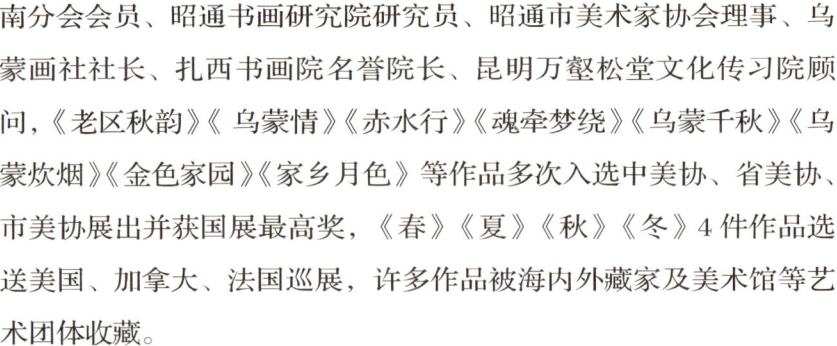

黄河美术作品《残阳如血》

南分会会员、昭通书画研究院研究员、昭通市美术家协会理事、乌蒙画社社长、扎西书画院名誉院长、昆明万壑松堂文化传习院顾问，《老区秋韵》《乌蒙情》《赤水行》《魂牵梦绕》《乌蒙千秋》《乌蒙炊烟》《金色家园》《家乡月色》等作品多次入选中美协、省美协、市美协展出并获国展最高奖，《春》《夏》《秋》《冬》4件作品选送美国、加拿大、法国巡展，许多作品被海内外藏家及美术馆等艺术团体收藏。

于力现为昭通市美术协会理事，擅于油画。1991年，其作品

《彝家风情组画之三》入选云南省美展。2005年,《寂静的池塘》入选昭通市美展;《老屋》获昭通市美展三等奖;《高原之魂》获昭通市统战系统书法、美术、摄影展二等奖,同获云南省职工才艺博览会文化作品优秀奖。

曾孝忠曾任扎西书画院副院长、江都书画院画师、现代民族书画艺术家协会理事等,擅于牡丹、月季等国画的花鸟画,在全国有一定的知名度,人称"曾牡丹"。多篇国画作品参加各类大赛多次获奖,《赤水河畔牡丹江》入刻东北地区"观音阁碑林",《国色天香》花鸟画于1991年获全国"草原颂"书画大赛二等奖。

王昌银(号槐三)现为云南威信扎西美术书法协会理事,自幼习画,后师从云南著名山水画家吴希龄。个人作品曾多次参加省内外国画展出,并多次获奖。

杨军(笔名木车)为威信县书画协会会长,擅于国画的花鸟画,其作品《远秋》于2009年获云南省总工会举办的职工才艺博览会二等奖,同时被云南省地方志编纂委员会办公室编辑公开出版的《志者之歌》一书收录(该书同时还收录其作品《深秋》);作品《祥和彩云南》于2010年10月获云南省政协书画展三等奖。

❶ 曾孝忠美术作品《大地春晖》
❷ 于力油画作品《高原之魂》
❸ 王昌银美术作品《乌蒙神韵》

飘扬在大山深处的百灵鸟

> 威信山歌由同音色、不同韵律和不同风格的曲调构成,节奏鲜明、婉转悠扬或高亢激昂。其数量众多,内容也很丰富,或歌唱爱情的坚贞,或描写幸福的生活,或赞扬大好的河山,或针砭时弊,或诙谐调侃,或醒世育人……生活中的方方面面,无所不包,应有尽有。

威信县历史悠久,文化底蕴丰厚,居住着汉、苗、彝等民族。在劳动人民生活当中,除了听到那些说不完道不尽的传奇故事外,还经常听到各种清脆迷人的歌声,这些歌曲是劳动人民在生产生活中为了打发时间、丰富业余文化生活,在特定的历史时期,集体创作的口头歌曲,逐渐形成了山歌民谣。

威信的山歌由同音色、不同韵律和不同风格的曲调构成,可临时编词,一般是四句七言为一小首,尾字稍押韵,间有下滑音,节奏鲜明、婉转悠扬或高亢激昂。威信山歌数量众多,内容也很丰富,或歌唱爱情的坚贞,或描写幸福的生活,或赞扬大好的河山,或针砭时弊,或诙谐调侃,或醒世育人……生活中的方方面面,无所不包,应有尽有。威信的山歌民谣不仅有悠久的历史,而且有着广泛的群众基础,伴随着劳动人民的生产和生活,不断流传和发展。它不仅在音乐的语言中表现生活和理想,而且动听悦耳,简短通俗,便于掌握。它可以见啥唱啥,想啥唱啥,触景生情,随题发挥,脱口而成;不分地点,山头树下、田间地头到处吟唱,因此,它流传广泛,极富生命力。它是大家打发时间的

汉族"打鼓草"（表演）

精神食粮，在茶余饭后、劳作之中、谈情说爱和嬉笑逗趣之中的主角。这些民间山歌，会把你引入一种奇特的意境中，是劳动人民的生活和愿望在有节奏音乐性的语言中的真实反映。

　　威信的山歌紧跟时代背景，在不同的历史时期，赋予它不同的意义。1935年2月，中央红军长征途经威信，在境内驻扎11天，召开了具有重大历史意义的"扎西会议"。期间，大力宣传共产党的抗日主张和为穷人打天下的政策宗旨，领导穷苦人民打土豪、分田地、闹翻身，威信三千儿女积极踊跃报名参加红军。至今，在威信民间还流传着当年歌颂红军的许多经典山歌，例如：

　　　　吃菜要吃白菜心　当兵就要当红军
　　　　当上红军人人爱　卫国为民立功勋

　　　　十七八个穷兄弟　放下锄头当红军
　　　　打倒土豪分田地　穷人个个得翻身

红旗红旗迎风飞　　一心为民是红军
打倒土豪分田地　　帮助穷人闹翻身

威信山歌遍山坡　　人人都唱红军歌
千人听见心欢喜　　豪绅听见打哆嗦

在中华人民共和国成立前,民间的一些山歌反映出穷苦百姓衣不蔽体、食不果腹,被人剥削压迫的凄惨生活。

十七十八那几年　　腰中没有半文钱
家里无有一碗米　　不打短工帮长年

赤日炎炎热难当　　天下农民真惨伤
公子哥儿吃白米　　种田人家吃谷糠

苗族情歌对唱

在中华人民共和国成立后，威信广大劳动人民怀着热烈而朴素的阶级感情，创作了一些新民歌，歌颂党、歌颂领袖、歌颂党的各项好政策。

  太阳出来照四方 翻身农民喜洋洋
  来了救星共产党 驱散乌云见太阳

  晌午太阳正当空 蜂子朝王叫嗡嗡
  翻身不忘共产党 永远跟着毛泽东

在20世纪六七十年代，威信的山歌是大家交流心灵情感的一种必不可少的桥梁和纽带。每当你走进村村寨寨、山山岭岭，都会漫山遍野地飘荡着高亢嘹亮的山歌，这个山头唱，那个山头和，此起彼伏，余音绕梁。这些美妙的音符穿越了大地，在山头上流淌，又可以划破寂静的夜空，飘落在枝头，激起懵懂少年追求爱情的狂热青春，唤醒和催开美丽姑娘含苞待放的恋爱花朵，曲曲激起千层涟漪。强烈地表现出青年男女们感情的缠绵、深沉、刻骨铭心、如胶似漆和忠贞不渝。

苗族情歌对唱

老远望妹像枝花　家中无钱空想她
田坎脚下栽豇豆　慢慢牵藤来缠她

岩上流水清又清　流下龙潭万丈深
甩坨石头试深浅　唱首山歌试妹心

背时小伙生得憨　凉水井边喊口干
望见鲫鱼傻了眼　不懂要办钓鱼竿

哥哥赶场来得黑　后阳沟头吹木叶
爹妈问是啥子响　怕是桃花碰桃叶

大田栽秧丘对丘　郎一丘来妹一丘
唯愿黄天落大雨　冲断田埂做一丘

昨夜爹打妈又羞　赌咒发誓把哥丢
小妹真要丢下你　除非阎王把命勾

　　记得在小的时候，一群大人会在夜幕降临的时候围坐在一起聊起当天发生的事情，特别会总结当天和别的生产队对山歌所取得的成绩。大家都仿佛有种约定俗成的规矩，在劳作当中，如果对面的山头也有人劳作，又想彼此交流，就会用山歌的形式表达，只要一边唱了，另一边听见了就一定会回，大家都乐此不疲地对着、唱着。仿佛是一种没有规矩、没有下达战书的比赛，非得要拼出个胜负。在对山歌的过程中，都是即兴发挥，别人唱什么，你就要回什么，回不上就算你方输了，当然赢的一方会乘胜追击，继续用山歌

苗岭情歌会

来调侃输的一方，输的一方或许会灵感一来，继续和对方纠缠下去。等劳作结束后，赢的一方会大张旗鼓地总结他们的成绩，当然输的一方会受到彼此的批评，等批评完之后又一起总结当天的失误，然后大家在一起集思广益，找出对手的破绽和弱点，大家你一言我一语地编新歌，等待着第二天继续迎战，找回在对歌当中失去的面子。

在我看来，山歌是灵动的，承载着回忆，蕴含着梦想，深埋着村里人的情感，肥硕着乡村的日子，温暖着村里人的生活。村里人随便唱出一支山歌，都是那样的纯美，感情充沛，掷地有声，回味无穷。它是一首浪漫的诗，是一个美丽的传说，他们在晨曦里低吟，在晚霞中浅唱，在阳光里抒情，在月光下舞蹈，吟咏春秋，收获爱情。它是一首流动的情歌，村里人走到哪儿就唱到哪儿，可以唱落星星，唱落月亮，传递情感，讨好恋人。它没有限制，没有约束。劳动时可唱，休闲时可唱，走路时可唱，放牧时可唱……可走着唱，可蹲着唱，可躺着唱，一人可独唱，多人时可合唱，男女可以对唱，真可谓形式多样，无拘无束，完全不受任何唱法的干扰，只要自己快乐就行。

多少年来，威信的山歌民谣流传很广，从不同的角度展示劳动群众的喜、怒、哀、乐和悲、欢、离、合的情感以及神奇的智慧，是不朽的文化艺术作品。随着社会文化的发展，在威信境内，已很少听到趣味生动的威信山歌和民谣了。

在今天，山野间的百灵鸟虽不再吟唱，但在夜幕降临的县城扎西体育广场，又逐渐流行起来，大家三五成群地围站在一起，又让山野间演绎的山歌重新在城市的夜空里飘扬起来。

火塘温暖唱书悠

> 唱书是20世纪六七十年代流行于威信乡村地区的文化娱乐形式，它能够沟通亲邻的心灵，连接友朋之情感，灌输伦理道德之规矩，教化忠孝礼仪之常情。随着岁月的流逝，那些当年在广大的农村随时唱响的美妙乐曲，如今已基本销声匿迹了，但愿它能得到很好的传承和发扬。

自从盘古开天辟地以来，人类用勤劳的双手，抒写着厚重的华夏历史文化。唱书就是绽放在威信民间历史文化长河中一株璀璨夺目的奇葩，其内容主要是通过说唱来讲述我国古今的时事、民族民间故事、民俗民风等。20世纪六七十年代，唱书在威信广大的农村地区非常流行，是一种以唱为主、间有一些说白的民间曲艺文化形式。

每逢春节，人们辛辛苦苦劳作了一年，老百姓就趁过年的机会，全身心地放松下来，热热闹闹、欢欢喜喜地过一个喜庆的新年。那时，农村的文化生活十分枯燥，电视还未出现，电影也不多见，打牌赌博也极少。于是，大年三十吃了年饭，空闲之余，邻里乡亲（或者一家人）就聚集在一起，围坐在那温暖的火塘旁，唱书人便上了前台。在偏僻的山村，学会唱书这门艺术的人，是非常受人们的尊重和欢迎的，唱书时能抑扬顿挫、铿锵有力当然好，即便声带有些沙哑，也没有关系，照样受宠。唱书的艺人，只认书本，既无琴鼓之道具，也无唱做之演技，只顾捧书诵唱，全仗故事赢人。

唱书人有时候在正式开唱之前，为了调动听书的气氛，也会当众诙谐地调侃众人，用唱书的方式考考大家。

听书人来精神些　　唱首盘歌你来分
自从盘古开天地　　三皇五帝治乾坤
三皇又是哪三位　　五帝又是哪五人
何人最早称皇帝　　统一天下定乾坤
又是谁人来出塞　　胡汉和睦一家亲
何人桃园三结义　　又把天下做三分
何人残暴无人性　　隋朝江山送他人
何人手持黄金锏　　打完太子打奸臣
谁人自称宋太祖　　黄桥兵变变龙身
何人把守三关口　　保得大宋得安宁
何人大破天门阵　　巾帼从不让须眉
盘歌唱到这点止　　静等大家说分明

《柳荫记》

唱书的唱腔多用"七字"调和"十字"调。"七字"调用一种声调，每四句进行重复的声调清唱，发音要求轻盈圆润；"十字"调要用另外一种婉转动听的声调重唱，每四句进行重复，但要声情并茂，节奏感极强，振奋心灵；说白的段落要娓娓道来，说清楚、道明白。那时候最流行的传统唱书有《柳荫记》《包公案》《元龙太子》《山伯访友》《罗带记》《劝世文》《金铃记》《蟒蛇记》《鹦哥记》《买花记》《纱灯记》《天仙配》《大孝记》《香山记》《五国园》等几百部，但大多都是手抄本，石印本和油印本极少。一部《包公案》唱说得活灵活现。唱书中每个故事的情节特别是情景将进入凄凉、悲壮、哀伤或者豪迈、震撼的高潮时，常常安排为"十字"调，唱调一字一珠、如泣如诉、余音绕梁、情感深沉、韵味十

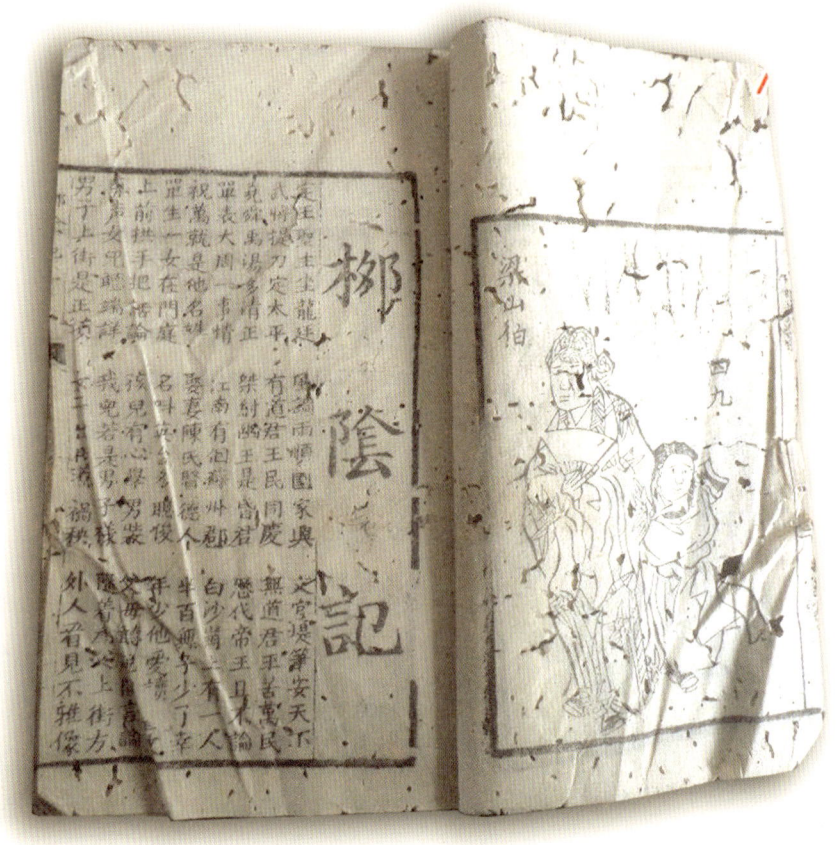

足、极有气势,富有吟诵性和感染力。此时,说到昏君污吏,大家无不为之愤慨;唱到青天包公,谁不绝口称赞?例如,在《元龙太子》这部唱书里,孙皇后密谋要杀害父皇,就设计将元龙太子派去邠州。元龙太子刚刚离开京城,孙皇后就秘密将父皇残忍杀害,并且在邠州路上的一片松林里,事先秘密安排人马进行埋伏,将太子所带三千人马斩尽杀绝,活捉了元龙太子,意欲押回京城后快速处决。这段故事唱书里安排了一段非常凄凉而悲壮的"十字"调:

用囚枢并囚车将我囚定	启人马就将我解上东京
到东京金銮殿将我放出	只见那龙庭上不是我父
胡驸马身坐在九五之上	我一见不由得怒火中烧
上前去怒视他将言就问	问我父在何处你坐龙庭
胡驸马被问得哑口无言	只听那孙皇后将我辱骂
说父王气已绝你还放屁	叫斩官人两个快斩我身

《柳荫记》

那时间我一人难以分说	就将我来捆绑推入杀场
狗斩官凶恶地提刀便斩	那钢刀寒光闪无比锋利
砍三刀砍不进钢刀砍断	那斩官慌张了报告胡君
那匹夫一听报吓掉三魂	叫人拿白绫带缠在我身
缠咽喉两边扯白绫扯断	那斩官又去报顿吓昏君
又叫拿流星槌当头便打	流星槌都打碎黑煞众人
孙皇后无计施难以害我	传圣旨望江楼丢跌吾身
胡驸马传赦书将我释放	到金殿见皇后假发慈悲
又邀我到官中同他饮酒	鸳鸯壶斟满酒端来敬我
我见那酒气冒必有奸计	假慌神将酒杯摔落在地
孙皇后与驸马难取我命	说我命不该绝打入死牢

那些听唱书的乡亲们虽然大多数都没有进过学堂，甚至目不识丁，但他们个个都喜欢听唱书，因为他们总认为书中的故事真实可信，唱书能够给他们带来跌宕起伏的传奇故事，能够弥补他们空白的心灵，能够打发他们空虚的时光，能够给他们带来喜怒哀乐和爱憎分明。所以，在那个年代，能够在农闲的时候听点唱书，是这群纯朴、憨厚而又心地善良的庄稼人最好的文化娱乐方式，没有什么比这能够陶冶情操、愉悦身心了。当唱书人唱到元龙太子遭到百般的陷害和受到千般的苦难时，那如泣如诉的"十字"调加上书中的故事情节每每都深深地打动大家，使他们肝肠寸断、潸然泪下。妇女们一边拾起脏兮兮的围腰拭去眼角的泪水，一边满怀伤感地说道："元龙太子太冤枉了！太悲惨了！孙皇后太歹毒了！"看见大家被唱书里一波三折的凄惨故事感动得泪流满面和伤心欲绝的情景时，说书人也常常会被感动，禁不住珠花闪落，将一滴滴眼泪滴落在那废旧而发黄的唱书纸页上。

有的一部唱书有一至三卷，可唱上长达十天半月的，真是要费一番功夫。唱书在当年虽然是农村比较单纯的文化娱乐形式，但其内容能够沟通亲邻的心灵，连接友朋之情感，灌输伦理道德

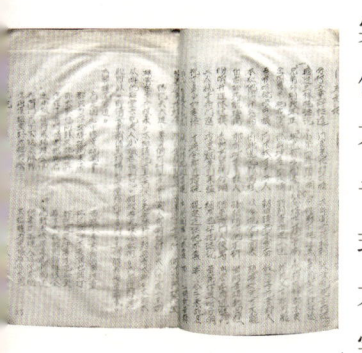

《三元记》

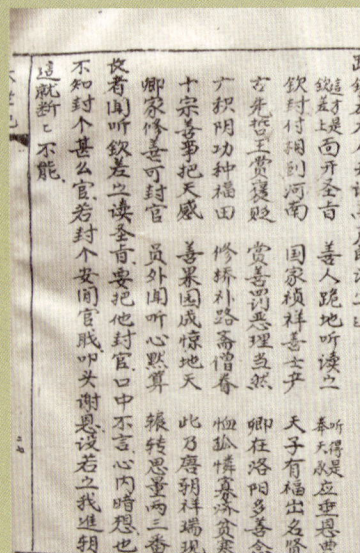

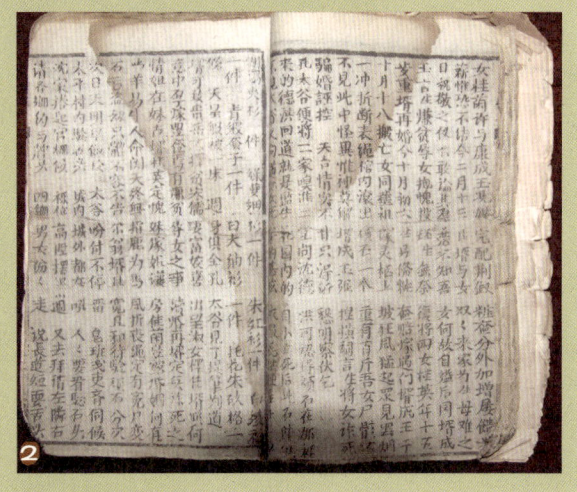

之规矩，教化忠孝礼仪之常情。

随着岁月的流逝，以及农村各种文化的不断丰富和发展，那些当年在广大的农村随时唱响的美妙乐曲，如今已基本销声匿迹了，并且唱本也渐渐遗失。

多么希望，唱书这一曲艺形式能够得以保留和传承，并希望它能发扬光大。

❶《大孝记》
❷《五国园》

缕缕乡愁是童谣

> 家乡的童谣像阳光和梦想，陪伴着我们一路成长。家乡的童谣是沉淀在我们人生中最美好而厚重的时光，不管经历多少风雨和苦难，总是像魂牵梦绕的情愫，唤起我们无限的缕缕乡愁。

"烟子烟，别烟我，我是天上的梅花朵，猪打柴，狗烧火，猫猫做饭笑死我。"大家只要在心里轻轻地朗诵起这首童谣，脑海里就会浮现出我们童年时代一幕又一幕的快乐天真时光，唤起我们对家乡的缕缕乡愁。

在20世纪六七十年代，一到冬天，天气潮湿阴冷，那时还烧不起煤炭，几乎所有的人家火塘里烧的都是从山上砍下来的柴火。冬天里又是农闲的时候，那时也没有什么娱乐，一家人经常围坐在一起烤火。柴火烤着很暖和，火苗映照在每个人的脸庞。妇女手中针线穿梭缝补着衣裳，男人们悠闲地"吧嗒吧嗒"地抽着旱烟，小孩子们拿着小画书看得聚精会神、津津有味。那些柴火因为需要量大，根本来不及晒干，所以只能一头烧着，另一头就慢慢烘干，待到这一头燃尽了，那一头基本上也干了。可是，因为柴是湿的，所以烟子又浓又多，感觉坐在哪一个方向都逃避不了，于是大人们就会戏弄小孩，说躲不开烟子是因为屁股丫丫里的屎没有揩干净，然后又骗小孩说，烟子熏时就念"烟子烟，别烟我，我是天上的梅花朵，猪打

柴,狗烧火,猫猫做饭笑死我",或者"烟子烟,别烟我,杀只鸡儿打平伙,我吃鸡脑壳,你吃鸡屁股,吃到鸡毛鸡屎别怪我"。念完后,烟子就不会熏自己了。小孩们信以为真,每当碰到烟熏的时候,果然就像念咒语一样念叨起来,别说有时还真灵呢,只是长大了以后大家才明白是怎么回事。

背童谣

"斗虫虫,斗虫虫,虫虫咬手手,粑粑烫手手,蛾儿蛾儿——飞了。"这首童谣在农村几乎所有的母亲都会,将孩子抱在膝上,一边念,一边把孩子两只小手的食指握住,来回轻碰,快念到"蛾儿蛾儿——飞了"的时候,突然把孩子两手向两边快速拉开,孩子笑了,母亲就会在孩子的脸上狠狠亲上一口。那种画面充满了爱怜、柔和、温馨和亲情,幸福得令人酥软和陶醉。

"斑竹丫、苦竹丫,对门对户是亲家。张家儿子会写字,李家姑娘会挑花。大姐挑的灵芝草,二姐挑的牡丹花,只有三姐不会挑,架起纺车纺棉花。一天纺了十二斤,拿给哥哥做枕芯。哥哥心不平,把妹妹嫁在高山苦竹林。早上吃碗苦竹饭,晚上喝碗苦竹汤。砍柴烧,柴又高;挑水吃,水又深。打湿罗裙高挂起,打湿花鞋

万千针";"巴山豆,叶叶长,巴三巴四来望娘。娘又远来路又长,哥哥留我过端阳。嫂嫂说我吃得多,拿起扁担追哥哥。大哥送拢槽门口,二哥送拢十八坡。妹妹下次好久来?除非公鸡下蛋石头开花我才来";"我走家婆门口过,舅母喊我进屋坐。进屋看,冷清清;裹杆烟,空心心。倒碗茶,冷冰冰;吃碗粉,十几根。家婆喊我吃点心,舅母看到鼓眼睛";"河边一对鹅,飞去飞来接公婆。公婆不吃油炒饭,要吃河边冷水打鸭蛋。公一碗,婆一碗,幺儿媳妇回家来舔锅铲。别舔别舔,茅厕旮旯还有几斗碗。"这几首童谣道出了哥哥、嫂嫂对妹子,舅母对外甥,公婆对媳妇等狭隘的心胸和自私自利之心,真没有亲情可言,启示大家要贤惠豁达、互敬互爱,才能建立起良好的友谊和深厚的感情。

在阳光明媚的午后,一群花朵般的女孩儿正在跳绳,口中念念有词:"小汽车,嘀嘀嘀,马兰花开二十一,二五六,二五七,二八二九三十一;三五六,三五七……九五六,九五七,九八九九一百一。"听得旁人心里春暖花开。在夏季炎热的晚上,月朗星稀,一群小孩在院坝里嬉笑打闹:"月儿光,亮堂堂,哥哥起床推豆浆。豆浆好,豆浆甜,做成豆腐扑鼻香。月儿光,照西窗,姐姐起床缝衣裳。针线匀,手儿巧,送给姐夫做新装。月儿光,过东窗,妹妹临窗巧梳妆。喊姐姐,问哥哥,天还未亮咋啷慌?"月光很美,温柔地照在院坝里,孩子们整齐的童声回荡在院子的上空,久久不息。在寒冷的冬季,为了使身体暖和一些,一群孩子凑在一起相互挤拥并口中念念有词:"挤油渣,挤油渣,挤出油来炸粑粑。"大家虽然挤累了,但身体却挤暖和了。

"丢,丢,丢手绢,轻轻地丢在小朋友的后面,大家不要告诉他,快点快点捉住他,快点快点捉住他。"这首童谣在每个人的心中已经成了永不遗忘的旋律,更是流传最广的儿时游戏和童谣了。如今,大家偶尔看到同样的场景时,心里不禁万般感慨:光阴似箭、日月如梭,一晃,美妙的儿童时代就离我们而去了。儿时的月光还在,儿时的快乐大家依然记得,只是儿时的伙伴们呢,如今哪里去了？那个流着鼻涕却一本正经唱着歌谣的小弟弟，而今是不是早已为人父了？那个放手绢在你背后的小女孩，她还好吗？如今，她在天涯何处？

"天惶惶，地惶惶，我家有个夜啼郎，过路君子念三遍，一觉睡到大天光"；"新姑娘，不要哭，转过湾湾就拢屋"；"蚂呷蹬（蜻蜓），歇阴凉，哥哥打你我帮忙；打壶酒，兑雄黄，称斤肉，过端阳"；"豌豆儿开红花，胡豆儿开白花，转过湾湾幺姨妈。幺姨妈有几个好花女：大姐出来扯巴眼，二姐出来眼扯巴。三姐四姐都还好，扯眼扯眼萝卜花"；"扎西好，扎西好，扎西渐渐修大了。上起关口坳，下起高枧槽；左起背甲田，右起香树坳。三街六市都整齐，样样东西买得到。汽车嘟嘟跑，喇叭呜呜叫。走前街、走后街，走上街、走下街，街前街后转一转，男女老少哈哈笑"……这一首首童谣，用简洁的语言和优美的音律诉说着生活中俏皮的色彩和环境的变化，以及社会的发展进步，陪着大家度过了多少快乐的童年时光，虽然已经淡出我们现在的成人生活，但只要大家回想起来，仍然是那么记忆犹新和耐人寻味。童谣里，有母亲温暖的爱抚，有天真无邪的呓语，有对生活的启迪，还有些迷信的成分，讥讽的，嬉笑的，可以说包罗万象，易懂而博大。它不仅只是嘴里娱乐的童谣，它更是我们中华民族传承下来的一种宝贵的非物质文化遗产。

家乡的童谣像是阳光和梦想，陪伴着我们一路成长。家乡的童谣，是沉淀在我们人生中最完美的厚重，不管经历多少风雨和苦难，总是在偶尔想起时，能够愉悦我们的心情，灿烂我们的笑容，像是一股股清泉与我们的回味密密交汇在一起，缓缓流淌在心底，唤起无限的缕缕乡愁。

鼓乐声声赏傩戏

> 傩戏俗称跳端公，在威信民间有着悠久的历史，它吸收了四川、贵州、云南的花灯艺术成分，形成不同的流派和艺术风格。尤其是以高田乡高田村罗廷良为代表的傩戏最具特色和代表性，它以其历史久远、古老稚拙、形态原始、品类丰富且更具原生态文化价值而蜚声云贵川三省。

傩戏俗称跳端公，在威信民间有着悠久的历史，很早以前就已形成了一种固定的用以驱鬼逐疫的祭祀仪式，后来发展为既娱神又娱人的巫歌傩舞。明末清初，各种地方戏曲蓬勃兴起，傩舞吸取戏曲形式，发展成为傩堂戏、端公戏。威信的傩戏吸收了四川、贵州、云南的花灯艺术成分，形成不同的流派和艺术风格。以高田乡高田村罗廷良为代表的傩戏是威信县众多傩戏的重要组成部分和代表，它以其历史久远、古老稚拙、形态原始、品类丰富，且更具原生态文化价值而蜚声云贵川三省。其演唱的傩戏融汇着宗教文化、民俗文化、民间艺术和农业文明，不仅体现出威信古代先民高扬生命的神圣观念，也蕴含着威信人民向自然学习、与灾害抗争，从而推动社会进步和发展的智慧及创造力。

罗廷良出生于 1953 年，他不仅是高田乡有名的汉族民间祭祀活动的资深主持人，而且更是威信县不可多得的民族民间非物质文化遗产傩戏的传承人。罗廷良 17 岁时就拜高田乡鱼井村端公李朝登（已故）为师，学习祭祀活动，21 岁出师，法名清流。罗廷良坛门的法名传代为：玄、灵、照、法、清、流。

罗廷良主持的傩戏祭祀活动内容，主要是由文坛和武坛两部分组成。所谓文坛，就是在做祭祀活动（如做斋、埋人或丧葬仪式）时，进行诵经，其过程为：人死后，进行烧老纸、开咽喉、上孝、泼盆、起经、念经、喊忏、赞经、交经、交忏、绕棺、祭奠、辞灵、发丧等仪式，一般为3天。还可根据主人翁的经济承受能力，增加"净方开路"（做两天两夜）、"冥王开路"（做五天五夜）、"圆通开路"（做九天九夜）以及"拔苦道场"（十五天十五夜）等祭祀坛科。而武坛主要是在民间老百姓"庆菩萨""酬神还愿"，寺庙做"忏殿会"和"清教会"时进行的傩戏表演，俗称"跳端公""跳坛"等。

在武坛傩戏演唱时，有正戏和闹戏之分。所谓正戏，指端公在做法时诵唱经文并进行傩戏表演，所用剧目，大多以神话传说故事为主，主要达到表现神和歌颂神的作用，曲调大多由川戏曲调演变而来，带有强烈的川戏韵味；闹戏，又称耍戏，是端公在做法事演傩戏时，为使演出气氛轻松活跃而穿插进去的一些诙谐、逗趣、幽默、调笑的小节目。演闹戏时，端公及其弟子们可以走到观众当中去。所采用的曲调往往是一些轻松活泼的民间小调和花灯调，端公们即兴而发，采用"见子打

坐檐口

子"的形式演唱，同观众一起"胡说八道"，有时唱词比较低俗，因此，未婚女子一般回避。

武坛傩戏所演剧目均以神话故事为主，是表现神、歌颂神的，如表现"万民川主惠民大帝"的，就要演《搬桃山》和《收孽龙》，主要是讲"川主大帝"（即神话传说的二郎神杨戬）桃山救母和收服孽龙拯救百姓的故事，《搬桃山》共要演员28人，乐队6人。例如，武坛《搬桃山》中一男子扮女装角色"彩女"唱词为："头顶金簪挂彩衣，架朵祥云上天端；自动离了天河地，架朵祥云上天端；一樽寿酒奉双杯，奴隶双手把瓶提；一杯答谢天和地，二杯福寿与双亲；三杯白发青又秀，福寿年年庆长春。"

此外，在举行文坛和武坛仪式时，还有一些我们暂时无法理解的神秘现象掺杂其中，使傩戏表演蒙上了一层神秘色彩。例如，罗

傩戏演出

廷良虽然已60多岁了，但他能以轻盈、敏捷的动作快速爬上8张重叠而又不加任何固定且毫无一丝安全保护措施的木方桌顶端，静坐在上面进行长达一个多小时的经书诵唱，然后手不麻木脚不僵硬地快速滑到地面，继续从事其他祭祀活动。这一仪式过程称之为坐檐口，就是端公诵经时其座位必须高于自家的房檐口。但他能抓住方桌的脚柱敏捷地攀爬到顶端的功夫是很多年轻人都难以做到的，即使会轻功的人要想攀爬上去难度也极大，恐怕刚刚爬上第一张桌子，上面的桌子就全部倾斜倒塌下来了。这让我们在场的所有人都感到目瞪口呆、心惊肉跳，为之愕然，但罗廷良却艺高胆大、成竹在胸、胜券在握。虽说冰冻三尺非一日之寒，但眼前的现象和事实却让观众百思不得其解，如坠雾里云中。

傩戏演出

文坛和武坛的傩戏表演都要讲求一些禁忌。演出文坛傩戏时，每年第一场法事，斋主要准备一份纸钱、香蜡、鞭炮、红包（月月红）到掌坛师家堂屋礼请；做法事时，掌坛师和斋主不能抽烟、喝酒、吃荤，不能乱说、开玩笑，女人不能进斋堂；在此期间，掌坛师、斋主及帮忙打杂的亲朋不能回家，要禁欲；法事做完后，斋主除了付给掌坛师纸火钱外，掌坛师和小徒每人每天可得 30~50 元的报酬，斋主还要送掌坛师一个猪头或五斤猪肉。演出武坛傩戏时，只有掌坛师和斋主斋戒，禁欲，其他人员没有限制，斋主会拿两块猪肉（各 5 公斤），一块出灵官镇台时用，另一块封吃口用；仪式完成后，两块肉都归掌坛师所有。

在威信民间，历来都把端公同巫师（神婆神汉）严格区分开来，认为端公是正统宗教（道教），而巫师是"邪教"，会"巫术"，但同时又认为，道行高的端公也会施法术（巫术）。罗廷良除了会做傩戏的文坛、武坛祭祀仪式外，还会一些巫术，如"河南教""端盘设送""茅人替代"等。

在傩戏演唱中，端公要使用的法具有老郎神（端公对戏神的尊称）牌位、戒尺、拂尘、排铃、丝刀（上面嵌有八块小铁片、九块圆铁板，含九宫八卦之意）。法具在傩戏演唱中起着以下三种作用：第一，祈求演出圆满。凡演出前，端公们要向戏神焚香祷告，行跪拜之礼，祈求法事圆满。主要角色出场时也要向戏神揖拜。演完后，要叩谢戏神，然后烧掉戏神牌位。到下一次演出时，重新制作戏神牌位。第二，起着宣传"神"的作用，让人们相信"神"是存在的，并可以满足自己的愿望和要求。傩戏是一种以宣传"神"为核心内容的特殊戏剧。第三，起着降妖镇魔、驱邪避灾的作用。在傩戏演出中，端公常常请神降临或以神的身份出现，为加强和渲染这种特殊效果，一般要动用法具，从而使傩戏蒙上一层神秘的色彩，加深人们对"神"的印象，从而起到宣传

傩戏面具

神、歌颂神、崇拜神的效果。

过去演傩戏时所有的面具与贵州傩戏面具有很多相似之处，而小角色的画脸以及傩戏的唱腔又与川文化密不可分。但遗憾的是，目前罗廷良坛门已无傩戏面具了，在整个威信已无人会做傩戏面具。

罗廷良演傩戏的服装以川戏服装为主，但不如川戏演员的整齐规范，较为简单粗糙。使用的乐器主要是打击乐器，并以川戏常用的打击乐器为主，中华人民共和国成立前还有笛子和胡琴，但现在已经不用了。乐器是为诵唱和表演服务的，要6~8人才能演奏。乐器有牛角号、边鼓、小鼓、大锣、川锣、马锣子、铙、提手、川钹、镲、排铃等。使用的道具有三尖刀、枪、棍、大刀、鬼王牌、各色彩旗等。道具制作以木材为主，其他还有布、彩纸、颜料、墨、牛皮胶等。所有女角都是男扮女装。

罗廷良现存文坛经书200余本、武坛剧本40余本，他均能诵唱和表演正角。他对祭祀活动的程序、内涵、技艺等掌握得相当全面、娴

傩戏演出

熟，可根据当事人经济承受能力的大小而把祭祀做简或做全。如果搞大型傩戏表演，如忏殿会、清教会等，由于角色太多，需几十个人配合，则要联合其他坛门的端公才能完整地表演，花费资金上万元。所有的傩戏表演，平常时期我们根本看不到，他们认为无事演傩戏，会给端公带来灾难。

罗廷良是全面系统掌握威信汉族民间祭祀活动传统习俗、礼仪和精通文坛、武坛仪式的传承人，更是当地及周边地区群众公认的开展民间祭祀活动时能完整演出傩戏的代表人物，具有较高的知名度和影响力。他带有徒弟十余人，其中以罗跃红（法名流湖）及罗跃文（未取得法名）最为出色，二人跟随罗廷良学习傩戏多年，均已学会和能比较完整地熟练表演傩戏文坛、武坛的祭祀仪式活动。

然而遗憾的是，由于历史的原因和社会发展的变化，傩戏这古老而又珍贵的民间戏剧目前在云贵川3省可以说已经很少有人能完整地全过程演出了，也很少有人去挖掘、研究、继承和发扬光大。傩戏这枝乌蒙山中璀璨夺目的艺术奇葩正濒临绝迹，在大山深处正一天天悄悄走向消失的边缘。像高田村的罗廷良这样技能全面而又能出色完整地表演傩戏的民间艺人更是屈指可数了，也面临销声匿迹的危险。因此，我们有必要对像罗廷良这样不可多得的民族民间非物质文化遗产的传承人进行保护和大力宣传，提高其知名度，增强其自信心，培养其传承人，使其发扬光大。

但愿，傩戏这株戏剧艺术的奇葩在文艺的百花园中绽放出更加绚丽的色彩和灿烂的光芒！

清歌妙舞耍莲枪

> 威信莲枪舞属集体舞蹈，保持着灯彩歌舞的艺术形态，灵活性大，百业有百种唱法，千人有千种颂歌，音乐感极强，既有小调和四川花灯调的风味，又近似云南花灯的莲花乐。它将现代舞蹈的队形和舞蹈动作融为一体，成为古香今色、喜闻乐见的舞蹈。

莲枪（又名金钱棍）舞，是威信汉族中流传的文化艺术形式之一，它是太平花灯、牛灯舞的姊妹戏，是一组完整的地方传统戏，而莲枪舞是这组传统戏的当家戏。虽然有各自的特点、要求、动作等，但都以表现喜庆气氛、歌颂为主，主要歌颂吉祥如意、恭喜发财、招财进宝、四季平安、健康长寿，子女寒窗苦读、遵旨敬老，五谷丰登、六畜兴旺等方面的内容。莲枪场次灵活性大，很少用固定唱词，多半是即兴创作，舞是逢场作戏，见景生情。百业有百种唱法，千人有千种颂歌，如没具备即兴创作的水平只有按远古流传下来的唱，如打戒指：

大哥南京请银匠，二哥北京请匠人。
两个匠人都来到，这枚戒指打得成。
一打龙来龙现掌，二打凤来凤翻身。
三打桃园三结义，四打童子拜观音。
……

再如精准扶贫：

十八五中纲目张，脱贫致富战旗扬。
定时定点来谋划，因人因产细丈量。
精准扶贫抓重点，包帮减困选良方。
统筹全面克难进，协力攻坚谱锦章。
举国上下齐欢唱，国策新章祖国强。

从各个时期演出时创作的唱词中，可以看出莲枪舞的形成，需要深厚的文化底蕴做支撑，在历史发展的长河中，产生了丰富的唱腔，创作了更多的唱词，增进了人们写诗填词的兴趣和本能，也增强了写作能力。精准扶贫那一段唱词完全属于七律，富有文学艺术的魅力。

莲枪舞唱词在实地演出中的即兴创作，可歌可泣的也不少。总之演出艺术要得到观众的青睐，要把观众唱高兴、把场面唱热闹，又要从中获得较多的收益。如曾孝忠带领院子星光文艺队在异地演出时，巧遇上青年时代同在县文工团工作过的女友，随口唱出同题同韵十首竹仗词：

今日舞台遇旧友，芳华往事挤破喉。
烟霞韵月风姿展，翠竹千丝约墨留。
月貌春花戏影在，同台连步共歌喉。
心潮涌起温情浪，蜂蝶一双春夏游。
桃花娇艳舞春游，金碧台中滚绣球。
横笛竖萧歌婉转，余音袅袅随风流。
出水荷花艳品头，柳枝连绿万蜂游。
烟波万缕东君笑，梦搅诗心妙韵留。
岁月芳华荡彩舟，燕穿水面双双游。
金山银水心魂映，无限深情赋几秋。
花开花落几春秋，寐梦三更挚手游。
薄命少壮坤乾定，情丝缕缕绪月留。
东西别恨转春秋，艺路风侍赋柳愁。
望断青山云梦里，可否再会戏台楼。
红尘滚滚赋诗流，蒙染桃花陷路投。
度日良宵风卷去，冰冻三尺几春秋。
一片痴心怀旧侍，春心几缕伴云游。
春魂枉付红颜老，琴瑟知音寞梦头。
契约香心藏满楼，抛河染水半边流。
梧桐栖凤三三两，柳树喜鹊十五头。
花落花开雪爬头，尘缘幸遇岁悠悠。
情风烟雨浇情树，月下相思何日休？

莲枪舞

多么奇妙的知己相会，多么扣人心弦的相见语，让我们感到男才女貌、情缕烟波，同行同心的青年佳偶未成，脉脉含情各在一方，别后数年今再会，能够在人群中打开心扉，述说私语，这也就是莲枪舞唱词了不起的地方。任何戏剧、曲艺、歌舞均是排练好后，演时照本宣科，而莲枪舞是即兴发挥、口角春风、内涵丰富。人们世世代代喜好传承，发扬光大。

威信莲枪舞为一舞调，犹如云南花灯的金柳丝一样拼起来唱的，舞者一人领唱众人帮腔（即叫压尾）。音乐感较强，具有小调和四川花灯调的风味，又近似云南花灯一百首的莲花乐。伴奏乐器有竹笛、二胡、月琴、锣鼓、镲、钹等。

莲枪舞属集体舞蹈，保持着灯彩歌舞的艺术形态，由三角班发展到四角头、二生巾（小生）、二姬生（正旦），多为男扮女装。二生巾手持莲枪，二姬生手拿毛巾（六角巾）或绸扇，四人舞以对跳和圆跳为主。莲枪舞以手动作为主，主要有击肩、击膀、击腿、击地、转身击脚掌等，脚步动作较少，以跳踏为主要动作。小生服饰：头包毛巾，上装为蓝色对襟，内为白色对襟汗衫，脚穿布鞋或胶鞋；正旦服饰：上装为红色姊妹装，下装为绿色，脚穿仿古绣花鞋或胶鞋。

莲枪长一公尺左右，用直径约三公分的竹子做成，中间缠上红绿色毛线，两头都有相对的四个孔，每个孔用铁丝串三枚铜线，穿于竹孔里，动时能发出响声。握莲枪用抓握式，握其中部，以拇指和食指为主，转身莲枪时用手腕和其他三指拖拔，莲枪中部（手握处）为界。

威信莲枪舞原是伴随太平花灯或牛灯舞在春节的正月初一到十五时舞（那时称耍灯）。中华人民共和国成立后，在结婚、乔迁、做生、上梁、踩财门和国家重大节日都要演，在继承的前提下进行了创新。舞时将原来的四角头增加到六角头、八角头、十角头，同时将二生巾、二姬生改为一般男女，再将现代舞蹈的队形和舞蹈动作融为一体，它可和现代剧舞同台演出，成了古香今色，人们喜闻乐见的舞蹈。

愿莲枪舞走出云南，走向全国的大舞台！

太平花灯跳得俏

> 太平，中国人理想的方舟；太平花灯，人们猎获太平的一根丝绳。"正月不耍灯，人病畜遭瘟"，这里所说的耍灯，就是院子村文艺星光队所耍的太平花灯。太平花灯全戏均为唱词，唱词与诗词接近，长短句式押韵，不讲律，无说白，通俗易懂，富有故事性、说理性、趣味性，朗朗上口，易记，受到人们的极大欢迎。

在威信县扎西镇的石坎、大山、院子等村寨，至今仍流传着这样一首歌谣："正月不耍灯，人病畜遭瘟。"歌谣里所说的耍灯，就是太平花灯。

据说，太平花灯源于唐代。当时皇帝娘娘患了重病，多少名医会诊，治疗无效，唐王就向药王菩萨许愿："药王老祖若保佑娘娘病好，朕每年春节将唱太平花灯庆贺药王老祖。"此愿许后，皇帝娘娘之病立马消除。第二年唐王便兑现承诺，组织耍灯，这种花灯被称为太平花灯。唐太宗李世民也接受了我国汉代以来民间的花灯、牛灯、莲枪舞、狮舞等的演技，不仅创造了《五方狮舞》，而且创造了《太平花灯》《牛灯》等曲艺。这是唐太宗继位以后，根据秦王时民间流传的《秦王破阵乐》中"使吕才协音律，魏征等制歌辞"，由他亲自创作的。太平花灯到了清代，除表演唐代以来灯彩歌舞的艺术形态外，由原来的三角斑发展到五角头，生巾（小生）2个，姬生（正旦）2个，多为男扮女装，地方称之为新姑娘或幺哥儿，老花（丑）1个，又称为打岔老者。脸谱较为活泼自由，可画

蜻蜓、蝴蝶、元宝、秤钩等不同图案。在表演技巧上，舞蹈动作不多，从头到尾都是"手崴"和"平崴"十字步的舞蹈步伐，手加扇、手绢等技艺。老花（丑）有高步，矮步。矮步又分螃蟹步、蛤蟆步、扫脚上、下水步、上下岭等。太平花灯传到世间，就深受社会各阶层人物的喜爱。乾隆年间，曾有人作戏之绝句，以记其声曰："有戏同民自九重，筑场如砥演渔龙；升平一例箫韶曲，巨釜何曾羡钟鼓。"又据说当年的慈禧老佛爷也是看中了这种不登大雅之堂的民间艺术，宫中但逢喜庆之事，她总忘不了传太平花灯进京，把喜庆办得热闹非凡。

每种文化在一个地方的兴盛都有其历史渊源。就拿花灯来说，流行在威信境内的也有两种。一种是中华人民共和国成立后，从昆明、玉溪、昭通等地传入的云南花灯；另一种广称为花灯的太平花灯，是远古代代相传的，是汉族民间戏艺之一，是《牛灯舞》《莲枪舞》的姊妹戏，大多数同台演出，是一组比较完整的地方戏，带有浓重的"川味"。它以表现喜庆气氛为主，原是在春节期

太平花灯

间才演,中华人民共和国成立后常见于一些汉族喜事中和一些宣传党的方针政策中,用旧曲装新内容,曾在"土地改革""清匪反霸""征兵"等工作的宣传中立下汗马功劳,但遗憾的是在"文化大革命"的十年浩劫中遭到厄运,被视为"四旧"和毒草拔掉了。直到党的十一届三中全会召开后,才得以重见天日问世于当代。

太平花灯与其他戏曲一样,在开场戏中有一套固定的程序:先是伴随着扣人心弦的"咚!咚!锵"的锣鼓声和"噼噼啪啪"的鞭炮声破阵,接着是猜字谜、灯谜、历史古典等,摆阵内容丰富多彩,破阵乐趣颇多。摆祈祷和隐喻的,借助形象一语双关,寓意深刻,主次鲜明。如"风调雨顺",它的摆法是:把一碗清水放到风车之上,将碗中清水倒入摇动转柄的风车中,水被车吹成碎滴,然后从风口飘出形成"风调""雨顺"的具体形象,以表达老百姓喜庆丰收、祈祷来年平安年景的良好愿望。耍灯人破阵时,锣鼓敲打一阵,迎合主家和观众心愿,即兴高吟:"锣一声,鼓一声,主家摆个风调雨顺来接灯,主家本是好心意,太平盛世万万春。"再如,"唐王造化"是讲故事的,它的摆法是一根竹棒和一个提筐,一个人一手挂着提筐,拿着竹棒,另一手伸着,手心放着一枚钱,身姿伫立,表现出唐王不得志的凄苦。"三春游城"的故事是三个人面带笑容,欢跳动作,表现陶三春内心喜悦。"芦林辩非"的故事是三人以手势表达出"我与你是好的,是你妈妈不好,把我们隔开,害了你我"的内心独白。此外,如"麦里藏针"蕴含的主题是"墨里藏珍";"抱柴归家"包含"抱财归家"的寓意。这里只是"字面"不同,形象不同,而意思却是一样,表演者抱着柴进门。有一些内容是古典故事,如"小子鸣鼓而攻之"由一书童敲着鼓,口中朗朗书声。又如"安安送米""火烧藤甲兵""姜太公钓鱼""三山聚义""韩渡寒关马不前""六合同春"等等。随着时代的发展,表演技巧的推进,人们已把这摆阵(摆典、摆字)作为宣传党的好政策的窗口。1979年,威信烟草部门出台钱粮挂钩的收购政策,第二年此政策不变。当太平花灯耍到烟草公司大门口时,就用一条布袋把纸币和玉米串在一起挂在秤钩上,形成"钱粮挂钩不变"的深刻内涵，这说明太平花灯发扬光大的演艺又著新芳。

在进行对联求偶的花灯艺术表演时，需要耍灯人和观众参与互动，能给大家带来颇多的乐趣。如"金钱过肚"由主家自己或请一人，口含几枚钱坐于椅上，需耍灯者破阵时，必须在他的胸前摸三下，后背摸三下，然后在屁股上打一巴掌，口中的钱才能落在身前的水盆中。如果耍灯者不懂方法，主家口中的钱吐不出来，就拿不到"礼信"（口中的钱就是"礼信"）。表演对联求偶时，主人家摆好纸笔墨砚，书出上联要求对下联，或书出下联求上联，只要耍灯者对得出下联、上联，"礼信"加倍，而且还要赞不绝口。"礼信"有趣，有奖有罚。破阵的开场结束后，开路的排灯两个，拥于主家大门两侧，在欢快的锣鼓声中助兴。耍灯者便说开财门的四言八句，此时的锣鼓选择炮火锣（锣调）或下河锣的几句，敲打后，耍灯人高吟："山包水，水包山，来到主家把门关，请把财门开开了，一文一武两大官。"门内把门或请人把门者，便接声道："锣一声，鼓一声，门外先生听原因，不将什么盘问你，将你花灯问根生。花灯是从哪代起，花灯是从哪代兴？"锣鼓声既起片刻。耍灯人回答："锣一声，鼓一声，门内先生听原因。花灯是从唐代起，花灯是从唐代兴，自从唐王兴过后，从古流传到如今。"主家可盘古，可问今，可问历史，可问家庭，可问天文，可问地理。如："锣声声，鼓声声，门外先生听原因，不将什么盘问你，我将封神问根生。天上桫椤哪个栽，地上黄河哪个开？三霄计摆黄河阵，何人一气化三清？"盘个痛快后方可让耍灯人进入堂屋参神。就是按耍灯之规，耍灯之人安慰堂屋所供奉的神像或神位，其中安慰道："参拜神，参拜神，参拜主家满堂神圣灵，太平花灯参拜你，无灾无难享安宁。"祈祷神灵保佑主家，五谷丰登、六畜兴旺、四季平安、财源八方、老者安之、少者康之。祝语声声，笑言阵阵，铺展了整个耍喜戏太平灯的开场式。

太平花灯有《五更劝郎》《荷花配》《五更想夫》《庄山攻书》《山伯送竹》等远古流传下来的故事，也有现代创作的。由主家喜欢的内容选唱（演）。全戏均为唱词，唱词与诗词接近，长短句式押韵，不讲律，无说白，通俗易懂，富有故事性、说理性、趣味性，朗朗上口，易记，受到人们的极大欢迎。在继承中，演灯者曾采取旧瓶装新酒的办法，宣传党的方针政策和表扬好人好事，赞美祖国秀美河山，讴歌红军的丰功伟绩，富有浓厚的乡土气息和人情味。由

太平花灯

于太平花灯表演形式优美活泼，耐听耐看，一直保持着灯彩歌舞的艺术形态，致使传承千年也经久不衰。

太平花灯舞蹈之所以能源远流传，较强的音乐感起了极大的作用。音乐结构属于民族调式中的宫调式，都是2/4拍的节奏，感情欢快流畅，节奏明快，旋律优美，富有乡土气息。伴奏乐器有鼓、锣、钹、镲、竹笛、二胡、三弦等。原来一戏一曲，晚清时从四川传入一些调，作为太平花灯的插曲，变成一戏两曲，用于在记不得词时插入，内容为古时候的人物故事，今天的英雄故事。如："赵银堂，写血书，写了一封又一封，一封交给罗姨母，二封交给三表兄，三封放在桥头上，一步跳在河当中。"这不仅增加了曲调，又增加戏的古典故事，给观众带来更多乐趣。小生、正旦、老花服饰衣装，与黄梅戏一样，古色古香，赏心悦目。在欢乐动听的曲调中，加以民乐、二胡、三弦、笛子、板胡伴奏等。演唱完每一段，用打击乐、锣、鼓、钹、镲助兴。两个小生和两个正旦用以"手崴"或"平崴"对舞。相对小生和正旦像是戏剧里有名有姓的两对情人。太平花灯的唱词大部分为喧情，男女间表现的情缕烟波，男歌女答，女情男爱缠绵悱恻，是两对情人的真实写照。戏中却没有说白，但老花口中全是即兴说的韵白。戏的唱词中饱含着喜、怒、哀、乐。老花的即兴韵白全以喜剧搞笑语言，把戏推到喜剧最高潮。如"尼山攻书"第三段最后一句是："做出多少怪事来？"老花随口打岔："昨晚穿错儿媳妇的鞋。"引起观众哄堂大笑。过去的广大农村，儿媳妇和老公公是比较封建和严肃的，老公公穿儿媳妇的鞋，含义之深，笑话之大。老花——丑角，舞姿粗狂，言语诙谐取笑。要具备即兴韵白，无论演唱的太平花灯是不是属于喜剧类，弄通老花的打岔韵白，不是喜剧也成喜剧。没有祝贺主家的语言也要造出来。又如《荷花配》第四段最后一句是"寻找荷花配合鸳鸯"，老花可随口而出："主家一年更比一年强。"祝语串串，笑声阵阵，灯笼各色，演者绘声，蓬荜生辉，家声得振。

党的十一届三中全会后，威信县院子村成立了院子星光文艺队，继承发展民族民间的《太平花灯》《牛灯》《莲枪》等花灯戏剧，他们不仅在扇艺上、绢艺上下了功夫，有了很大的发展，而且在化妆和舞台艺术方面也有了新的创新。1983 年，院子星光文艺队受邀参加昭通地区民族民间广场调演，获得省、市舞台艺术专家们的好评，得到广大观众的喜爱，《太平花灯》《牛灯》均获得一等奖，《莲枪》获二等奖。2006 年，院子花灯戏剧被选入中央电视台七频道的《乡村大世界》播出。2015 年，院子星光文艺代表队应邀参加四川省叙永县在石厢子举办的云贵川民间戏曲大赛，《太平花灯》获一等奖，并在中央七台《乡约》栏目播出。

太平，中国人理想的方舟；太平花灯，人们猎获太平的一根丝绳。愿《太平花灯》这朵奇葩在威信革命老区这块红土地上开得更加鲜艳夺目、异彩纷呈。

牛舞深山处　情满山谷间

> 牛灯舞是深受农民喜爱的民间戏剧节目，具有较为浓厚的乡土气息和人情味。它在历史发展的长河中，产生了丰富的唱腔，创造了更多优美活泼的舞蹈动作，表演语言生动朴实，唱词通俗易懂。它通过模仿牛的生活习性和劳作，淋漓尽致地表现出农民对牛的崇敬和对土地的眷恋，对丰收和致富的期盼及祝福。

威信县扎西镇院子村是一个伸手就能摸着白云、侧身就能与大山耳语的村寨，这里逢年过节经常表演的多姿多彩的太平花灯、牛灯、莲枪等歌舞，犹如一株株深深扎根于乡村肥沃土壤的山茶花，芬芳而又绚烂地绽放在美丽的乡间。特别是牛灯舞具有较为浓厚的乡土气息和人情味，曾是曾孝忠老师祖辈相传的非物质文化遗产。它通过模仿牛的生活习性和劳作，来表现农民对牛的崇敬和对土地的眷恋，对丰收和致富的期盼及

耍牛灯

祝福，是深受农民喜爱的民间艺术奇葩。牛灯舞这门艺术的形成，需要深厚的文化底蕴做支撑，在历史发展的长河中，产生了丰富的唱腔，创造了更多的舞蹈动作。牛灯舞原一戏两曲，晚清时期从四川传入一些曲调，成为一戏多曲，其表演语言生动朴实，唱词通俗易懂，有固定和即兴创作两种。

关于牛灯舞相传还有一个神奇的传说故事：在唐朝初期牛害瘟疫无法治疗，很多耕牛死了，无牛耕田犁地，种不上庄稼，土地荒芜，颗粒无收，很多人都被饿死了。当时唐太宗李世民就向神灵许愿，如能幸免民间牛的瘟疫，就每年耍牛灯庆贺牛王菩萨。后来，神灵果然免除了牛的瘟疫，人们就开始耍牛灯了。耍牛灯这一民族民间艺术舞蹈深受群众喜爱和重视，尤其喂有耕牛者。清乾隆壬申年间，曾有人作灯戏之绝句，以记其声："弯角篱边

耍牛灯

取道来，农官腾董牧童催；三时劳苦一旬戏，耕法频催诱稚孩。"随着时代的发展，牛灯逐步演化为一种民间文艺舞蹈形式，广泛流传于一些山区农村。

在新春佳节期间，辛勤劳作了一年的农民，为了欢欢喜喜过上一个快乐祥和的春节，都喜欢喜庆热闹的牛灯舞来到自家的院坝里耍上一阵，以示来年五谷丰登、大吉大利。于是，牛灯舞在偏僻的山村便开始活跃起来了。耍灯的当天上午，耍灯人将写着"新春之喜，牛灯奉贺"的红纸条帖子送往各户，如愿接灯者便将此帖贴于大门上，表示欢迎牛灯舞前来恭贺。夜幕降临的时候，牛灯表演队开始出发了，一路锣鼓喧天、笑声阵阵，五光十色的两个排灯在前面领路，其后紧跟元宝灯笼。热热闹闹的牛灯表演队进入主家院坝，先猜灯谜、字谜，戏曲内容极其丰富，有《三国演义》《封神榜》《水浒传》等名著里的典故和《白鹤传》《安安送米》《珍珠塔》《柳荫记》等地方唱书的内容，每摆一种典故或书名等均放有"礼信"，礼信的多少以月月红为标准，月月红有十二元、一百二十元，猜着的就收礼信钱，完成这个环节后方耍牛灯。随着高昂锣鼓声、咚咚哐哐，一个放牛老者牵着牛儿出场（锣鼓暂停），口中高唱渔樵耕读：

昔日渔翁在江边，身披丝网脚踏船。
朝日打鱼在河下，不知鱼儿在哪滩。
上滩打得下滩转，打个鱼儿跟斗翻。
打些鱼儿街上卖，拿在长街卖现钱。
卖些钱儿无用处，换些银子揣在包。
打鱼之人时运转，脱下蓝衫换紫袍。
你唱渔来我唱樵，耳听樵夫多逍遥。
打些柴儿街上卖，买柴之人把手招。
有钱之人买一担，无钱之人买一挑。
卖些钱儿无用处，换些银子揣在包。
打柴之人时运转，脱了蓝衫换紫袍。
你唱樵来我唱耕，耕田之人泥巴深。
前头吆喝权角牯，犁头耙子随后跟。
去耕之时天未亮，转来之时点明灯。

勤快治家千般好，懒惰之家渐渐贫。
耕田之人时运转，荣华富贵喜临门。
你唱耕来我唱读，十全之家把书读。
百般手艺是下等，读书之人把官做。
财是人的贵家宝，书是人的贵家兴。
渔樵耕读我唱完，春满乾坤福满门。

用牛灯恭贺主人家时除固定的唱词外，还可即兴创作（又称见子打子），如果主家房子是瓦房可唱："主家房子是瓦房，一代更比一代强；工作新攀处级上，事事顺心喜洋洋。"如果主家房子是水泥平房，可唱："主家房子水泥房，聪明儿子入学堂；来年就把大学考，清华北大榜上扬。"……唱词歌颂也好，取笑也好，反正要把主人家逗高兴，笑语欢声，喜气盈门。曲调中是折起来唱，一人领唱，众人帮腔。伴奏乐器为月琴、三弦、二胡、板胡、笛子等，节奏明快，旋律优美，富有乡土气息。歌停时锣鸣锣响，扣人心弦的"咚咚锵"的锣鼓声伴随着"噼里啪啦"的鞭炮声，交织在一起，散发着浓郁的乡土气息，"牛"就在这种气氛下起舞，它英姿飒爽、威风凛凛，为观众表演，点头、越脊、打滚、翻身、吃草、奔跑等十余种花样，闹得整个村寨一派生机。

牛灯舞表演形式优美活泼，保持着灯彩表演的艺术形态。从古代传下来的一般是一条牛两人扮演，牛皮披在两人身上，一人在前头抓住"牛头"，另一人在后面双手抓住前面一个扮演者的腰带，舞起各种动作。表演内容表现出"牛"的特点、生活场景和生活习惯，具有很强的原生态艺术。随着时代的发展，将一头"牛"表演增加到二头、三头、四头，增加"牛"打架、赛跑等舞蹈动作。"牛"的眼睛用手电筒装饰，表现眼珠明亮；"牛"的四腿均用制作"牛"皮的棕片包扎，不失真。传统的牛灯舞只有放"牛"老者一人，身背背箩、头戴草帽，后来增加放"牛"女童七八人，模仿放牛的场景，牛去吃草时，牧童嬉戏，台上七八个女童表演舞蹈，在群"牛"吃草的中间载歌载舞，舞姿蹁跹，增添了时代气息和热闹壮观的场面，具有强烈的艺术感染力。

人"牛"舞了一阵，放"牛"向主家喊道："主人家，今晚来在你府，我的牛要吃粮食了。"主人家懂得礼，就拿玉米二三升（农村装粮食的木箱，一

升四斤左右）放在放"牛"人背的背箩里，"牛"便张嘴在背箩里吃，此玉米当作舞"牛"灯的礼信。耍"牛"便高声称谢："多谢多谢真多谢，马跑坪洋地，大秤称银子，榨断主家秤钩系。""牛"向主人点头表示谢意。放"牛"人赶"牛"的锣鼓声一起，"牛"表演未完的舞蹈动作。舞毕，买"牛"人出场，和放"牛"人谈讲一些风趣和幽默的笑话。

　　放牛老者服饰仿古，有高步、矮步，矮步又分螃蟹步、蛤蟆步、扫脚步、下水步等等。

　　乡土气息浓郁的牛灯舞深受广大人民群众的喜爱和欢迎，在乡村演得红红火火。1981—1983年巡回在威信县、镇雄县和比邻的贵州、四川部分地区演出，得到了各地各族人民的喜爱。1983年牛灯舞、莲枪舞参加了昭通地区民族民间广场调演，牛灯舞获一等奖、莲枪舞获二等奖。为威信人民争了光，让传统的歌舞牛灯舞、莲枪舞亮了相、闪了光。

　　牛灯舞充分表现牛的神态及形态，让最纯朴的农民展现最乡土的艺术，是一次传统与现代的精彩对话，是农耕文明与农民艺术的激情碰撞。它对展示威信丰富的文化底蕴，对打造乡村文化品牌，提升威信影响力有着深远的意义。愿原生态的牛灯舞大放异彩，走出民间，走出威信，走上更大的舞台。

第四章

民族风情醉四方

在数千年的人类历史发展中,勤劳勇敢的威信人民创造了独具特色的历史文化、待人接物的礼仪文化、风情浪漫的民俗文化和让人垂涎三尺的餐饮文化。特别是苗族古歌、蜡染、挑花、刺绣、服饰、芦笙舞、花山节、彝族火把节等民族民间文化丰富多彩、色彩斑斓,展现出苗族和彝族人民心灵手巧的智慧、丰富的想象力及无限的创造力。

湾子苗寨醉风情

> 湾子苗寨有"三古"（古墙、古屋、古树）：采用"咬合法"修建的"人字形"古墙，具有400多年历史的陶氏老祖房，已有1000多年树龄的川黔紫薇古树。寨子里山清水秀、民族风情浓郁，是云南省民族文化生态保护村、首批中国传统村落、云南省30佳最具魅力村寨。

"五百年前三合头，人字石墙载春秋。紫薇神水沁心肺，笙歌悦舞唱风流"，这是古仕林同志对湾子苗寨的风韵描写。

湾子苗寨是镶嵌在县城扎西东南40公里处的一颗明珠，隶属水田镇。她坐落在绵延几公里的半环状山坳里，东、南、北三面清秀苍翠的群山将苗寨拥入怀中。勤劳、纯朴的湾子苗族同胞像大山一样，任凭风吹雨打，世世代代坚毅地生活在这群峰簇拥的世外桃源里。

湾子苗寨，是一个承载了几百年苗族厚重历史的古苗寨。进入寨门，沿着蜿蜒曲折的石梯漫步前行，溪水叮咚之声宛若环佩，自树林深处缥缈而来，顿时把你的思绪带入一个超凡脱俗的世界。转过一道弯，只见前方山崖上飞瀑悬挂，跌落成溪，溪水淙淙，曲折而下。水洼处，几个赤裸裸的苗家小孩在溪中恣情戏水，好不惬意。据当地苗族老人介绍，这里叫"飞瀑传情"。传说很久以前，有一对追求自由恋爱的异族男女青年铜锁和龙露在杀人祭祖的族规威慑下，女子在上游深情跳水殉情，掉落的绣花鞋让溪水冲到下游，被正在洗澡的铜锁拾到，铜锁一路狂奔赶到上游把姑

娘救起……姑娘的绣花鞋在溪水的推动下历经无数道沟坎,把险情传递给心上人,这里从而得名"传情飞瀑"。

跨过溪水,拾级而上,转眼之间,一座古老的苗族村寨进入你的视线,满世界的翠绿,把你的天空、你的心情、你的触觉点染得清晰透明、清新自然。

进入寨子门口,一群身着苗族盛装的小"咪彩"们唱着热情的歌、捧着热情的酒将我们"拦"了下来。"……叫一声朋友欢迎你,请喝一杯苗家美酒,苗家美酒!"进寨必喝三杯拦门酒,这是苗寨里传承数百年的风俗,它传递和表达着热情好客的苗家人对远方贵客的特别尊重和火热的情怀。

踏上苗寨的小广场,只听芦笙悠悠,木鼓烈烈,热情好客的苗家儿女正载歌载舞,欢迎远方的客人。握手,喝酒;再握手,再喝酒。我们被现实生活所麻木的心开始被点燃,不经意间融进湾子的怀抱,自然而然地与苗家"咪哆""咪彩"们手牵手,围着大鼓跳起了芦笙舞,踩着鼓点和着芦笙,跳着、舞着,除了欢乐,谁还会想起什么?诚如赵浩如先生当初在湾子

拦门酒

留下的诗句："隐隐飞泉入苗寨，古屋檐中腊酒香；归去来时应在此，桃花源里是家乡。"

苗家人非常热情好客，来了客人要杀鸡宰鸭，由家长或同族中最有威望的老人将鸡心或鸭心敬给客人。按苗家风俗，客人不能马上一个人吃完，须与同桌的老人分享，以示自己大公无私。

说起自己的家乡，湾子的苗族同胞们满脸洋溢着幸福和骄傲。一陶姓老人介绍，湾子苗寨建于清代早期，全寨人都姓陶。祖辈传说，这里陶姓祖籍源于湖广，明朝时随明军征伐云南入滇、黔，后来在云南镇雄平定叛乱时被打散，就流落在镇雄、威信一带与汉人及当地豪强不断抗争，居无定所。为逃避骚扰，陶氏兄弟决定继续迁徙，最终落脚于此，发展至今已有400多年历史。目前，陶氏老祖房都还保存完好，被称为"古城堡式的建筑"。至今，在老祖屋

古墙

下还保存着一条暗道直通寨子外面，诠释着湾子苗族先民御敌或泄洪的超凡智慧。

陶氏老祖屋建在一道城堡式的石墙上，整个石墙东西长20米左右、高3米左右，以巨型块石为材料，不使用任何水泥砂浆，采用"咬合法"垒砌而成，像无数的"人字形"排列在一起，所以寨里人都称之为"人字墙"。按陶姓老人的说法，这一道石墙不仅仅具有构成平台、便于在上面建房的作用，还是湾子苗族先民们用于抵御外敌入侵的坚固工事。古老的人字石墙，经历数百年风雨，依然坚固泰然，用手轻轻触摸，感受得到苗族先人们的智慧和勤劳。凭栏远望，可以把整个寨子尽收眼底，一目了然。

寨子里保暖牢固的陶姓老祖屋毅然经久伫立，那独具特色

古墙

的建筑风格彰显着湾子苗寨沧桑的风雨岁月和祖先的聪明才智。我们发现陶姓老祖屋中堂大门门槛很特别，大门门槛上又装上一道小门槛，听陶姓老人介绍，小门槛叫"子门槛"，别看它很不起眼，其实它蕴含着独特的苗族风俗文化。原来这里的年轻一辈成家立业后，都要新制作并更换"子门槛"，表示已经能够承担父业，更换时还要组织一场祭祀活动。新当家的年轻人要杀猪请客，全寨每户人家都会派一名代表前来帮忙，并分吃猪肉，猪肉要一顿吃完，寓意着新当家的年轻人操持的家业将顺顺利利，人财兴旺，越来越红火。

为了让我们深切感受湾子浓郁的苗族风情，热情的苗家人还在老祖屋院坝里举行打糍粑活动。苗家小伙、姑娘轮起木槌，你一槌，我一槌，很默契地鼓捣着蒸得热气腾腾的糯米。随着糯米香气的四处飘散，苗家浓烈的生活气息就这样开始升腾，渲染着在场的每一个人，使我们情不自禁地也撸起袖子，挥槌鼓捣。不一会儿，香喷喷的糯米糍粑就送到手里，蘸上原生态的蜂蜜，让大家大饱口福。

不知不觉，我们来到了寨子中央，只见一株耸入云霄的参天大树格外惹人注目。陶姓老人介绍，这是一棵紫薇树，已有1000余年历史，高40余米，胸径需四五个人牵手才能合围。更为神奇的是，在树根凹槽处，蓄有"神水"。相传，1000年前，太白星君座下的童男童女渐渐长

陶氏老宅

千年紫薇树

苗寨芦笙舞

大成人,长期相处,他们情愫暗生,悄悄相爱了。太白星君一怒之下,将二人贬入凡间。两人在凡间男耕女织,相亲相爱。一日,风和日丽,两人忘情在苗寨后山的"仙人塘"洗澡,被路过的人悄悄抱走了衣服。两个年轻人羞于见人,无路可走,情急之下就化成了两棵紫薇树。星移斗转,日月轮回,两棵紫薇树因为苗家人的纯朴善良,于是化成苗寨守护神。光阴荏苒,两棵树孕育了一对儿女,他们一家四口都生长在整个苗寨的中轴线上,分立于寨前、寨中、寨后,日夜守护着寨子的安宁。有一年七月的一天夜晚,电闪雷鸣,狂风大作,在如注暴雨中,雄树功德圆满,化为一缕青烟上了天庭。孤寂的雌树昼夜流着思念之泪,泪水在树根凹槽处化为神水济世救民,以期功德圆满,早日回归天庭,和丈夫团聚。据说,求

苗寨风情

偶的单身男女喝上半杯神水，来年定有桃花之运；求子的喝一杯，来年便能喜得贵子；求财的喝两杯，便财运亨通；求健康的喝三杯，便百病立消。也许这只是个美丽的传说故事，不过远近许多人闻名而来，很多都如愿以偿。或许是怀着对神树的崇敬吧，湾子的人们在神树后建了一个石坝子，寨子里有大事小事，都集中到紫薇树下进行。尤其是一年一度的花山节，寨子里的大人小孩，聚在大树下，敲起木鼓，拽起芦笙，荡秋千、对山歌、唱古歌，大家载歌载舞，庆祝一年的五谷丰登，祈祷来年的风调雨顺，更多的是享受耕作之余生活的乐趣。

千年的古紫薇，看惯世间千年的风雨，那份沧桑厚重，已经不需要文字和言语刻画，只等你我静心膜拜，入静入境地细细品味和诠释她的神奇。她张开的枝臂，犹如一个沧桑而慈爱

的母亲，热情地期盼和迎接远方客人的到来。

明珠放异彩，湾子醉风情。2009 年，湾子苗族传统文化保护区被云南省人民政府公布为云南省第二批非物质文化遗产；2001 年，湾子苗寨被云南省人民政府命名为"云南省民族文化生态保护村"；2012 年底，湾子苗寨入选首批中国传统村落；2012 年被省委宣传部、《中国国家地理》杂志社和省委外宣办评选为"云南省 30 佳最具魅力村寨"。

"蜜好糍粑嫩，歌甜美酒香。风情迷曲径，一醉卧芬芳"，湾子苗寨淳朴的风情、原生态的民俗、绚丽的服饰留给我们深深的印象。

来吧，喝上一杯拦路酒好运天天有！

来吧，打一窝糍粑万事如意顺心顺手！

来吧，跳一曲芦笙舞千金五谷开门有！

陶氏老宅

流淌在苗家山寨的绚丽文化

> 苗族是个能歌善舞的民族，尤以古歌、飞歌、情歌、酒歌享有盛名。苗族的花山节、芦笙舞、妇女服饰及其工艺美术等丰富的历史文化源远流长，绚丽多彩，反映出苗族人民心灵手巧的智慧、善良淳朴的心地、勤劳勇敢的品格。

花山节——歌的盛会，舞的海洋

威信是古代夜郎道上的一个重要地区，是古夜郎国的组成部分。在威信这片历史悠久、景色迷人的土地上，历来居住着许多少数民族，其中以苗族人数居多。

苗族属于迁徙民族，其民族文化源远流长，丰富多彩。其中踩山节是其民族文化集中展示的节日。踩山节是苗族同胞通用的节日，但随着苗族同胞的迁徙和与地域文化的融合，各地的称谓有所不同。在威信地区被称为花山节。

苗族花山节在威信地区已经有几百年的历史。近年来，虽然在外务工的村民越来越多，但是每逢春节，大家都会回到苗寨举行苗家传统的习俗活动，以传承和弘扬当地的苗家文化，威信花山节也成为苗族同胞乃至汉族人们重要的节庆活动之一。每当花山节到来，苗寨中的长老和咪哆（小伙子）、咪彩（姑娘）身着节日盛装，祭花树、挤芦笙、唱山歌，欢迎远方来的客人，表达他们祝福苗家生活更美好、祖国繁荣昌盛的美

好心愿。

苗族是一个擅于唱歌跳舞的民族。花山节便是威信苗族同胞酣畅游弋的歌与舞的海洋。每年的正月初一到初三，苗族同胞都要身着盛装去踩花山。在花山上，年长者可以放松心情，未婚青年男女，可以寻找意中人。

花山节又称"耍花山"或"踩花山"，即在苗族居住比较集中的地方，选择一个景色秀丽、视野开阔的小山包或山间坪地，在上面立两根花杆，开展唱歌、跳舞、爬杆、游乐等活动。

花山节的来历，有这样一个美丽的传说：相传在很早很早以前，有一对恩爱的苗族夫妻，女的叫欧产（音译），男的叫产柱，他们过着自由幸福的生活，唯一遗憾的是婚后多年一直无儿无女。他们到处求医问药，都找不出原因。最后到天上去问天神"首"。"首"告诉他们说，每年除夕那天，天皇都要把世间的邪魔鬼怪全部召到天宫问话，看他们有何功过，分等论处，无罪或能悔过自新的，过了十五又放回人间，因而正月初一至十五是最洁净的天日，这段时间天皇还要下凡查看世情。"首"告诉欧产和产柱，叫他们

❶ 立花杆
❷ 苗族花山节

❶ 花山节斗鸟

❷ 昭通市首届苗族花山节暨威信县第五届红色文化旅游节

在正月初一至十五期间，在一个景色秀丽的山上立两根花杆，燃香点蜡迎接天皇下凡，并向他求赐，他会赐给子嗣、风调雨顺和荣华富贵等。来年正月初一，欧产和产柱就按"首"所说的去做，在一个景色优美的山顶上竖立两根花杆，燃香点蜡，吹起芦笙、打起锣鼓，笙声悠扬，锣鼓喧天，号角长鸣，人们闻讯从四面八方拥来，共同迎接天皇下界。之后，欧产和产柱有了儿女，且碰巧又迎上风调雨顺，五谷丰登，他们过上更加美满幸福的生活。他们认为这一切都是上天赐给的，人们纷纷效仿，年复一年，即形成苗族一年一度的传统节日花山节。

花山节娱乐的项目很多，内容丰富多彩，但最引人入胜的要数唱古歌和跳芦笙舞。唱古歌和跳芦笙舞历来就是花山节必不可少的项目。爱好跳舞的人们手拉着手围着一根花杆，由一至二人吹奏领队，大家翩翩起舞。一曲未终，一曲又始，笙声经久不息。欢快的舞步也随着领队的变换而随时变换。围观者将芦笙舞队围得水泄不通，每个人都可以随时加入，跳累了便退出圈外暂时休息。爱好唱歌的人们围着另一根花杆纵情歌唱，有独唱，有对唱，也有合唱，歌声婉转悠扬，余音袅袅。歌唱者手握线筒（土电话），红伞掩面，别具情趣。大家你一曲、我一曲，相互展示各自的歌喉和文艺才华。

随着时代的前进，花山节还增设了赛马、斗牛、射击、爬山、拔河、田径等体育运动

项目，还有猜谜、象棋、扑克等智力游戏。直到天色已晚，芦笙师吹起了辞送曲，人们才依依不舍地离开。

花山节是苗族同胞的重要节庆活动，同时也是威信地区民俗文化的集中展示，它虽然来自苗族的文化传承，但现在已经远远超出了苗族人的范畴，许多汉族同胞也被这种绚烂的文化所熏陶，成了花山节的参与者和策划者。这正是中华文化发扬光大的基因，这种基因扎根于人们的灵魂，在岁月的长河里不断放射出美丽的光彩。

❶ 花山节笙歌
❷ 花山节跳高

唱古歌

古史之歌——千万年永不褪色的文化瑰宝

"凡诗必歌,而歌也就是诗,诗和歌融为一体",这是中国历史上诗歌的由来。

在诗与歌交汇的长河中,流淌着一颗颗绚丽的文化艺术珍珠,以独特的样式和声调,热情歌颂古代先祖们征服自然、改造自然、创世立业的丰功伟绩。那就是千万年永不失色的苗族古歌。

由于苗族历史上没有文字,社会交往全凭语言,民间口头文学相当发达;而作为苗族历史和文化重要载体的口头文学,主要就是通过音乐的形式才便于口传心记,得以代代相传下来。因而苗族的音乐又与文学有着密不可分的关系,很多时候以诗、歌、舞三位一体的形式出现。诗、歌、舞浸透到社会生活的各个方面,喜庆的婚礼,悲伤的丧事,欢乐的节庆,严肃的宗教祭祀,青年男女谈情说爱,甚至在生产劳动之中都离不开。

音乐和舞蹈是苗族世代传授知识、表达情感的一种重要手段。威信苗族音乐按其不同的特征及表现手法,可分为歌乐和器乐两大类。歌乐又分古歌、仪式歌、故事歌、情歌、民间歌谣等几个类型。

古歌,是苗族歌乐的重要部分,是古代苗族人民口头创作的史诗,内容丰富,浩如烟海,洋洋数万言,内容包罗万象,号称"苗族古代百科全书"。它系统地叙述天地日月的形成、万物的起源以及苗族祖先们生产生活的生动情景,热情歌颂他们征服自然、改造自然、创世立业的丰功伟绩。苗族把它看作是本民族的历史,所以称它为"古史歌"。由于这种歌多在婚姻酒事中演唱,因而威信苗族又称它为"酒歌"。

大体可分为两大部类：第一部类称为"开天辟地歌"，第二部类称为"婚姻嫁娶歌"。

第一部类也称"创世史歌"，它是古歌中的精华，苗族称其为"具有历史纪念意义的歌曲"。主要内容包括磨天碾地、制天造地、犁天耙地、夯天拍地、铸日造月、射日杀月、斩雷擒龙以及五谷、金银铜等物的来源等部分。

这一部类，古歌的创造者张开充满想象的翅膀，纵情翱翔于天地人间，把苗族先民创世立业的丰功伟绩谱写成一部千古神话。湛蓝遥远的天空、起伏不平的大地、飘忽不定的云雾、灿烂耀眼的阳光、闪闪发亮的繁星等种种自然物象的形成，古歌的创造者发挥如此丰富神奇的想象，做出出人意料的解答，令人拍案叫绝。古歌大胆利用夸张手法，把创世英雄人物描绘成高大无比、力大无穷、胆大无畏的形象。他们能够上天入地，降龙伏虎，对自然界的各种灾难毫不畏惧退缩，敢于与大自然做斗争。一部"开天辟地歌"，实际上就是古代苗族人民认识自然、征服自然、改造自然、创世立业的生动写照。在古歌中，世界上的万事万物都和人一样，具有灵性，甚至连太阳和月亮也能谈情说爱，结婚生子。

"苗族古歌"又把人们带进一个童话般的世界。这一部类虽为神话传说，但也并非凭空想象。古歌中创世英雄人物，既是神，也是人，他们的行为，是被神化了的人类的行为。如对天地的碾磨、犁耙、夯拍以及用煤炼银来铸造日月等活动，实际上就是人类最初的一些生产实践活动。铸造太阳和月亮所取的模样，是人们日常生活用的簸箕和筛子。所以说，苗族古歌是取材于现实生活，取材于社会实践。

第二部类称为"婚姻嫁娶歌"，叙述苗族婚姻礼制的形成以及与婚嫁有关的传说、生活等。主要内容包括迎亲歌、回土地神歌、天黑歌、洗脚歌、吃新娘饭歌、作战歌、擒龙歌、天明歌及起程歌等。另外，花山节上唱的"踩花山歌"，丧事上唱的"丧葬歌"等，也属于古歌的范畴。现今苗族婚姻结缔中的每一个环节，都能

够从古歌中寻溯到其根源。沿留至今的威信苗族传统婚俗，就是从古歌中不断传承和演变而来的。古歌还保留了苗族从母系氏族社会向父系氏族社会转变过程的遗迹。这个部类中战歌、擒龙歌，生动活泼，情趣盎然；迎亲歌、洗脚歌、天明歌，生活气息十分浓厚，完全取材于现实生活。

　　苗族古歌不仅具有史学价值，其文学价值和美学价值同样也不可低估。作为苗族历史文化的"苗族古歌"，语言运用既十分讲究，又通俗顺口，能唱易记，为群众所喜爱。古歌的每一支歌曲都带有引子，即"歌头"的意思，因歌曲类别的不同及地区的差异，"引子"曲式也有所变化，不过乐曲旋律的起伏大体是一致的。歌曲结尾处也有相应固定的结束语，两大类古歌的结尾略有区别。歌曲都是多段体，段与段之间有停顿。

竹筒传情（情歌对唱）

古歌的体裁主要采用问答和叙述两种形式。其问答形式与屈原的楚辞《天问》及一些民族的"盘歌"文体相近。在一问一答中，对天文、地理各个方面的事物来源进行盘根究底，直到水落石出。古歌声调的抑扬变化和音节的长短配合，使得古歌又从文学的领域跃进音乐的殿堂，吟唱起来铿锵有声，朗朗上口，悦耳动听，或如珠落玉盘，流转自如，或如高山流水，哗声起伏，颇具艺术感染力。在吟唱过程中，为了更好地把握节奏，强化某些音顿的感情，吟唱者常在音顿之后附加衬词，使古歌更加圆润婉转，而且让吟唱者自如地把握节奏。同时发音、吐字、吐音都很讲究，音色飘逸柔美，悦耳动听，十分引人入胜。古歌音域不宽，一般由五个音调及它们的伴调组合，基本上与苗语的八个声调相吻合。在吟唱时，极少出现高八度和低八度的情况。威信苗族古歌的曲调，经过历史上的不断继承和演变，至今已形成固定的具有地方民族特色的曲调。这种曲调吟唱自如、婉转柔和、情意缠绵、韵味深美。

威信苗族的古歌，除了"丧葬歌"和"祭祀歌"必须在特定的场合唱外，其他的随时都可以唱，但又以订婚和结婚典礼时的规模最大，气氛也最为浓厚。婚礼中唱古歌，成为苗族一项重要的文化活动，并贯穿婚姻结缔的全过程，成为苗族婚姻习俗的一个重要组成部分。

威信的高田、双河、旧城等地，是古歌演唱较盛行的地方。尤其是高田乡大塆、凤阳等地，古歌歌曲最为完整系统，许多别处已经散失了的曲种、曲目，都可以在这些地方找到。这里的男女老幼几乎人人都会唱古歌，每逢办喜事，夜晚歌手们围坐在火塘边，争相竞唱，通宵达旦。爱好古歌的人们，挤满四周，侧耳倾听。当歌手唱完一个段落，大家便齐声吆喝"舍—哟—舍—哟—呀—呢—"。歌手的演唱与众人的帮腔相映成趣，如潮起潮落，把演唱古歌的气氛一浪又一浪地推向高潮。一曲曲声情并茂的古歌，让在场的人充分领略到苗族音乐文化的博大精深和迷人魅力。

芦笙

芦笙——竹木共鸣的跃动旋律

威信苗族的歌舞离不开芦笙。芦笙的历史，最早可以追溯到神话传说时期的"女娲时代"。我国古代的一些史籍中就有"伏羲作瑟，女娲作簧"，"竽笙起源于女娲"等记载。唐宋时，史籍上记载的"葫芦笙"或"瓠笙"，所指皆是苗族的芦笙。芦笙之名始见于明代文献。钱古训《百夷传》："村甸间击大鼓，吹芦笙，舞干为宴。"《南诏野史》中载有滇中苗族"每岁孟春跳月，男吹芦笙，女振铃唱和，并肩舞蹈，终日不倦"。由此可见其历史之悠久。

威信苗族使用的芦笙为传统的六管芦笙，由笙斗、吹管和音管三个部分组成。芦笙笙斗和吹管外箍多圈桦槁树皮或铜片，并涂以桐油，呈淡黄色，木纹清晰，外观美观，音管呈金黄色，故有"金芦笙"之美称。

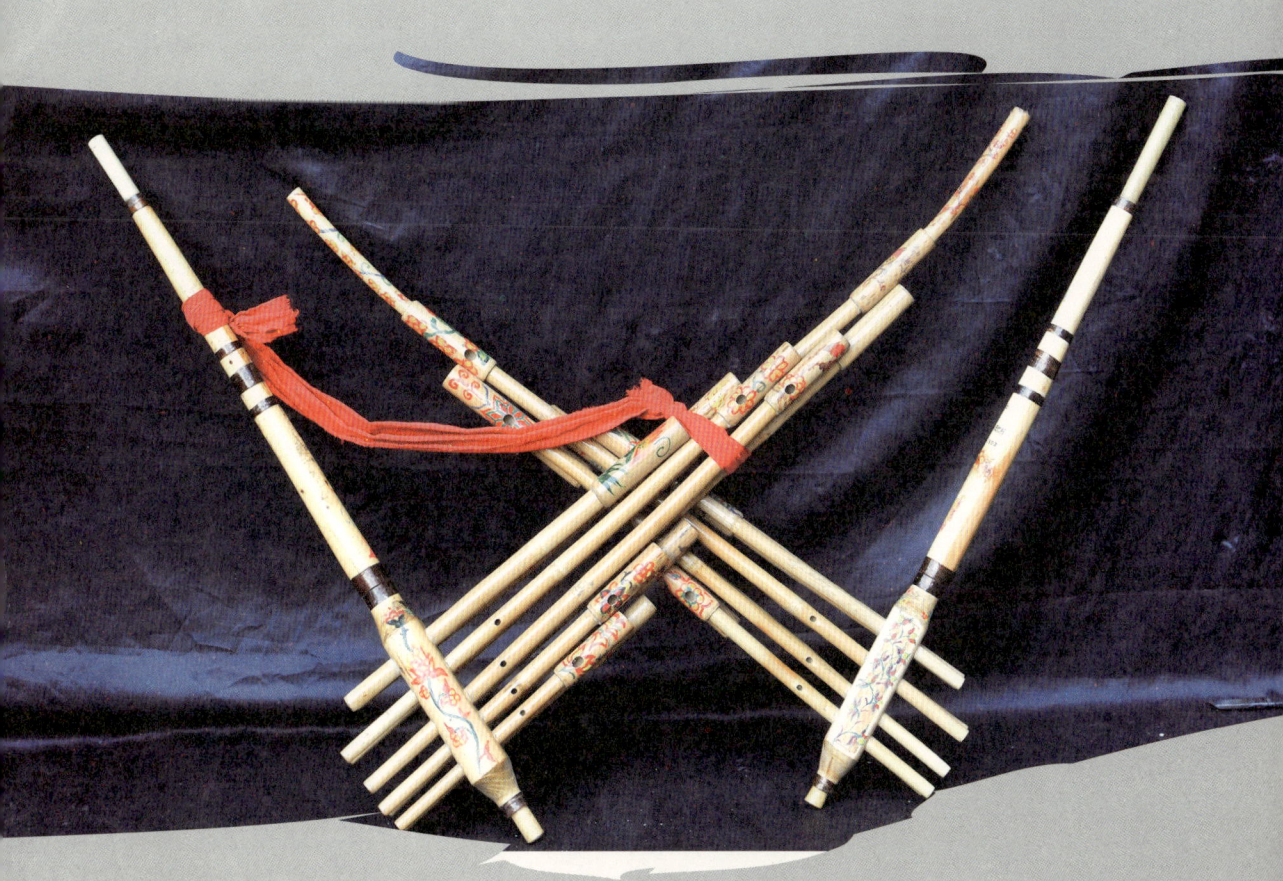

双人芦笙舞

芦笙的制作程序复杂，要求做工精细。各地都有从事芦笙制作的民间业余艺人。尤其三桃乡斑竹村邹绍宣制作的芦笙，造型美观，音色优美纯正，经久耐用，备受县内外芦笙爱好者的欢迎。同时他在传统芦笙的基础上，经多年研究将原来六管芦笙改进为八管甚至十多管，增加了半音音阶，拓宽了音域，大大丰富了芦笙的表现力。

芦笙音乐多为舞曲，主要用于丧葬祭祀、踩花山和平时娱乐。传统的丧葬祭祀舞曲主要有《天黑曲》《迎宾曲》《祭亡曲》《朝亡曲》《烧符曲》《寻猪曲》《天明曲》《卖道场曲》《野外治丧曲》《赛指曲》等，花山曲有《迎接曲》《庆贺曲》《赞颂曲》《分道场曲》《辞送曲》等，娱乐曲有《跳跃曲》《欢乐曲》等。这些曲子中，除《欢乐曲》《赛指曲》属单纯的乐曲外，其余曲子都配有唱词，而且比较固定。芦笙唱词内容相当丰富，特别是祭祀曲词，有着很高的历史和文学价值，是研究苗族历史、文化、宗教、风俗习惯十分珍贵的资料。

芦笙乐曲，每首曲子都具有跳动的旋律，吹奏时常使用单吐、颤音和花舌等技巧，跳跃的节奏感更加突出。

苗族乐器的代表主要是芦笙，最有代表性的舞蹈当然也是芦笙舞。芦笙舞的历史，与芦笙同样悠久。芦笙舞发展到宋代，已颇具影响力，甚至有幸进入宫廷表演。宋代陈锡《东书》就有关于类似芦笙舞的记载。到明清时期，汉文献上记载苗族芦笙舞的就更多了。

芦笙舞蹈热烈粗犷，舞姿优美，步伐轻盈，动作变化复杂。其特点主要表现为：以腰部和胯部为轴心，上身常呈前俯状，根据舞曲的节拍节奏而呈前、后、左、右运动，以前后运动为主；双手合抱芦笙随着身体的运动而动；脚部动作为脚掌先落地，脚跟后着地，以小腿为主动力，做踩、踏、踞、抬、

芦笙舞演出

跳、跨、踢、勾、摆、跷、屈、弹、蹬等动作，步伐有力而矫健。音乐以2/4拍为主，3/4拍次之，4/4拍很少，节奏明快，动作奔放。

威信苗族芦笙舞蹈大致可分为祭祀性舞蹈和娱乐性舞蹈两大类，同时又有集体舞、双人舞和单人舞3种形式。

祭祀性舞蹈主要用于祭祀亡人和超度灵魂。一般都在中堂进行。堂屋正中挂牛皮鼓，由一人摇鼓作节，一人吹笙带领所有舞者绕杆而舞。如果是正坛法事，则只有芦笙师、击鼓师两人。程序有入棺、接灵、辞灵、敬酒水、敬饭食、交牲等，均由一人吹奏，鼓师伴奏，边吹奏边舞蹈。根据不同的程序和舞曲的不同节奏，舞步也不尽相同，但每支曲子的舞步都相对固定。这时候的舞蹈动作幅度较小，步调较慢，步态凝重，舞者神情肃穆，舞起作谒，并有顿足、转圈、下蹲、弓腰、行走、漫步等动作，气氛凄凉，表现出对死者的虔诚祭奠和寄托无限的哀思。若不是正堂法事，即使吹的曲子仍是祭祀曲调，其他人也可以参加进去，人数不定，视场地而行，但绝大部分地方仅限于男性，舞蹈动作也有所规定。

跳娱乐性芦笙舞蹈有三种情况：一是在丧葬祭祀中正坛法事的间隙，为了填补间隙不致冷场和寂寞，以及增加热闹气氛，由其他芦笙舞爱好者进入场中起舞；二是在一年一度的花山节，这是一个歌舞的盛会，男女老幼均可尽情狂欢；三是节庆或劳动之余。大多数苗族村寨都有一个供人们跳芦笙舞的院坝，在夏秋的劳动之余，月明之夜，芦笙鸣响，全寨的男女青年聚集在一起翩翩起舞，名曰"踏月"，以此消除一天的疲劳。娱乐性芦笙舞曲多是《跳跃曲》和《欢乐曲》等。曲调欢快激昂，舞步热情奔放，动作变化复杂且幅度较大。以群体舞为主，兼有单人舞和双人舞。群体舞是由一至二人吹笙领舞，众人尾随按逆时针方向翩翩起舞。舞步随着领舞者的变化而变化。除吹笙者外，其余人员皆全心投入，有摆腰、甩手等动作，"举手投足，疾徐应节"。单人舞是由一人自吹自舞，舞步热烈粗犷，身段优美，步伐欢快，动作变化自如，有翻滚、旋转、跳跃、蹬踢、"矮桩子"、碎步等一些高难度动作。双人舞是

芦笙吹奏

由男女两人吹着音调相同的芦笙（俗称"对子笙"）对舞，也有的是男的吹笙，女的和舞，这种舞蹈又称"对脚舞"。步伐轻盈，舞姿翩跃，给人以赏心悦目之感。

　　祭祀活动中的另一种娱乐性舞蹈是挤坛舞，这种舞蹈饶有趣味。起舞时，由一芦笙手吹笙做前导，后面尾随若干青壮男子，手挽手、肩并肩围成圈，随芦笙曲调迈出整齐的步伐，有规律地前驱后退，左右驱动，并做抬手跷腿、猫腰伸颈等动作。

　　跳芦笙舞是苗族一项重要的祭祀活动和文化娱乐活动。这种跳跃性强、动作粗犷、踩踏有力的舞蹈表现了苗族人勤劳、豪放的心理素质，同时也表达了这一民族征服自然的愿望和意志。芦笙舞以它独特的风格不断地发展着，并成为文艺创作取之不尽的源泉，许多以芦笙舞为题材的舞蹈作品曾受到外界的赞赏。

芦笙艺术时刻生长在苗族人民的生活中。芦笙伴随着苗族度过世世代代。在传统乐曲的基础上，威信音乐爱好者融合了现代的文艺元素，创作出一些适合于当代且易于流行的芦笙曲，如安祖谋的舞曲《比勐的芦笙》、徐永弟的协奏曲《山寨欢歌》等，便是比较优秀的作品。《山寨欢歌》以大、中、小三种型号芦笙为主调，融进笛子、唢呐、巴乌、木叶、大鼓、铜锣等器乐，欢快热烈，诙谐幽默，无不显现出威信芦笙文化艺术的深厚底蕴。

服饰——苗族"无字史书"文化的绚丽绽放

在中国古代典籍中，早就有关于五千多年前苗族先民的记载，这就是从黄河流域直到长江中游以南被称为"南蛮"的氏族和部落。随着历史的变迁，原本生活在中原地区的苗族逐渐向西南地区迁徙，威信地区的苗族就是由中原向西南地区迁徙的一个支系。

走进苗乡，除了感受苗家风情的雅致和苗族同胞的热情外，让人难忘的是苗族同胞美丽而大方的服饰。服饰是时代的产物，是文化的象征。对于中国少数民族服饰而言，正是由于不同民族的经济、政治、文化、传统以及环境和气候影响的不同，使得服饰成为一面镜子，折射出不同民族各自鲜明独特的文化内涵。在中国的少数民族中，生活在中国南方诸省区的苗族支系众多，其服饰可谓丰富多彩。有人说，苗族有多少个支系，就有多少种服饰，而每个支系内部仍然存在着差异，几乎是一村一寨自成风格，款式各异。根据粗略的统计，今天的苗族服饰款型样式多达130多种，可以同世界上任何一个民族的服饰相媲美。苗族众多支系的服饰除了其造型款式被专家学者深入研究外，它的图案纹饰也已经引起了人们的注意。因为历史上的苗族是一个不断迁徙的民族，其经济模式与文化传统的形成和结果，正是在这样的抗衡和迁徙过程中，经过长时间的抗争、融合、认同后所形成的一种文化形态。这种文化形态

"蒙棱"

很好地保留了苗族各个支系自己的语言形态、居住方式、节日模式、习俗文化和思维方式。就苗族整个的文化意识和思维方式而言，或多或少地显现出迁徙的痕迹。苗族的服饰图案代替了文字，从而使没有文字的苗族在服饰文化这部"史书"中找到了自己特殊的文字，使服饰图案艺术成为苗族传世的"无字史书"。

在威信县罗布镇丁家坝，一座苗族博物馆坐落在村子的中间，被人们视作苗族文化艺术典藏的标志建筑。走进博物馆，就走进了苗族同胞源远流长的发展历史，细细洞察苗家人衣着服饰的前世今生。一个个不足五平方米的立体小厨，狭窄的空间经过简约的布局，装载了从麻到线、从线到布、从布到衣的繁杂过程，装载了苗家衣裳从遮身蔽体到迎宾待客的漫长嬗变。徜徉在苗族服饰变与不变的漫漫长河中，无论驻足还是举目，都可窥视自古到今麻与刀针孕育的服饰文化。

苗族的支系较多，服饰也各有特色。威信苗族服饰既保留了各地苗族某些共同的特征，又形成了自己独特的风格。威信苗族服饰崇尚青、蓝、绿、白色。男子服饰式样较为简单，妇女服饰则丰富多彩，因居住地的不同可划分为"蒙棱""蒙豆""蒙喜""蒙坝"等多种样式，其区别主要表现在头饰式样、服装颜色及花饰和镶花等。妇女服饰分便装和盛装两种，便装为平时或劳动时穿用，

花饰较少，简洁素净；盛装是走亲访友和重要节日的华丽冠带，满身花锦，鲜艳夺目，显得富丽华贵。

服饰通常与从事的工作有关。男子主要从事野外劳动，传统的苗族男子服饰，多为头包青色帕，身着青、蓝色长衫或对襟短袄，腰间拴上绿丝带，下穿宽裤档大脚裤。寒冬季节缠青、白色绑腿，既保暖又利索。

妇女服饰就要复杂得多。头饰、上装、裙子、围腰和腰带乃至鞋子都有讲究。

头饰：过去未婚女子挽发髻，插银簪，包青色帕子。现在未婚女子多不包帕子，结辫或披发垂于脑后。已婚妇女因地而异，或将头发结辫盘于头顶，再以青色毛线结成粗大辫子盘在头上，外包青色帕子；或以青色毛线掺杂头发拧成"假辫"盘在头上，用小花巾绷罩。戴不戴假辫是区别苗族已婚和未婚妇女的重要标志。"蒙喜"和"蒙坝"不论结婚与否都不戴假辫，只以头发结辫挽于头上，用

❶ "蒙豆"
❷ "蒙喜"

青色帕子整齐地缠包。未婚女子和年轻妇女的盛装，还配吊各色"勒子"。走在路上，"勒子"随着头部的摇动而协调地摆动，盛装的苗家姑娘更加楚楚动人。

上装："蒙棱"和"蒙豆"上装有两种。比较常见的一种在花牌两边镶栏杆。另一种是开襟长领无纽衣，领上镶挑花或刺绣花带，袖管细长，穿时两襟超搭如僧衣式系围腰，胸微露。"蒙喜"着挑花领子的长衣服，前短至腹，后长与裙子相等，后衣脚镶挑花栏杆和彩色布条，袖口镶蓝底彩色布幅。"蒙坝"穿外蓝内白双层右衽中长衫，衣领口也绣有花纹，衣领绣有花饰，衣袖镶六道花环，衣领周围的"托肩"，用挑花花带滚边。

裙子：苗家的裙子有织裙和蜡染裙两种。织裙花纹呈横式走向，黑白分明，疏密相间，宽窄相应，对称中有变化，显得极为大方素雅。蜡染裙有点花裙、插花裙、绣花裙、彩布花裙和普通裙，主要用作盛装。不论哪种裙子，都要打褶，所以又叫"百褶裙"。

围腰和腰带：围腰是妇女服饰中不可缺少的重要部分，穿裙子必系围腰搭配。"蒙棱"和"蒙豆"的围腰与裙子差个多

苗族服饰

长，花纹为刺绣花，大朵、漂亮、醒目；围腰边沿也要镶挑花或刺绣的"吊牌"。若盛装则做"转角花带围腰"。"蒙喜"的围腰用蜡染花布制成，上部还打褶。前胸还加带一个小胸围腰，用花带嵌边，另配一个花团锦簇的小胸兜。苗族妇女穿好衣服裙子后，先系腰带，再系围腰，把腰身勒紧，罩住裙身前部，将衣服和裙子连接成一个有机体，显得既窈窕又精神。走动时，裙摆、飘带、腰带左右摆动，花簇抖动摇曳，显得绰约多姿，风情万种，十分优美。

银饰和佩物：喜用银饰是苗族妇女装饰上的一大特征。过去，年轻妇女挽发髻于头顶，额前吊一朵小花，头上插一只鸟雀银簪，做啄花状。苗族姑娘长到几岁，就要将其双耳各穿一小孔，长大后戴耳坠。除发簪和耳坠外，有的也戴项圈和手镯。年纪大的妇女只戴手镯。银饰一般都由本民族银匠制作，有的制作工艺复杂，器形

❶ "蒙坝"
❷ 苗族男服饰

美观，是苗族民间珍贵的工艺品。着盛装的苗族妇女，再配上各种银饰，就更加显得艳丽多姿。

威信苗族妇女服饰，以其独特的形式，备受服饰研究专家的青睐。中国工艺美术馆、云南省博物馆、云南民族大学均有收藏，并于1986年被推荐到美国展览。2000年7月，在首届中国民族服饰博览会上获优秀奖。

蜡染——用刀尖传承和发展苗族文化的精髓

苗族是一个极其爱美的民族，苗族妇女人人都精于服饰工艺美术的制作。蜡染、挑花和刺绣是威信苗族传统的手工技艺，在我国各兄弟民族中享有盛名。蜡染有划蜡、点蜡、绘蜡、涂蜡等，挑花有骑纱花、游纱花、梭纱花等，刺绣有平绣、叠绣、长短针、缠针等。花饰图案多取自大自然中的山、水、花、鸟、虫、鱼以及人们生活中常见的几何形体，造型生动简练，线条流畅，古朴典雅，颇具装饰趣味，有浓厚的生活气息和民族风格。他们在制作工艺美术品的同时，也把民族文化的精髓给予传播和发展。

纺麻

❶ 织布

❷ 织裙

点蜡

蜡染是苗族同胞民间的传统印染工艺,是苗族传统文化的重要代表之一。蜡染在我国至少有两千多年的历史,古称"染缬"。威信苗族的蜡染,在继承各地苗族传统共性的基础上,充分打造本民族印染技术的个性特征,具有浓郁的地方民族特色,其中隐藏着苗族的许多历史和文化信息,对于研究苗族的历史、文化、风俗习惯、审美情趣等,具有较高的参考价值。

威信苗族所用的蜡主要是蜂蜡,也有漆蜡。蜡刀又称蜡勺,是用3块三角形小铜片重叠组合而成,其中之一角夹在一块小竹片的一头,并用铜线拴紧;铜片中间留有空隙,口面紧而平;蜡勺分大、中、小:大勺用于画线条,中勺用于绘图点花,小勺用于点画精致细密的图案如螺蛳等。蜡染因而被称为"刀尖上的艺术"。

❶ 蜡刀
❷ 染布

蜡染融进了丰富的苗族历史和文化沉积。对于苗族而言，蜡染裙不仅是一种主要的服饰，而且还是一个重要的文化载体。关于蜡染百褶裙的来源，有这样一种传说：相传在先秦时期的楚国苗族就有了自己的象形文字。那时汉族以漆为墨，将文字写在竹片上；苗族以蜡汁为墨，将文字记在布绢上。布绢比竹片轻且易于收藏保管。之后发明了染色物，即现在的土靛，于是便将写上字的布绢染色并用沸水煮脱蜡质，现出清晰的蓝底白字。苗族将自己的居住地、游猎领地、重要事物和事迹等用象形的符号记在布上，作为本族的地理文书。战国末年，秦吞六国，苗族战败被迫迁徙，这种用蜡汁写在布上的文书也将难逃厄运。为了保存自己的历史书籍，在逃难之际，聪明的妇女们急中生智，将写有文字的布绢围于腰间做裙子，以此避免秦军的搜缴。但因布绢太长且文字显现，不好穿戴又容易被识破，她们就将布绢折皱缝成褶，

刺绣

穿在身上逃走。为了使自己的文书不遗失，妇女们随时穿着，且一代传一代，久而久之就形成苗族的蜡染百褶裙。

　　威信苗族的蜡染裙，因地区的不同而呈现出不同的式样。双河、高田的蜡染裙比较宽大，花纹图案以植物为主，花形花色流畅，体现了苗族热爱大自然的性格特征。所勾画的螺蛳成片地沉浸在水中，笔法圆润而酣畅，反映出妇女们对水生物有朴实的观察和了解。整齐而有序的吊子花，体现了苗族对美好生活的向往和追求。扎西、罗布一带的蜡染花纹，多以类似于田园、地产、房屋、路标等几何图案出现，善用小花组成连续性纹样，以几何图案为主体点画各种花纹。脱蜡后绣上各色花线形成五彩缤纷的花朵，几何块内则镶嵌各色布料，镶各色布块，显得古朴自然。旧城松林、龙马等地的花裙，花纹精致，喜爱填画，裙式小巧玲珑。

　　苗族蜡染构图严谨，连续整齐，图案变化多端，风格潇洒。蜡染裙深刻记载了苗族的过去，其上下有两根极为醒目的

晾晒

粗墨横线，分别表示黄河和长江。在黄河与长江之间宽阔地带的几何框格和花纹图案，代表着苗家宽广、美丽的家园。小小的蜡染，浓缩了苗家人钟爱乡土和自然的情愫、向往美好生活的憧憬。

除了蜡染，威信苗族妇女的手工艺术还有挑花、刺绣等。挑花以喜鹊筑巢、琼花盛开、小鸟回首、金钩挂果、蝴蝶双飞等图案为主，挑出来的鸟雀、蝴蝶等花纹栩栩如生。刺绣图案有吉祥的喜鹊闹梅、燕子双飞、小鸟含花、蝴蝶展翅以及花团锦簇、果实累累等，具有独特的民族风格和技巧。

威信苗族的蜡染裙，不仅是苗族的一本"史书"，也是一幅赞美祖国锦绣河山的画卷。为继承和弘扬蜡染工艺，在20世纪八九十年代，威信县城成立了民族织布厂，专门从事蜡染工艺。1987年，该厂的蜡染产品在云南省第二届少数民族优秀产品评比会上获第一名。

民族工艺是中华民族的优秀财富，也是华夏子孙代代相传而遗留下来的文化瑰宝。在科学技术快速发展的今天，振兴民族工艺，弘扬传统文化，是我们每一个中华儿女的责任。随着全球"一带一路"倡议的实施，愿民间工艺回归历史的本真，创造出更多优秀的民族文化精品，让古丝绸之路的商贸兴盛在乌蒙山再现。

彝家山寨品风情

> 彝族是一个崇尚火的民族，也是一个以虎、鹰为图腾的民族，他们把火的精神世代相传，在歌的天地、舞的海洋里，唱出生活的欢乐与忧伤，跳出人生的坎坷与平坦，经历几千年的积累和沉淀，形成了源远流长，丰富灿烂的彝族文化。

在滇东北的乌蒙山深处，有一个山清水秀、风景怡人的地方，那里雄鸡鸣叫，川滇黔三省皆闻，所以被称为"鸡鸣三省"。1935年2月，红军长征时曾经从那里经过，并召开"鸡鸣三省"会议（即花房子会议），所以那里是红色旅游胜地。

就在云、贵、川接合部的"鸡鸣三省"地带，居住着彝、苗、仡佬等多个少数民族，其中尤以彝族居多，有五万多人。其中居住在威信县境内的彝族就有两千多人，主要分布在水田

彝族服饰

镇和双河苗族彝族乡，其他乡镇也有零星居住。

彝族是一个崇尚火的民族，也是一个以虎、鹰为图腾的民族，他们把火的精神世代相传，经历几千年的积累和沉淀，形成了源远流长，丰富灿烂的彝族文化。

彝族是个善于创造的民族，他们勤劳勇敢，善于研究和思考，不但创造了自己民族的文字，而且为了更好地进行农业生产和从事畜牧或狩猎活动，彝族先民创造了独具特色的"十月太阳历"，这部太阳历堪称一部伟大的天文历法，可以与玛雅文明相媲美。

彝族是个迁徙的民族。威信彝族主要来源于川西地区，他们经过几多辗转才来到这片土地，在此休养生息，创造着历史的文明。

说起"彝"字是挺有意思的。在"彑"字头的下面是"米"字，右是"系"字；下面为"廾"字，根据这个民族的爱好和特长定为彝族，其意为种稻纺纱织布的勇敢的民族。

彝族是一个聪明勇敢勤劳的民族，又是一个自尊心自信心较强的民族。祖先属于彝人部落联盟，聚居在美丽富饶的江湖平原一

彝族达体舞

水田镇在香树村河底举办第二届彝族火把节

带。在尧、舜、禹三代皇帝不断掠夺征战时期,彝人部落饱受战争摧残,损失巨大。为躲避延年不绝的战火,他们从西向南迁徙,进入贵州、云南和四川南部的山区和原始森林地带,开发新的处女地,创造新的生活环境。他们为了躲避战争的杀戮和民族的斗争,多选择在边远的山区居住,赤水河上游地区的"鸡鸣三省"地带原本为荒芜之地,彝族人选择在这一地域定居,进行他们对荒山野林的开发历程,渐渐发展成了一个较大的民族群体。为了适应生存发展,勤劳勇敢的彝人不断开拓,繁衍生息,继承祖先遗志,经过历史的变迁,逐渐形成独特的彝族风情和多姿多彩的彝族文化。

根据历史记载,大约200多年前,威信县彝族顾姓的先祖洒逻和两位安姓的先祖蒙逻爷、蒙逻爸三人经镇雄县坡头越过彝楼沟(现在的果哈河),进入今威信县水田镇。他们在那里开荒改田,种植水稻,世代辛勤耕耘,繁衍生息,把家园建设成了美丽的鱼米之乡。

彝族是善良热情的民族,在待人接物、生活礼仪、宗教信

火焰燃烧着激情和幸福

仰、文化娱乐上形成浓郁的地方民族特色，同时也传承了先辈的文化信仰。他们崇拜灵魂、崇拜图腾、崇拜祖先，供奉着非常隐秘的神像。一位彝族诗人描述说："太阳下的每一个地方，都有一条通往神灵的道路。"这是彝人箴言，与当地民族的宗教信仰和精神生活密不可分。

彝族是中国境内第一个发现火和使用火的民族，他们坚信火能战胜敌人、除妖辟邪，认为火是万事万物的起源。彝族的经文上记载着：火从石头里蹦出，火在草丛中跳舞。火就是神，神就是火。红绿光线分，神从影中生。万物影子生，影子成灵魂……由此可见，彝族人把火视为一种神秘的力量存在于信仰中。

大碗吃肉，大碗喝酒，让客人酒足饭饱是彝族人最高兴的事情，能够在彝家寨子酒醉不是什么丢人现眼的事情，只能说明大家相遇是缘分，酒不醉人人自醉，彝家待客先用酒，喝不醉你不用回。

火龙带来吉祥和希望

彝族具有优美的语言和充满魅力的服饰。彝族语言优美抒情，娓娓动听，是我国民族语言文化大花园中的一朵秀花。

"鸡鸣三省"的三角地带，汉、苗、彝等多民族杂居，受各民族宗教、语言和民俗的影响，如今懂彝文的人不多，说彝话的人更少，逐渐被地方语言同化。目前，威信县双河、水田还有部分彝族老年人会使用本民族语言进行交流，百分之九十以上的彝族同胞，已经不会自己本民族的语言。

威信县水田镇顾家在20世纪80年代还存有彝族文字书籍，由于房屋发生火灾，所存书籍被全部烧毁，给研究彝族文化带来极大损失，也是本地彝族人最大的遗憾。目前，在四川叙永县的水潦乡还保存有彝文经书，也算是弥补了彝族语言文化的一大空缺。

与苗族相比，彝族人的穿着打扮不尽相同，但各自的民族风情都展示得淋漓尽致。

彝族有其自身民族的独特风格,女子用青布包上大盘头,盘头用红、黄、绿等五色布绣上桃花、石榴花、辣椒花,边沿悬吊着彩珠或玛瑙,通常与鼻子平行,耳坠以玛瑙为主,使整个头部金光闪闪,多姿多彩。衣服为大袖筒,由青、红、绿、黄、白、蓝带组成。裤子为宽松的骑马裤,裤脚用不同色的布绣上钥匙花。鞋子前、后、左、右绣花,鞋尖用五色线锁口,鞋尖往上翘,形似鸡冠,故称鸡冠鞋。袜子为白色布双层袜,穿戴起来五彩缤纷,似彩蝶飞舞。穿上彝族服饰的女子,整个人看起来婀娜多姿,风格独特。男子头上一般留长辫,青布帕子,上衣主要是青蓝布长衫,纽子钉在右边,腰系青布围肚子,呈三角形,内分数层,为盛装钱币之囊。裤子为大脚裤,白布裤袋,两头长处绣有花。鞋子钉布纽扣。看上去英姿飒爽,格外有神。

唱歌跳舞是这个民族的最大喜好,欢乐时他们唱歌,悲伤时他们也唱歌,他们以歌舞的形式来表达思想情感,诉说自己的喜怒哀乐,可以这样说:彝族人的舞蹈溜溜长,

彝家山寨欢迎您

彝族人歌儿唱不完。他们在歌的天地、舞的海洋里，唱出生活的欢乐与忧伤，跳出人生的坎坷与平坦。

彝族民间有各种各样的传统曲调，诸如爬山调、进门调、迎客调、吃酒调、娶亲调、哭丧调等。有的曲调有固定的词，有的是临时即兴填词。山歌分男女声调，各地山歌都有自己独特的风格。彝族乐器有葫芦笙、马布、巴乌、口弦、月琴、笛、三弦、编钟、铜鼓、大扁鼓等。彝族舞蹈多为集体舞，如跳歌、跳乐、跳月、打歌舞和锅庄舞等。其舞蹈动作欢快、流畅，音乐节奏感强。

彝族人的歌声优美动听，时而欢快，时而忧伤，抑扬顿挫，节奏分明，通常由笛子、月琴、三弦伴奏。特别是重要节日，人们围在篝火旁，喝着香醇的酒，唱着欢乐的歌，跳着轻快的舞，表现出该民族积极向上、充满自信的民族气节。他们用歌声歌唱光荣的历史，歌唱美好的家乡，歌唱幸福的生活。用歌声教育子女尊老爱幼、勤俭持家、谦逊孝顺的为人处世道理。

走进彝乡，不管是房前屋后，还是田间地头，我们时常都可以听到这样的歌声："罗啊罗哟！ 罗啊罗！天上的星星哟多又多，地下的彝族兄弟爱唱歌。唱了山歌人不老，唱得庄稼长满坡……"悠扬的歌声在山里激昂回旋，优美的旋律在空中飘扬，伴随阵阵清风和赤水河滔滔的流水，向美丽的世界扩展和延续，留给人们的是对这个民族文化的无限思考。

近年来，政府对民族文化的抢救和保护越来越重视，弘扬民族文化成了我们的主旋律。威信县委、县政府着力打造红色文化和生态旅游，把对少数民族文化的挖掘和保护提到了重要的议事日程。每年为彝族人举办他们的传统节庆"火把节"。农历六月二十四，是他们传统的节庆，每到这个时候，彝家人都要举办火把节，以此传承民族文化，弘扬民族精神。"火把节"是很热闹的。节日期间，来自云、贵、川三省结合部的彝族同胞齐聚彝家寨，共同欢度被世界公认为"东方狂欢节"或"东方情人节"的火把节。几千人聚集在果哈峡彝族文化广场，打着火把，围着村寨先绕一圈，驱鬼祛邪，预祝五谷丰登、六畜兴旺，然后围着篝火喝酒唱歌，轻快跳舞，尽情欢乐，通宵达旦，热闹非凡，规模空前。

"彝乡风情无限好，热情好客等你来。"这是威信彝族同胞的真情话语。近年来，"鸡鸣三省"地区特殊的地理环境和丰富的文化旅游资源，逐渐被开发和利用，旅游业也迅速发展起来。到彝乡旅游，感受彝族文化、体验彝族风情已经成为一种时尚。

威信县水田镇河底彝族聚集区正好处于赤水河上游地段，有大自然造就的神秘果哈峡。威信县委、县政府已经把4个彝族聚集区定位为赤水河上游彝家第一寨，红军长征入滇第一村，果哈峡国家地质公园开发区。在不远的将来，威信彝族民族文化村落定成为彝族文化的体验区，乡村旅游的聚集区，传统民族文化的继承区。淳朴善良、热情好客的彝家人定将准备美酒，吹起巴乌，跳起锅庄，喜迎八方宾朋，让你在异域的彝乡风情中感受到不一样的生命感动！

舌尖品出扎西来

【嗅着农家"九大碗"、烟熅腊肉炒豆豉、糍粑、裹脚肉、簸箕坝甜酒、汤圆、小豆酸菜汤、鱼井酸鱼等威信风味美食的氤氲香气,让人垂涎三尺,一次次走近,欲罢不能。】

农家喜吃"九大碗"

孩童时代,家境贫寒,缺少油荤,一听说某亲戚或乡邻有婚宴喜事要办"九大碗",心里总是美滋滋的,这是打"牙祭"的好机会。

"九大碗"在川南、滇东北地区已经沿袭千百年。从古至今,无论家有多豪富,或家有多困难,只要是有喜事临门,都免不了要办"九大碗"。

"九大碗"是长江上游地区的一大民俗,是人们招待客人的宴席样式。各地大同小异,只是在菜品的搭配上各有区别。有钱人家鸡、鸭、鱼、肉,山珍海味样样齐全;无钱人家厨蔬土味,就地取材,家园所出,尽力所为。中华民俗中有九九归一的说法,九代表长久与圆满,故各地都取"九"这个最大的数,意味着天长地久,吉祥如意。

在威信地区,第一道菜通常叫头碗。又称十余,是用土鸡蛋打碎,加上一定的小粉调和,用小铁锅抹上少许菜油,摊成

薄片,然后将剁碎的瘦猪肉加上配料抹在蛋皮内卷成一筒,蒸熟后,再切成薄片,俗称蛋丸片。装碗时先将蛋丸片铺在碗内,再加上干豆腐片、豆芽和各种配菜,放在蒸笼内蒸熟后,又翻倒在较大一点的碗内,舀上调料从上淋下,一碗美滋滋的头碗菜就可以上席了。头碗菜具有家庭融合的意思,意味着新人要和睦乡邻、团结友善。

第二道菜是坨坨肉。又称肉蹬子,意味着五子登科,具有怀抱娇妻脚蹬子之意。是取猪肉肥瘦均匀部分,用清炖的方法配上一定的佐料,每碗不少于八个坨坨。

第三道菜是倒园子。有些地方叫扣子,是将稍肥点的猪肉,用菜油加上少许的甜酒汁或料酒,在铁锅内"抛光",一些地方叫"跑皮",使其颜色鲜艳,成紫红色,将其切成小

① 农家"九大碗"
② 头碗

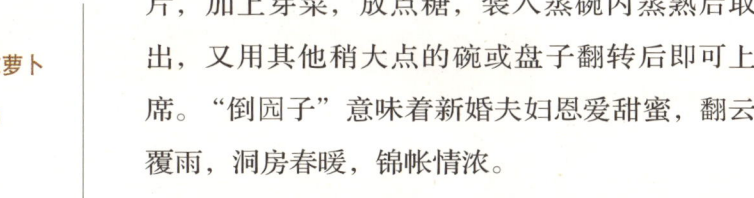
❶ 竹笋
❷ 排骨炖萝卜
❸ 豆腐角

片，加上芽菜，放点糖，装入蒸碗内蒸熟后取出，又用其他稍大点的碗或盘子翻转后即可上席。"倒园子"意味着新婚夫妇恩爱甜蜜，翻云覆雨，洞房春暖，锦帐情浓。

第四道菜是竹笋汤。乡村人家做不起山珍海味，只好将竹笋代替山珍。因时而异，新鲜或者晒干的罗汉笋、水竹笋、慈竹笋等均可。竹笋取其谐音为"注省"，有注意节省之意。古诗经上说"省有余，补不助"，暗示新婚夫妇婚后要勤俭持家，有粮常想无粮时，学会今后过日子。

第五道菜是排骨炖萝卜。先将排骨炖到大半熟后，再把切成小方块的萝卜倒进去混合炖熟即可。这道菜可让入席之宾吃了油腻的菜后，调理肠胃。萝卜还有"挪布"之意，暗示新婚夫妇要学会安排穿戴，勤俭持家，女孩针织，缝补调整布料。

第六道菜是豆腐角。将成品豆腐块切成小方角，放在菜油锅里炸干，要用时放入调好佐料的汤里煮，上席时，随时可以舀出，一般不少于八个豆腐角。

第七道菜是油炸酥肉。就是将豆粉拌以鸡蛋，搅入碎排骨中，有的要加上少量面粉，与排骨、瘦肉等混合后，放在菜油锅里炸熟取出。这是传统的正菜，通常要放在大碗内蒸，然后配以佐料上桌。有些地方是放入调好佐料的炖锅内煮一煮，舀出上席。

豆腐角和酥肉喻含疏（酥）通肺腑（腐）之意，意味着新人要豁达开朗，待人接物要彬彬有礼，孝顺父母，尊老爱幼。

第八道菜是"一清二白"。是将白豆腐切成小片加上少许白菜再配上豌豆尖或菠菜，是较为清淡的配碗，预示着做人要清清白白，新娘新郎是明媒正娶来得清白。

第九道菜是三鲜汤。可以根据家中现成的菜料，选用三种，配成清淡的菜碗，意味着新人三生有约，清白光明。

记得小时候，一次我随长辈去吃"九大碗"，由于物质生活的困难，急于坐上桌就多吃了一点，连续拈了两个酥肉，被长辈"鼓"了我几眼，我感到很惭愧。因为我把其他客人的那份都吃了。另有一次，我急于吃豆腐角，匆忙中将豆腐角使劲一咬，豆腐角内的汤汁溅进同桌人的眼里，同桌忙用衣袖去擦，并且骂了我两句，说我不懂规矩，像牢里放出来的罪犯，说得我真不好意思，脸上一阵火辣辣的。我还常常看到，个别的老年人在吃"九大碗"时，偷偷将自己份额内的那个肉坨子，拈出放在一张火纸里裹起来，装进衣兜里，带回家去给孙子打"牙祭"。那个年代由于生活的困难，很多穷人家里一月半载都尝不到肉，让饥饿的孙子们沾一点"油荤"又未尝不可呢？

至今回忆起来，儿时吃的农家"九大碗"即不浪费又不亏钱，

❶ 肉墩子
❷ 倒囤子
❸ 三鲜汤
❹ "一清二白"

油炸酥肉

每桌吃下来，主菜基本上是光盘，只剩下少量的汤水。农家"九大碗"还让宾客们吃得可口、舒心、惬意。如今，随着社会经济的不断发展和人民物质生活水平的不断提高，人们对"九大碗"这个概念已经模糊甚至淡忘，婚嫁变成了"赶人亲"，不再提吃"九大碗"。人们置办的酒席已经突破了"九大碗"这个概数，有钱者大讲排场，办上十五六个菜，鸡鸭鱼一样不缺；无钱者也要咬紧牙巴撑面子，至少办十个菜，一桌宴席办下来成本也要三四百元，况且吃不完的菜居多，奢侈和浪费现象十分突出。

柴烟熥出的腊味灵魂

说到舌尖上的扎西，总会想到威信的烟熥腊肉炒豆豉，那味道真的地道极了。

烟熥腊肉炒豆豉是威信地区的特色菜品，其传统工艺已经有一千多年的历史。在威信地区已经成为美食中的精品，民间百姓也大多会做。

你想品尝威信美味烟熥腊肉炒豆豉吗？赶快来历史文化名城扎西吧！腊肉炒豆豉是个好东西，那鲜嫩清爽、香味独特的农家美食，就是一次乡韵的回归……一说起"腊肉"这两个字，也是很容易让人馋涎"飞流直下三千尺"的。

在威信乡村，说起最吸引人眼球的乡土美味，俨然是农家柴火烟熥腊肉炒豆豉最值得品味和珍藏。威信地区的人们，从来就没有试着去忘记，而是一直在惦念。那香喷喷、辣酥酥、色泽诱人，色、香、味俱全的菜品，总会令人垂涎欲滴，宛如一缕田园乡愁，涩涩地涌上心头，使人久久不能释怀。

腊肉是土生土长在滇东北高原上的威信人在入冬后必备的传统美食。冬天里，看到一串一串挂在农家窗台上的腊肉，似

❶ 豆豉炒腊肉
❷ 农家老腊肉

乎就会有一种冷风在腊肉周围飕飕刮来的感觉，让人一看就有一种秋收冬藏的印象。

20世纪50年代，国家实行"购留各半"的派购政策，稳定了猪肉货源，保证了市场供应。但那时候熘制腊肉，与现在我们寻求的口腹之欲完全不同。在农村，那些肉恐怕都是全家人起早贪黑辛劳付出的代价；在城镇，那些肉恐怕也是一家人平时舍不得吃、积攒了很久的肉票换来的。农家腊肉，肉上披上一层黝黑的烟尘，使肉质金黄透明，其味香美。对纯朴的农家人来说，这不仅是一种食物，更是一种难以忘怀的生活和记忆。

历史上，腌制腊肉的风俗是从什么时候开始的呢？现在已经无法考证。中国制作腊肉的历史非常悠久，早在2000年前，《易经·噬嗑篇》云："于阳而炀于火，曰腊肉。"说明当时人们已经有了剩余的食物，那些暂时吃不了的食物，用盐腌起来可以延长保质期，而腊肉的制作，也许在那个时候就已经开始。

腊肉的"腊"字，最早是繁体字的"臘"。那时的臘月指的是狩猎之月。入冬以后庄稼收回家了，便进入农闲时期，传统的狩猎时节便到来了，男劳力便开始狩猎活动。猎物拿回家，一时吃不完，便把它制成肉块，以便分期食用，这就是最早的臘肉，不过古代缺盐，腊肉不是腌制型，而是晒干的肉。简化字推广以后，"臘"和"腊"成了同一个字。其腊的原意是指古代人在农历十二月合祭众神，因此那个月叫作腊月。现在有一种说法，咸肉大多是在腊月腌制的，所以叫作腊肉。

人们开始制作腊肉的时间，由于缺乏史料的记载，已经无法考证。相传，有个村民把剩余的猪肉撒上食盐，第二天又将腌制了一夜的猪肉用绳子吊挂起来。时值冬至，连日大雪，无法出门，那户人家便将腌制的猪肉取下煮食，却发现味道不同一般，咸香可口。从此，用盐腌制猪肉成腊味的吃法便流传开

豆豉

其实，中国吃腊肉的风俗流传很广，而且古书记载也很多，如元代陈元靓《岁时广记》、明代杨慎《丹铅总录》等都有对腊肉的描述。元代《居家必用事类全集》中更是记载详细："羊、鹅、鸭等，先用盐、酱、料物腌一二时，将锅洗净，烧热。用芝麻油遍浇，以柴棒架起肉，盘合纸封。慢火焗熟。"那就不仅是单用猪肉做原料了，和今天的腊鸡、腊鸭等一样丰富多彩。

据史料记载，早在两千多年前，张鲁称汉宁王，兵败南下走巴中，途经汉中红庙塘时，汉中人用上等腊肉招待过他。又传，清光绪二十六年（1900年），慈禧太后携光绪皇帝避难西安，陕南地方官吏曾进贡腊肉御用，慈禧食后，赞不绝口。从此，加工制作腊肉成为一种传统习惯，普及开来。

在滇东北高原上的威信，冬日寒潮，人们都有在冬季吃腊肉的习俗。但制作腊肉，选料也极为考究。威信农家本地黑毛土猪，皮薄、脚小、肉质细腻、肥瘦适宜，以黑毛土猪制作腊肉尤佳。因山寨里农家的烟熏腊肉一般都要到冬至节令，家家户户都杀年猪时才制作，除留够过年用的鲜肉外，其余趁鲜用炒热食盐，配以一定比例的花椒、生姜、橙皮、辣椒、八角、白糖、芒硝、苞谷酒等香料，均匀地搓在肉及肉皮上，然后皮朝下，肉朝上，最上一层要皮朝上，肉朝下码放，腌入木缸或塑料缸中，中间翻缸一次，以利入味及排出腥味。腌制一个星期后，用棕叶子串挂起来，滴干腌制中依附在肉上的水分。然后在农家堂屋中间置放两条高板凳，搭上木条或铁架子，周围用纸壳子挡起来，把腌好的猪肉放在上面，进行烟熏火燎。尤其是有院子的人家，搭一个小小的熏棚，效果更佳。通常是选用柏香丫枝、青枫柴、芝麻秆、豆草壳、苏麻秆、花生壳、苞谷芯或其他柴草慢慢熏烤数日，就算基本制作完成。

农民之家，常常在经过这些工序之后，再将腊肉挂在灶屋里的房梁上，任做饭时的烟火慢慢熏香。那时，家家户户都是烧柴草做饭，所以熏制腊肉还是很方便的事情。即使城里人，虽不宰杀年猪，但每到冬腊月，也要在市场上挑选上好的腿子肉，或肥或瘦买上一些，回家如法腌制，熏上几块腊肉，有客来访，伴以菜品上桌，当是待客之上品，可表主人的热情。

在农家，被柏香丫枝熏得黑不溜秋的腊肉，看起来似乎很脏，但能够防止蚊虫叮咬，可保存很长时间。腊肉特有的风味，吃过一次，滋味便念念不忘。上好的腊肉，切开之后，瘦肉呈现出玫瑰色，而油脂则呈现晶莹透亮的凝脂。山村农家那种被烟熏得黑乎乎的腊肉很难用冷水洗干净，所以，洗腊肉一般用热水或淘米水。洗净之后，连皮带瘦肉切成薄片，或蒸或炒，端上桌来透明发亮，色泽鲜艳，黄里透红，吃起来味道醇香，肥不腻口，瘦不塞牙，不仅风味独特，而且具有开胃、去寒、消食等功能。蒸熟的腊肉，通明透亮，可以一片片、一丝丝撕着吃，嚼在口里，满嘴生津，齿颊留香，说不出的爽快。

在山寨吃腊肉，特有的烟香让人回味无穷，大块吃肉大碗喝酒……品着腊肉的美味，那股亲情，那种友情，自当溢于言表。

在威信农家做客，腊肉的做法或吃法有很多，如冬笋炒腊肉、筇竹笋炒腊肉等，但这些与豆豉炒腊肉相比却稍有逊色。豆豉是腊肉家常菜谱中的最佳配档，用豆豉炒腊肉，不仅能够去腻，还能够释放腊肉的香味，再加上一点青蒜和红辣椒丝同炒，味道更佳。一盘豆豉炒腊肉上桌，黑色中夹杂着几点鲜红，几分微辣，那鲜亮的菜色，那鲜香的滋味，让人看上一眼，都能口舌生津。

豆豉，是山里农家的传统美食，豆豉营养丰富，风味独特，既可以当调料，又是很好的乡土美味。豆豉是民间最朴实的农家味道，历史悠久，在乡村流传了几千年。豆豉，古代称为"幽菽"，也叫"嗜"，是中国汉族特色发酵豆制品调味料。最早的记载见于汉代刘熙《释名·释饮食》一书中，誉豆豉为"五味调和，需之而成"。公元2-5世纪的《食经》中还有"作豉法"的记载。古人不但把豆豉用于调味，而且用于入药，对它极为看重。《汉书》《史记》《齐民要术》《本草纲目》等，都有此记载，其制作历史可以追溯到先秦时期。

豆豉叶

据记载，豆豉的生产，最早是由江西泰和县流传开来的，后经不断发展，使豆豉成为人们独具特色的调味佳品，而且传到海外。豆豉以黑豆或黄豆为主要原料，利用毛霉、曲霉或者细菌蛋白酶的作用，分解豆类蛋白质，达到一定程度时，用加盐、加酒、干燥等方法，抑制酶的活力，延缓发酵过程而制成。

做豆豉的季节一般在凉爽的秋末，或者带着些许寒意的初冬。温度太高，容易坏掉，而温度太低，则无法发酵。做豆豉时，豆子煮的软硬程度也很讲究。煮太软，做出的豆豉会有苦味，而且不美观；煮太硬，吃的时候会觉得没熟。所以煮的时候，就煮到刚刚过心最好，尽量不要让豆子破皮，这样最后做出来的豆豉才能颗颗色泽黑亮剔透。

另外，农家腌制的发酵型食品在制作的过程中，一定要做好容器的烫洗消毒，不要沾有生水或者油脂，更能为那些可以降解淀粉、蛋白质，以帮助食物形成独特风味的微生物营造生长环境。首先是备好普通黑豆或黄豆，择除杂质，将其倒入铁锅里炒成半熟，并用竹筛把壳援去；添上水在干净的铁锅或铝锅里，用柴火或煤火将水烧开，就开始煮豆了。期间还要不停地翻动，煮上一个半小时后，用手捏捏锅中所煮的豆子，能捏烂表明豆子已煮熟了，把锅中的豆子用笊篱全部捞出，装到一个干净的没有沾油的盆中摊凉。选用大小合适的竹筲箕，四周铺好扁竹叶，将煮熟的豆子装在竹筲箕里，盖上豆豉木的叶子和一层报纸，然后放到火炉边最热的位置，再在上面盖上一床棉被，在一定温度和密封条件下等待煮熟的豆子自行发酵。焐制7天以后，扒开扁竹叶，露出空隙，一股淡淡的豆豉香味便飘了出来。拿起几颗豆豉轻轻一捏，豆豉好像身上长出了白色的泫丝，这表明豆豉发酵好了。

接下来，把豆豉倒在一个大锅里，往里面撒上食盐、花椒粉、辣椒粉、木姜子粉、蒜末、生姜末、味精、苞谷酒，并把豆豉使劲搅拌均匀，晒上几天太阳，即可食用。

而今，威信山寨农家后院里，或厨房墙上，依然挂着一串串烟熏腊肉，它肌红脂白，香气浓郁，滋味鲜美，在当地人看来，家乡的农家腊肉是世界上美味的腊肉。腊肉炒豆豉是威信人用来招待客人的一道地方名菜，腊肉独特的香味加上豆豉浓浓的豉香，似乎还是记忆里的那些老味道。

糍粑——苗家餐桌上的奇葩

糍粑是苗家餐桌上的美食，同时也是一种文化，是苗族传统饮食文化不可缺少的成分。

苗家人耿直，大块大块吃肉，大碗大碗喝酒是其民族特质。苗家人更喜欢吃糍粑，过年过节打糍粑是苗家人古老的一种民俗。

苗族是个多灾多难的民族，同时也是个有着悠久历史和灿烂文化的民族。苗族人最早生活在黄河流域，勤劳勇敢智慧是其民族的本性，积极向上是苗族人的生活态度，尽管多灾多难，苗族人依然热情乐观，依然在多劫的命运面前围着篝火喝酒、跳舞、唱歌以表达对生命的珍惜、对生活的热爱之情。自涿鹿之战后往长江流域南迁，再后来迁至云贵川乃至海外。尽管这样，无论迁徙的路途有多遥远，迁徙过程多么艰难，苗族子孙依然保留着祖辈们在劳动中创造的优秀文化，保留着祖辈长期以来在生活中养成的良好的民风民俗，不管是天南海北的苗族同胞都保留着吃糍粑的习惯。

在苗族人的心里，逢年过节打糍粑是一种神圣的礼仪。除夕是除旧迎新的日子，是喜庆的日子，家家户户打糍粑预示着吉祥如意。

大年三十的清早，苗家人就开始忙碌起来，准备过年了，男女老幼穿戴一新，家家户户喜气洋洋。一大清早，粑槽里奏出的美妙

乐曲就会响彻苗山苗岭，糍粑的馨香就会飘转苗村苗寨，年的味道显得越是浓郁，年的气氛就越加厚重。每到这个时候，勤劳的主妇早已在大年三十的头一天就用干净的水把糯米淘洗干净泡好，到除夕那天用饭甑蒸好，男人们把蒸好的糯米倒进粑槽或者石臼中，经过一番舂打，糯米就变成了糍粑。糍粑的质地非常柔软，具有很强的黏性，舂打完成后将柔软的糯米团从粑槽中取出，然后捏团、压扁就成了一个个圆圆的粑粑。这圆圆的糍粑象征着家人团聚、情意绵绵，吃一口糍粑，幸福美满是一家。

糍粑最初源于战争。苗族是个勇敢的民族，苗族男人英勇善战，平时耕作狩猎，战时要为保卫家人、保卫族群而战，每

糍粑

打糍粑

当战争来临，苗族首领要召集族群中的壮年男人与敌人作战。这时他们的母亲、妻子就要为他们准备军粮，其他食物都不便于携带，十多斤糯米做成糍粑也不算大，也只有糍粑可以较长时间地保存和带在身上，饿了就煮来吃、烧来吃，万一没有烧煮的时间就这样嚼碎了吃也行，既保证不误战时，也保证不饿肚子，这样就更好地保护家人和族群的生命财产安全。

在苗族人的习俗中，糍粑都有它特定的含义，第一个糍粑是给老祖人当坐凳的，供奉于神龛上，因为，苗族崇拜祖宗，崇拜神。在他们的信仰中，凡是去世了的老人便是神，是仙。是神是仙就应该受到神仙的礼仪，他们回来要坐上最干净的位子，受到最高的礼遇。糍粑是最干净的，它是用最干净的溪水浸泡最好的糯米，经过火的蒸煮打舂而成，过年打糍粑祭奠祖先是苗家人的最高礼遇。第二个糍粑是用来敬献祖先的，要先给先祖们享用，过后才是酒肉饭菜。从第三个以后才是活着的人们吃的，先有祖先才有后人。

糍粑做好后要先敬神（老祖人），敬神的时候要燃香点烛把整个屋子照亮，祖人们回来看见烛光，闻到香火自然高兴。敬神的时候，男主人先要洗手洁面，衣着整洁，立于神龛的前方，手捧糍粑蘸好蜜糖，恭恭敬敬地叫着每个老祖人的名字，把老祖人们一个个请回来过年，他们就能够保佑子孙后代兴旺发达，生活安康。仪式结束，鞭炮响起，一家人围坐在火塘边吃糍粑，美好的过年就开始了。到了大年初三，又要把神龛上的糍粑切来蒸或炒好，加上酒肉饭菜敬献给老祖人们享用，早饭后要化上些纸钱，送他们回仙界去，过他们的神仙日子，三天的糍粑献祖仪式才算结束。

糍粑总是伴随着苗族人喜庆的日子。过年打糍粑敬先祖，九月九重阳节打糍粑孝敬老人，阴历十月初一是牛的生日，也要打糍粑给牛吃，因为一年的庄稼最辛苦的是牛，用牛要知牛辛苦，打糍粑给牛过生日，还要在它的角尖上粘两小坨糍粑，

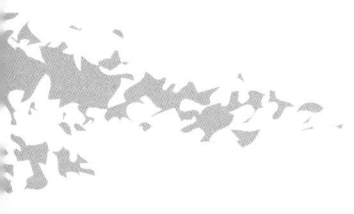

让它去野外喝水的时候看见自己的角上有糍粑而高兴。

　　苗族给过世的老人做斋也要用糍粑给老人做神位，重要的亲戚也要背着糍粑来供奉，祭祀结束要把糍粑分给祭祀主持及重要人物。苗族人家结婚也是要打糍粑的，给新娘做午饭，苗家人嫁女不管路途远近，途中都要吃晌午饭，糍粑是由上品作物糯米做成，是吉祥之物，携带又方便，所以父母就打糍粑给出嫁女儿做午饭，这就是人们常说的新姑娘粑粑，亲戚来吃喜酒要给新娘背糍粑来作为情礼。酒席结束客人散去的早晨，主人要切粑粑来散发给小孩子们，在苗家习俗中，吃了新姑娘粑粑的小孩子就不会发梦天说梦话，这只是一种民间的说法而已。

　　苗家人关于糍粑的吃法也很讲究，炸来吃、烤来吃、炒来吃，蘸着蜂蜜、糖、黄豆面、酥麻面吃都是非常讲究的吃法。它是苗家人待客的上品，也是苗家人延续几千年的奢侈品。

打糍粑

苗家人喜欢吃糍粑，过年都要打很多的糍粑，过了大年，将剩余的糍粑用清凉的泉水浸泡起来，只要按时换水，糍粑就不会变质，什么时候想吃都可以。平时想吃就做，要是忽然间有客人来访也可以打糍粑来待客。只要你到苗寨来做客，最好的招待方式除了吃腊肉下烧酒就是吃糍粑了。

裹脚肉——舌尖上的乡愁

裹脚肉是威信人自己研究出来的一道特色私房菜，这道菜是外出求学的青年学子、四海漂流挣钱的打工仔、客居他乡的威信人难忘的乡愁，是对家乡最美的记忆。

裹脚肉这个菜名对于很多人来说是闻所未闻的，网络上的菜名菜谱中也无法找到。但是他确实是威信这小地方的一道让人难忘的菜。不仅是名字奇特，而且味道鲜美可口，是威信人的至爱。在威信地区，不管是餐馆酒店、红白喜事的饭桌，还是百姓待客的宴席上都能吃到它。

裹脚肉的特点是肥而不腻，吃的时候要在筷子上裹上几圈，蘸着蘸水吃，最好是边吃边喝点烧酒。

打糍粑

裹脚肉的做法简单而讲究。首先，要精选猪肉中的上乘肉即常说的二刀肉（就是猪肉去掉尾部后的第一块肉），此处的肉无论肥瘦都非常厚实，是做裹脚肉的最佳选材。制作时将选好的肉洗干净，把肉放在盛上清水的锅里煮熟捞出，等到肉稍凉切片即是。切肉片的刀要锋利，肉片切得越宽越好，越薄越佳，等蘸水做好即可享用。

吃裹脚肉关键在于做好一盘非常讲究的蘸水。好不好吃就看蘸水的味道好不好了。做蘸水要选用比较辣的辣椒，用柴火烤至半

❶ 切好的裹脚肉和制作好的蘸水
❷ 娴熟高超的刀工

糊,然后捣碎备用,其次是用选好的大蒜做好蒜泥备用,此外少不了姜末、花椒粉、盐、适量的酱油、味精、香油、醋等,如果再加上适量的花生粉末或者芝麻一起调制更好,最后撒上葱花,就是一碟好蘸水了。用这样的蘸水蘸肥肉吃,味道一点都不腻。

人们常说"肥肉怕烧酒",的确,这样的肉,这样的蘸水,喝上一杯本地的小锅烧酒,那确实是一种非常美的享受。

裹脚肉不算有多大名气,但它却带着家乡的味道,如果当地人离开家乡后偶尔一聚,总会谈起家乡的裹脚肉,因为它洋溢着威信人浓郁的乡情。

煮熟的二刀肉

簸箕坝甜酒真甜

提到汤圆,许多人就会自然而然地想起甜酒。威信甜酒,几乎家家备有,而威信簸箕坝甜酒,更是甜酒中的极品。

簸箕坝甜酒以其醇、香、甜而闻名遐迩。漫步街头,偶尔飘来一阵醇醇的、夹杂着糯米味道的甜香,不用说,那附近一定有人在卖甜酒。如果那甜酒晶莹柔软,无糖自甜,入口生津,放入水中煮而不化,就像一朵朵小棉花,那定是簸箕坝甜酒无疑了。农忙时节,干活归来,烧上一锅水,放进一碗甜酒,再用茶盘和上一点糯米粉,滚成些小小的粉圆子,和着甜酒一煮,晶莹剔透的汤圆和棉絮一样的甜酒混合在一起,吃起来味美异常,这叫"神仙汤圆"。如果气候炎热或赶时间,舀来一瓢凉水,放入一点甜酒搅拌,喝进肚里,一种又凉、又香、又甜的感觉就会沁入心脾,让人喝得开怀。

甜酒学名"醪糟",是一种很古老的小吃,其酿造历史更为悠久,资料显示源于汉、盛于清。据传,古时有一唐姓人家,夫常年以杀猪及卖草药谋生,妇唐廖氏在家打理家务。一次唐杀猪匠走村串户三天后返家,还未进屋,一股香甜味扑鼻而来。进屋后,甜味更浓,左找右找没有发现什么,当取碗准备吃饭时,发现碗柜里的

香甜的甜酒

一碗剩饭，正冒香气，并有少许水渗透饭中。杀猪匠随手端起一闻，奇迹出现了，此饭既甜又香，微有酒味。原来是杀猪匠的小孩不慎将装过三皂角、甘草、甜草、丁香、百扣等草药粉剂的碗未洗就拿来装了剩饭。此后唐廖氏便以此制作醪糟，也就是如今的甜酒，并以专卖此小吃而得名。

做甜酒其实很简单，威信女人大多会做，包括我在内，且做出来的甜酒还不赖。首先把糯米用温水浸泡两三个小时，淘净后用筲箕把水过滤掉，放在甑子里蒸，边蒸边洒水，直到完全熟透后倒进簸箕里摊凉，待糯米饭完全冷却，把配制好的曲子研成细面，按比例洒在糯米饭里彻底拌匀，然后倒进器具里拍紧，再在上面盖上棉衣或被子，使其温度保持在30度左右，一般两天以后即可"出窝"。只是在县城或其他地方做出的甜酒无论如何也比不上在老家簸箕坝做的甜酒。一样的做法，簸箕坝甜酒何以更胜一筹呢？这源于簸箕坝有一股上好的清泉水，甜酒与水质大有关系。

簸箕坝距县城扎西40公里，属罗布镇管辖的一个行政村所在地，因四面环山，中有一个形似簸箕的坝子而得名。坝中有一个神奇的出水洞，名叫花仓洞。洞里流出的泉水甘甜清冽，冬暖夏凉，当地人用花仓洞泉水酿酒或做甜酒，皆醇美异常。

在这个地方，许多人家用此水做成甜酒，馈赠昆明及外省的亲友，品后无不称赞，簸箕坝甜酒美名因此不胫而走。据闻，现在已有人将簸箕坝甜酒注册商标，正在筹资办厂，规模开发这一地方独特品牌。诗人陈香才先生游历到此，曾有诗曰："一坝灵奇别有天，天生神洞引珠泉。珠泉甘冽酿佳醴，佳醴飘香醉客眠。"

如今，无论是外出读书，还是务工、经商的威信人，都会带上几罐自家酿制的甜酒，或送亲戚，或送朋友。余下的，就带在身边自个儿品尝。品着它，乡愁就会越来越浓；品着它，对亲人的思念就愈加浓烈。

刚"出窝"的甜酒

威信汤圆

煮汤圆

汤圆作为一种特色小吃,据传起源于宋朝,初名"浮元子"。后来北方一般叫"元宵",南方叫"汤圆"。宋人周必大《元宵煮浮圆子诗》云:"今夕知何夕?团圆事事同。汤官寻旧味,灶婢诧新功。星灿乌云裹,珠浮浊水中。""汤圆"本写作"汤团",指用汤煮的团状小吃。"团""圆"音义相近,后得通用。明人冯梦龙《警世通言》和清人袁枚《随园食单》对"汤团""汤圆"均有记载。清代符曾《上元竹枝词》"桂花香馅裹胡桃,江米如珠江水淘。见说谁家滴粉好,试灯风里卖元宵"即是对元宵节汤圆的最好描绘。由此可见,元宵节吃汤圆,历史由来已久,且"汤圆"与"团圆"音近,先人们笃信:元宵节吃了汤圆这样的应景食物,就能带来吉祥与平安。汤圆不仅是一种传统美食,更象征着和睦团圆。这一美好愿景和饮食习俗就一直传承下来。在今天,

❶ 汤圆包心
❷ 汤圆

漂泊异乡的游子，想起汤圆，思乡的情就更烈，回家的步子就更急。

说起汤圆，从包皮来分，有糯米粉的，有小麦粉的，有糯玉米粉的，还有高粱粉的。馅儿是汤圆的重要组成部分，也叫"包心"，由苏麻、芝麻、花生、白糖、红糖、玫瑰、豆沙、黑桃仁、果仁、枣泥、橘红等物做成，无论几合一还是多合一，甜是主味，因此糖总是少不了的。

威信汤圆因馅儿不同，分荤素两种，荤的叫富油汤圆，素的叫苏麻汤圆。苏麻汤圆因馅儿以苏麻为主而得名，富油汤圆因馅儿增加猪板油而得名。两种汤圆都极具威信特色，是备受人们青睐的特色名小吃。苏麻汤圆馅儿制作比富油汤圆馅儿制作相对简单。首先把苏麻和花生炒熟，花生只炒到能去皮即可，然后摊在大茶盘或簸箕里，待其冷却，把苏麻舂碎，花生褪掉皮，舂至半碎后，把上好的红糖蒸化，过滤后加上适量的白糖，把苏麻、花生烩进糖里均匀拌好即可，若再添点橘红之类则更好。富油汤圆的馅儿做起来相对麻烦些，其制作原料主要有花生、芝麻、白糖、冰糖、生猪油、干橘皮（或橘红）等，如有收存晾干的桂花则更佳。制作时，先将芝麻炒熟，花生炒至能去皮即可，后将花生、冰糖、干橘皮（或橘红）舂碎成小粒，将一定比例的生猪板油去皮后和已加工烩匀的花生、芝麻、白糖、橘皮、桂花、冰糖等放在一起，用菜刀慢慢宰烩，直到能揉捏成坨为止。所用材料当然也要按一定的比例，否则做出来的馅儿味道就会打折扣。做汤圆时，先把上好的糯米粉放在盆子里，放入适量的水搅拌，冷水最好，因为用冷水和面煮出的汤圆更加细润且汤水不浑。搅拌成坨后，再用手揉捏，待面又软又黏时，把面捏成小小的

薄片儿，像包饺子似的，在片心里装上馅儿，即包成各种形状的汤圆。

包好的汤圆外形圆滚饱满，放入沸水锅（砂锅最好）里中火慢煮。汤圆还没起锅，那清香之味便随着水蒸气弥漫开来，令人垂涎。煮熟的汤圆会一个个漂浮到水面，馅儿隐约可见，圆溜溜、白花花，犹如一群小精灵在追逐嬉戏，煞是可爱。夹一个放入口里，柔滑细腻，用牙轻轻一咬，顿时满口生香，又烫又甜，半日口齿尚有余香。曾有文人吟诗赞曰："玉指揉成白面团，天衣无缝号汤圆。皮层细软光而洁，内陷香酥甜又鲜。盛宴丰盈常觉腻，村筵简约总垂涎。欲寻妙处走威信，不枉今生美食缘。"

以前，寻常人家要吃汤圆是一件很奢侈的事，一般都是过年过节才能得以享用。如今，随着物质条件的极大丰富和生活水平的提高，汤圆已能随时吃到。除在家中可想吃就做外，市井街头也有不少汤圆摊。羁旅在外的人，想家的时候，便走到摊前，要来一碗汤圆，坐下慢品，就能从那缕缕香甜中品出一股家的味道来。

小豆酸菜汤

小豆酸菜汤是威信美食里的一道汤肴，婚宴里也是不可少的一道美菜。威信民间有句俗话：三天不吃酸，走路打捞川（音译，踉跄之意）。意思就是说三天不吃酸菜，走路都走不稳。可见酸菜在威信人的食谱里有着多么举足轻重的地位。

酸菜只有威信县和镇雄县独有，北到四川叙永县，南到昭阳区、彝良县，都是盐渍的酸菜。盐渍酸菜需要加盐腌制的。而威信的酸菜不需要加盐，烧一锅滚开的水，把洗净的白菜或青菜放进滚水里，喜欢吃脆一点的，焯一下就可，喜欢吃软一点的，煮一小会儿，捞起，放进木缸里，压紧，加入一小点"酸水"。酸水是上一次做酸菜时留下的又黏又滑的液体，其作用类似于酿酒的酒曲或是做泡菜的老盐水。酸水在缸里对那些焯了水的青菜或是白菜进行一两天的发酵，那些青绿的叶子慢慢变黄，淹在缸里的水也变成跟酸水一样黏滑的液体。一缸鲜美的酸菜就制作好了。

❶ 小豆酸菜汤
❷ 腌制好的酸菜
❸ 木姜花
❹ 小米豆

酸汤的味道要鲜美，还必须要有一锅味鲜的小豆汤汁。小豆有红小豆、绿小豆、白小豆等，做小豆酸菜汤主要是用白小豆。将小豆淘洗干净，放在土砂锅内小火慢慢炖熟，中途加几次冷水，使小豆更加酥粉。将腌制好的酸菜清水冲洗，细细切碎，放入炖好的小豆汤汁里煮开，一锅小豆酸汤就新鲜出炉了。酸菜的酸味与小豆的醇香相互交融，你中有我、我中有你，相互缠绕而又各自独立，简单而不失丰富，质朴而又不乏深厚。

据说，河南林县是胃癌高发区，后经过专家的调查研究，发现其原因正是当地人常年食用盐酸菜所致。而威信的酸菜是用一种乳白色的酸水酿成，这种酸水富含乳酸菌，维生素也得到充分的释放，是人体肠道所需的有益菌种，人们熟知的"酸奶"也是乳酸菌制成，可见其能开胃健脾，更有益于人的身体健康。

关于小豆酸菜汤，在威信民间还流传着一个有趣而诙谐的故事。在一座山谷的两边，住着多户人家，大家都很熟悉。有一天，有人在山谷这边的山顶对山谷另一边山顶的一个人喊道："喂，你过来我给你说件秘事。"

用土坛子腌制酸鱼

山谷那边的人问:"是啥子事?"这边的人说:"这个事只有你过来后才能悄悄告诉你,避免其他人听见!你快过来嘛!"那人不知是什么秘事,非常好奇,于是就走下山谷,爬上这边的山梁去问喊话的人,这人附耳小声说:"酸菜汤煮小豆蘸木姜花好吃得很,你千万不要告诉其他人哈!"弄得这人目瞪口呆,哭笑不得。

可见小豆酸菜汤在威信是家喻户晓,人人喜爱。这里说的木姜花是一种顶端呈穗状花序的香料,市场有卖,放在煳辣椒里蘸小豆汤确实很香。

鱼井酸鱼

"鱼井洞口水潺潺,锅里酸鱼香飘飘。"说的就是威信县曾经有名的土特产——鱼井酸鱼。

高田乡鱼井村位于威信县城东北部,距离县城20公里。鱼井有三大条出洞水:一条是起源于扎西后山,即:罗汉林梁子、大嘴梁子、一碗水梁子之水,流经柳尾坎,从岩缝中往下流变成了一条大阴河,中洞出水;第二条是出自于山羊坳、玉京山,从小海银落水形成一条阴河,在落马洞出水;第三条是出自于海子坝大坡上,

在小鱼洞出水。这三道河流形成了鱼井河。鱼井河是阴河，其水源发源于大山之巅，迂回延绵有20多公里长，其水质不仅清澈甘甜，而且冬暖夏凉。

鱼井河里盛产各种鱼类，有大花鱼、细鲢鱼、粗壳鱼、棒棒鱼、游鱼子、杠秋子，还有娃娃鱼，以细鲢鱼为主。鱼井河里的鱼，不管用何种方法做出来，都肉质细嫩，香味绵长。尤其是老祖人世代遗留下来的传统手工"酸鱼"，那喷香之味和鲜美之气，萦绕鼻端，令人即想贪食。当你用竹筷轻夹少许送入嘴里，那独特的酸香味，顿时口水泛起，让你不舍咀嚼，而是用舌尖轻轻品尝，尝着尝着，它已经融化，和着满口唾液，悄悄钻进了肚子里。那味道真是"不摆了"。

鱼井酸鱼传承至今已有数百年的历史了，早在明末清初，我们的先人迁移到这里居住，开发这一地域，据说，就是看上了这里的水质好鱼儿多。当时，他们捕的鱼太多，又吃不完，就把剩余的鱼晒干，做成鱼干，想吃了就拿出来吃，尽管经过晾晒，但这鱼吃起来仍然很腻。有个族人突发奇想，把鱼鳞刮洗干净，用坛子腌成酸鱼，尝了，觉得味道还不错，而且很开胃健脾，就作为一种礼物送给达官贵人，亲戚朋友。有时托人

用土坛子腌制酸鱼

腌制五年的酸鱼

办事,或富家子弟外出读书,都要带上酸鱼,作为威信名贵土特产进献送礼。外地来威信任职的大小官吏,逢年过节回家乡,总会带上一些酸鱼,让其家乡亲人共同享用威信的美食。所以鱼井酸鱼在威信的美食菜谱中占有一席之地,并享有盛誉。

中华人民共和国成立初期,威信县人民政府第一任县长冯憬行和秘书张昌朋,听闻威信鱼井出产的酸鱼很有名气,曾派专人去购买,在县政府伙食团与职工品尝。食后感叹道:"闻其香,心旷神怡;尝其肉,回味无穷。此鱼只应天上有,人间难得几回尝啊!入口即化,带着那酸酸甜甜的味道,像是融合了世间所有的味道,非常美妙,就像品尝幸福的人生。"后来达官贵人都争而食之。

腌制酸鱼的工序并不复杂,首先将活蹦乱跳的鲜鱼用清水洗干净,然后剖开腹腔,掏出内脏,挖去鳃、鳍,盛入盆钵内,鲜鱼剖腹后不能沾生水,否则将影响酸鱼的口感和质量。其次用食盐内外揉搓加工鲜鱼,按每市斤鲜鱼一市两左右食盐比例施用。食盐要在里外撒均匀,不能厚此薄彼,然后再给鲜鱼做个"全身按摩",让

腌制两年的酸鱼

盐分被鱼吸收一部分，再将鱼肉平摊在干燥阴凉通风处，干晾12个小时左右，冬季由于气候寒冷，要干晾24个小时左右为好。第三，选用质地好的玉米，去皮，磨成不粗不细的玉米面，与少量花椒面、胡椒面、草果面、八角粉、三奈粉等佐料混合成香料玉米面。按每斤鱼肉放二至三两玉米面的比例，铺撒在鱼腹腔内，将鱼肚合拢，一条条装入准备好的土陶坛内。盛装时，应注意逐条平躺搁置，搁一层，再在鱼身上撒一层香料玉米面，如此循环码放，装放完为止。最后，用稻草或玉米壳叶把坛口塞紧密封，再加罩合盖，添注清凉水于陶坛盘内，千万不能滴水进坛里。两三天更换一次坛盘内的水。约腌制两三个月，要启开坛口包封进行检查。若香料玉米面湿度均匀，说明正常；若发现香料玉米面过分潮湿，需及时调换。换出的玉米面不必扔掉，可用食用油焙炒成熟，而后入笼蒸食，味香可口。鱼肉腌制时间，一般为1~3年，最短也要半年，方可食用。腌制2~3年时间，最为上乘。经过几年腌制加工，酸性的化学作用，酸鱼本身刺骨便自然化去，全部变成软骨刺，吃时已不怕鱼刺卡喉了。烹调食用的时候，取出酸鱼，刷干净鱼身上的香料玉米面，将酸鱼砍成数块，用食用油煎炸，一般煎到淡黄色，装入盆罐内。然后用红、白糖垫底于蒸盘内，铺置一层煎好的酸鱼块，再放置一层红、白糖。这样一层复一层，待鱼块放完，再将焙炒好的香料玉米面，加盖在鱼肉面上。再将鱼汁浇洒在上面（鱼汁是用猪油烧热，用姜末、胡豆酱豆油、味精等作料混合而成），放入上满气的蒸笼内，蒸制3个小时以上，反复蒸制两三次，即叫"上味"，方可食用。还有一种简单烹调酸鱼的方法，首先将酸鱼取出，把鱼身上的玉米面刷下，再将酸鱼剁成5厘米左右的小块，码放在盘里，按一层冰糖、一层香料玉米面、一层鱼肉的顺序码放，可以码多盘，待蒸笼上满气时，再放进去蒸3个小时，拿出翻盘即可食用。

后 记

当火红的山茶花在巍巍乌蒙山迎风绽放时,《文化昭通·威信》一书进入了审稿阶段。经过近一年的辛勤努力,我们忐忑不安地交出了这份答卷,如果本书能够通过文化大散文这扇窗口展现威信文化瑰丽多彩的冰山一角,我们也倍感欣慰了。

在《文化昭通·威信》的写作过程中,中共威信县委、县人民政府高度重视,成立编纂委员会,组建写作队伍,制订实施方案,落实有关经费。县委宣传部周密部署,精心策划,多次召开写作班子撰稿培训会议,确定文化定位,拟定撰稿篇目和提纲,明确撰稿分工。2017年5月,《文化昭通·威信》初稿完成后,云南人民出版社文化编辑部主任海惠、编辑徐霞老师亲临威信实地开展文化采风活动,同时召开写作班子研讨会,海惠主任、徐霞老师结合实地采风的感受和收获,在会上就《文化昭通·威信》相关篇目的调整、修改、补充等提出了诸多宝贵的意见建议,县委常委、宣传部部长陶永朝也对修改工作提出了相关要求。会后,撰稿人员根据本次会议的精神再次对文稿进行了大量的修改和补充,于7月底基本完成送审稿。执行主编对部分文稿进行了一定的修改,并对所有稿件涉及的有关历史事件、历史人物、遗址遗迹、文物、年代、称谓、数据等进行了详细的核实和修改后,聘请省外5名写作功底比较扎实的散文家对所有文稿进行了文采方面的精心润色,于10月中旬终于完成终审稿。

《文化昭通·威信》既要挖掘历史文化的深刻内涵，又要遵循文化大散文的笔法，更要突出重点，展现威信深厚的自然与人文、历史与现实的文化内涵和有别于志书、风物介绍的特点，撰稿难度是非常大的。但在撰写过程中，大家紧紧抓住"红色扎西 胜利起点"的文化定位，充分发扬红军长征扎西精神，勇于担当，挑灯夜战，克服时间紧、任务重、要求高、资料缺等重重困难，尽最大努力按时完成了初稿和送审稿的撰写任务。特别是参与本书图片摄影的几名摄影家，不顾个人安危，攀爬绝壁险峰，穿越原始森林，挺进险滩峡谷，历尽千辛万苦，终于拍摄到了众多最美丽、最罕见、最珍贵的风光照片，进一步丰富了《文化昭通·威信》的内容，更加淋漓尽致地展示了威信大好河山的旖旎风光。

但是，由于《文化昭通·威信》的撰稿、编辑时间非常仓促，无论是各篇还是全书的内容，都难免会留下许多遗憾和不足之处，在此，敬请读者原谅和批评指正。

愿《文化昭通·威信》的出版，能够成为一扇对外展示威信的文化窗口，让更多的人了解威信、向往威信、走进威信、亲近威信。

《文化昭通·威信》编委会